# Start-up Pacemakers2
## The IR Master Workbook

스타트업 페이스메이커스2
IR 마스터 워크북

김경락(Allen L. KIM) 지음

## 추천사

『스타트업 페이스메이커스 1: 창업부터 투자 유치까지』는 창업이라는 불확실한 여정을 보다 구체적이고 실천 가능한 단계로 풀어낸 실행 지침서이자 나침판이다. 창업 관련 책은 많지만, 실제 투자자의 관점에서 투자자의 언어로 서술되고, 현장에서 검증된 인사이트를 기반으로 구성된 책은 많지 않다. 이 책은 바로 그 드문 범주에 속한다.

창업자가 투자 유치를 중심으로 비즈니스의 구조를 점검하고, 투자자 관점에서 사업을 정렬해 나갈 수 있도록 돕는 실전 가이드다. 단순한 창업 입문서나 이론 중심의 책과는 결이 다르다. 실제 투자 유치 과정에서 마주하게 되는 문제들을 정면으로 다루며, 이를 설득력 있게 풀어내는 전략을 제시한다. 창업자와 투자 관련 종사자의 일독을 권한다.

- 김경환 교수, 성균관대학교 글로벌창업대학원장 경영학박사

스타트업의 창업과 성장 여정은 결코 단순하지 않습니다. 불확실성과 리스크를 감내하면서도, 시장을 설득하고 투자자를 설득해야 하는 험난한 여정입니다. 이러한 창업자들에게 가장 절실한 것은, 바로 방향을 제시해 주는 '실전형 나침반'입니다. 김경락 대표가 집필한 『스타트업

페이스메이커스』 시리즈는 바로 그 역할을 훌륭히 해내고 있습니다.

　김경락 대표는 대기업, 사내벤처, 창업, 투자, 멘토링까지 스타트업 생태계 전반을 실제 경험한 보기 드문 스타트업 전문가입니다. 특히 초기투자액셀러레이터협회(KAIA) 부회장으로서 수많은 스타트업과 투자 현장을 경험했고, 그 과정에서 축적한 노하우를 이 책 『스타트업 페이스메이커스 1: 창업부터 투자 유치까지』에 아낌없이 녹여냈습니다. 이 책은 단순한 이론서가 아닙니다. 현장에서 실무에 즉시 적용할 수 있는 전략서로, 창업자가 반드시 알아야 할 투자 유치의 원리와 실전 전략이 담겨 있습니다. 또한 『IR 마스터 워크북』은 IR 덱 작성과 투자자 대응을 위한 실용적인 툴킷을 제공합니다. 특히 피칭 현장에서 실제로 주고받는 질문과 모범 답변, 사례 분석까지 포함되어 있어 투자 유치를 준비하는 창업자들에게 실질적인 무기가 되어줄 것입니다.

　스타트업 창업자는 속도를 내는 경주자인 동시에 나아갈 방향을 잡는 리더입니다. 이 책은 그 여정을 함께 뛰는 '페이스메이커'로서 가장 믿음직한 동반자가 되어줄 것입니다. 모든 예비 창업자와 투자 유치를 준비하는 창업자들에게 일독을 강력히 추천합니다.

- 전화성 회장, 초기투자액셀러레이터협회

절실함이 스민 페이지를 넘길 때마다, 저는 질문했습니다. '이것이 전부일까.' 자본의 파도가 넘실대는 창업의 세계에서, 이상과 현실의 간극은 어쩌면 영원히 좁혀지지 않을지도 모릅니다. 이상을 좇는 자는 현실의 벽에 부딪혀 좌절하고, 현실에 안주하는 자는 이상 너머의 가능성을 놓치고 맙니다.

김경락 대표의 『스타트업 페이스메이커스 1: 창업부터 투자 유치까지』는 바로 그 간극을 건너는 용기와 지혜를 우리에게 건넵니다. 이 책은 이상이라는 나침반을 잃지 않으면서도 현실이라는 거친 파도를 헤쳐나갈 수 있도록, 창업이라는 지난한 여정의 모든 순간을 세심하게 담아냈습니다.

저자의 경험이 녹아든 문장들은 때로는 날카로운 칼날처럼 현실을 직시하게 하고, 때로는 따뜻한 손길처럼 지친 창업가를 위로합니다. 투자 유치의 냉혹한 현실부터 사업 전략의 미묘한 선택까지, 이 책은 창업이라는 숲에서 길을 잃지 않도록 촘촘한 이정표를 세워줍니다.

성공의 달콤함에 취해 현실을 망각하거나, 실패의 두려움에 갇혀 도전을 포기하는 대신, 우리는 이 책을 통해 '정석'이라는 단단한 토대 위에 '창의성'이라는 아름다운 탑을 쌓아 올릴 수 있습니다. 그리고 마침내, 우리 안에 잠자고 있던 가능성의 씨앗을 스스로 틔우며 세상을 향해 나아갈 용기를 얻게 될 것입니다.

이 책은 단순한 지침서를 넘어, 창업이라는 고독한 길 위에서 우리가 마주하는 수많은 질문에 대한 저자의 묵묵한 대답입니다. 그러므로 나는 감히 말합니다. 이 책을 펼치는 순간, 당신의 가슴 속에서 벅찬 희망이, 뜨거운 용기가, 그리고 마침내 세상을 향해 나아갈 수 있는 힘이 솟아오를 것이라고.

- 강영재 회장, 창조경제혁신센터협의회

 

스타트업은 혼돈과 가능성의 경계에 서 있습니다. 김경락 대표의 『스타트업 페이스메이커스』 시리즈는 그 경계에서 방향을 잃지 않도록 돕는 나침반과도 같습니다. 투자자이자 멘토, 그리고 액셀러레이터로서의 경험이 고스란히 녹아든 이 책은 단순한 이론서가 아니라 창업자와 함께 뛰어온 실전 지식의 결정체입니다.

창업자의 현실을 이해하고, 투자자의 시각을 통찰하며, 무엇보다 스타트업 생태계를 진심으로 아끼는 저자의 마음이 이 책에는 담겨 있습니다. AI 시대의 창업가에게도, 내일을 준비하는 모든 도전가에게도 이 시리즈는 반드시 곁에 두어야 할 페이스메이커입니다.

- 유태준 대표, 마음AI

프롤로그

## 0.9의 10승은 얼마일까?

아무 생각 없이 즉각적으로 0.7이나 0.8쯤이라는 답이 떠오를 수도 있지만, 실제 정답은 0.35다. 어처구니없는가? 하지만 사실이다. 생활 속에서 무언가를 할 때 0.9의 완성도만 유지한다면, 열 번의 과정을 거친 후에는 고작 0.3 수준의 완성도에 그치게 된다는 뜻이다. 그래서 우리는 각 단계에서도 90%도, 99%도 아닌, 완벽한 100%를 목표로 추구하고 실행해야 한다. 적당히 대충 세운 목표와 허술한 단계는 허무한 결과로 나타나게 된다.

업무를 추진할 때도 큰 그림만 대충 그리고 세부 실행 계획을 세우지 않는 사람들이 있다. 큰 그림도 당연히 중요하지만, 큰 목표를 이루기 위해 작고 구체적인 실행 계획을 세우고 그것을 하나하나 실천할 때 목표가 곧 현실이 된다. 성공이란 수천 가지 작은 일들을 정확히 해내는 것이며, 그중 많은 일을 꾸준히 반복하는 것이다.

이탈리아 르네상스 시기의 조각가 미켈란젤로는 어느 날 교황으로부터 시스티나 성당의 천장에 그림을 그리는 의뢰를 받게 된다. 하지만 4년 넘게 동안 천장에 그림을 그리는 일은 몹시 힘들었다. 안료가 눈에 떨어져 눈병에 걸리거나 목을 꺾어야 해서 관절에 무리가 가는 일이 잦

앉다. 보다 못한 그의 친구가 그에게 말했다. "구석은 좀 대충 그려도 되지 않나? 아무도 안 보는데?" 하지만 미켈란젤로는 다음과 같이 대답했다고 한다. "아무도 안 보다니, 내가 보고 있지 않나." 그렇게 탄생한 천장의 그림이 바로 그 유명한 「천지 창조」다. 미켈란젤로의 위대한 장인정신이 있었기에 그는 지금까지도 '신이 내린 예술가'로 칭송받고 있다.

『스타트업 페이스메이커스2: IR 마스터 워크북』은 스타트업 창업자들이 실제로 투자유치를 위해 IR(Investor Relations) 피치덱을 만들 때 실무적으로 활용할 수 있는 구체적이고 실용적인 지침서이다. 책에 수록된 단계별 질문과 예시를 통해, 창업자가 자신의 비즈니스 모델을 객관화하고 투자자에게 효과적으로 전달하는 스킬을 익힐 수 있도록 구성했다. 특히 이 책에서는 창업가가 반드시 알아야 할 투자자와 투자 시장의 특성, 피치덱에 반드시 포함해야 할 내용과 피해야 할 요소, 협상 전략 등 일반적으로는 쉽게 공개되지 않는 정보까지도 폭넓게 다뤘다. 그만큼 이 책이 정석과 실전을 고루 익히고, 투자 성공률을 높이는 데 도움이 되기를 바라는 마음으로 집필하였다. 창업하는 순간부터 창업가는 끊임없이 고비를 맞고, 크고 작은 허들을 넘어서야 한다. 투자란, 단계마다 마주하는 허들을 자금과 네트워킹의 힘으로 극복해 나가는 과정이다. 하나하나 쉬운 일은 없어도 진정성을 가지고 철저히 준비하며 과감히 시장에 도전한다면 못 해낼 것도 없다는 것이 필자의 판단이다.

이 책은 그런 창업의 과정을 하나하나 짚어가며, 계획하고 실행하고 평가하는 데 실질적인 도움이 되는 실용서로 활용할 수 있다. 이 책은 기본적인 내용은 물론, 깊이 있고 기발한 사례들도 담고 있어 창업가, 액셀러레이터, 각종 지원사업 기관은 물론 창업을 꿈꾸는 직장인과 사업가, 사회 진출을 준비하는 학생들, 투자업계에 발을 들여보고 싶은 초보 심사역에게도 유용한 지침서가 될 것이다.

더 많은 내용을 담고 싶은 욕심에 자꾸 덧붙이다 보면 결국 백과사전이 될 수 있기에, 꼭 필요한 핵심만을 담는 데 집중했다. 더 깊이 있는 내용이나 다양한 사례를 원하거나, 자신의 경험과 지식을 나누고 싶은 독자들은 언제든 찾아와 주시길 바란다.

이 책이 나오기까지, 늘 나에게 열정을 불어넣어 준 사랑스러운 이사벨 님과 제니퍼, 브라이언에게 깊은 감사를 전한다. 또한, 보이지 않는 스타트업의 미래를 향해 함께 달려온 나의 소울메이트 조기환 부대표와, 늘 뒤에서 묵묵히 힘이 되어주는 든든한 후원자이자 파트너인 전혜진 대표께도 감사의 말씀을 전한다.

2025년 3월 6일
In Saigon, Vietnam
김경락

차례

추천사 ································································· 4

프롤로그 ······························································ 8

차례 ···································································· 12

PART 1
스타트업 IR 고도화 솔루션 ································· 19
  1. 기업 목적(Company Purpose) ··················· 20
     Q. 투자 유치 전략에서 가장 중요한 요소는 무엇인가?
  2. 문제(Problem) ············································ 51
     Q. 기업 문화와 가치가 채용에 미치는 영향은 무엇일까?
  3. 솔루션(Solution) ········································ 75
     Q. AI와 사회적 미디어가 마케팅 전략에 미치는 영향은 무엇일까?
  4. 왜 지금인가?(Why Now?) ·························· 98
     Q. 인플루언서 마케팅과 유튜브 채널의 ROI는 어떻게 평가될까?
  5. 시장 잠재력(Market Potential) ················ 120
     Q. 2025년 마케팅 전략 트렌드 중 가장 중요한 것은 무엇일까?

6. 비즈니스 모델(Business Model) ········· 149
   Q. 스타트업 투자 유치 성공을 좌우하는 팀 구성의 핵심 요인은 무엇일까?

7. 기술 가치 평가(Technology Valuation) ········· 176
   Q. 초기 스타트업에 가장 필요한 COO의 역할과 역량은 무엇일까?

8. 마일스톤(Milestone) ········· 216
   Q. 비즈니스 모델의 변화와 발전을 어떻게 설명할 수 있을까?

9. 마케팅 전략(Marketing Strategy) ········· 242
   Q. 밸류에이션이 높으면 좋을까?

10. 실행 계획(Execution Plan) ········· 294
    Q. 투자자들의 100가지 질문과 해설

11. 팀 & 비전(Team & Vision) ········· 348
    Q. 공동창업자 지분은 어떻게 나눌까?

12. 엑싯 플랜(Exit Plan) ········· 367
    Q. 엑싯을 위한 회사 가치 올리는 방법은?

## PART 2
**투자 프로세스의 이해** ········· 401

PART 3

투자심사보고서의 이해 ················································· **431**

에필로그 ······································································ **468**

참고 ············································································ **474**

# PART 1

# 스타트업
# IR 고도화
# 솔루션

이 장에서는 스타트업의 IR 자료를 효과적으로 만들기 위해 비즈니스 모델(Business Model, BM) 사례와 예시를 중심으로, 12단계 항목별 사업계획의 방향성과 수정안을 제시한다. 이 가이드를 차근차근 읽고 자신의 비즈니스 모델에 하나씩 적용하다 보면, 어느새 완성도 높은 IR 자료가 만들어지는 것을 경험하게 될 것이다.

제 1장 ──────

# 기업 목적(Company Purpose)

**1. 기업 목적의 정의와 중요성**

'기업 목적'은 스타트업이 존재하는 근본적인 이유와 성취하고자 하는 목표를 명확히 밝히는 선언형 문장이다. 이는 내부 구성원과 외부 이해관계자에게 기업의 방향성을 제시하는 데 중요한 역할을 한다. 《Harvard Business Review》는 기업의 목적을 가진 기업일수록 어려운 상황에서도 일관된 결정을 내릴 가능성이 높다고 설명한다. 이는 스타트업이 급변하는 시장 속에서도 성공을 지속할 수 있는 핵심 요인 중 하나이기 때문이다.

---

*영원히 산다면 무엇을 할 것인가?*
*사명이 있는 사람은 죽어도*
*그 뜻이 이어져 영원히 살 수 있다.*
*이 믿음이 페이스메이커스의 시작이 되었다.*

---

## STEP 01
## 기업 목적 Company Purpose
기업/사업을 하나의 선언형 문장으로 정리

회사의 목적은 기업의 정체성을 나타내고, 모든 전략적 결정의 기반이 됩니다. 명확하고 영감을 주는 목적 문장을 통해 회사의 비전을 효과적으로 전달하고, 내부와 외부의 이해 관계자들에게 일관된 메시지를 전달하는 것이 중요합니다.

**예시**
- AI 개발과정 기능 모듈화를 통한 자동화된 MVP 서비스 개발 솔루션
- 혈액 내 감염균의 실시간 검사를 위한 혈액배양 시스템 국산화
- 차세대 Display 패널 연삭가공 정밀도 문제해결을 위한 Vision 기반 초정밀 가공 솔루션
- 제품 최적화 광촉매를 활용한 친환경 소재 솔루션 기업
- 산업용 UV경화형 친환경 점착소재 개발
- 탄소중립을 위한 건물에너지성능 클라우드 플랫폼 개발
- 인공지능 기반의 독서관리 및 도서공유 메타버스 플랫폼 구축
- AIoT 기반 지하매설 LNG관로 가스누출 상태 실시간 원격 모니터링 시스템

"(시장의 문제, 현안)을 위한 (핵심기술)기반의 (목표, 솔루션) 개발"

기업 목적은 단순한 슬로건이 아니다. 이는 회사가 왜 존재하는지, 그리고 무엇을 이루고자 하는지를 명확하게 표현한 선언문이다. 효과적인 기업 목적에는 다음과 같은 요소들이 포함되어야 한다.

- 목적: 회사 존재의 근본적인 이유
- 가치: 조직을 이끄는 핵심 신념과 원칙
- 목표: 회사가 달성하고자 하는 주요 목표
- 타겟 고객: 주요 고객 또는 수혜자
- 독특한 가치 제안: 경쟁사와 차별화되는 핵심 포인트

또한, 짐 콜린스(Jim Collins)의 『좋은 기업을 넘어 위대한 기업으로(Good to Great)』에서는 성공적인 기업일수록 "왜 존재하는가?"에 대한 명확한 이해를 바탕으로 사업 모델을 구축할 때 장기적으로 지속 가능한 성공을 이룬다고 강조한다. 이러한 목적은 단순한 목표를 넘어 조직 구성원과 고객에게 영감을 주며, 자발적인 동기를 이끌어내는 데 필수적인 요소다.

1.1 Company Purpose 작성 가이드

- 명확하고 간결하게 표현할 것
- 영감을 줄 수 있는 문장을 사용할 것
- 구체적인 목표를 명시할 것
- 장기적인 비전을 포함할 것

- 사회적 책임을 강조할 것
- 고객 중심적인 관점을 유지할 것

사이먼 사이넥(Simon Sinek)은 『스타트 위드 와이(Start with Why)』에서 이렇게 말한다. "성공적인 리더와 조직은 '무엇을 하는가?' 보다 '왜 그것을 하는가?'에 집중합니다. 그 목적이 분명할 때 비로소 사람들에게 영감을 주고 행동을 이끌 수 있습니다."

예시 문구
- "우리는 모든 사람에게 양질의 의료 서비스를 제공하여 건강 격차를 줄입니다."
- "지속 가능한 에너지로 세계 전환을 가속화하는 것을 목표로 합니다."

이처럼 명확한 기업 목적은 스타트업이 자신의 미션과 비전을 뚜렷하게 전달할 수 있게 해주며, 투자자에게 강력한 첫인상을 남기고 투자의사 결정에 긍정적인 영향을 줄 수 있다. 적어도 우리는, 제대로 된 미션과 비전을 갖추지 않은 스타트업에는 절대 투자를 진행하지 않는다.

## 2. 기술적 특성과 산업적 맥락 분석

### 2.1 산업적 배경과 기회 파악

스타트업이 소속된 산업 배경과 주요 기회를 파악하는 것은 기업 목적 설정에서 첫 번째 단계이다. 예를 들어, AI 기반 음악 믹싱 및 마스터링 솔루션을 제공하는 스타트업은 'AI 기술의 발전'과 '글로벌 음악 산업의 성장'이라는 두 가지 핵심 배경이 비즈니스 방향을 결정짓는다.

스태티스타(Statista)에 따르면, 2022년 전 세계 음악 산업의 규모는 약 642억 달러에 달하며, 연평균 9.3%의 성장률을 기록하고 있다. 이는 기술 기반 음악 솔루션이 산업 내 수요를 효과적으로 충족할 기회를 제공함을 시사한다.

사례 연구: 줌(Zoom)의 성공 요인

팬데믹 기간 동안 줌은 비대면 커뮤니케이션을 위한 필수 도구로 자리매김했다. 줌의 기업 목적은 명확하다. "전 세계 사람들을 더 가깝게 연결하여 커뮤니케이션의 벽을 허문다."는 명확한 목적에 기반하고 있다. 이는 줌이 팬데믹 이후에도 비즈니스와 교육 현장에서 핵심 커뮤니케이션 툴로 자리 잡는 데 중요한 역할을 했다.

### 2.2 기술적 특성의 반영

기술 혁신은 스타트업의 핵심 경쟁력이다. 예를 들어, 기술 기반 의료 스타트업이라면 "AI 진단 솔루션을 통해 보다 정확하고 빠른 진단을 가능하게 한다"는 식으로 구체적인 기술 특성을 명확히 표현해야 한다. 고객이 쉽게 이해할 수 있도록 기업 목적은 안에 자연스럽게 녹여내는 것이 중요하다. 또한, 고객 맞춤형 인터페이스와 실시간 데이터 처리와 같은 기술적 우위를 통해 고객에게 실질적인 혜택을 제공할 수 있다.

## 3. 차별화 전략 제안

스타트업의 차별화 전략은 단기적인 성공을 넘어서 장기적인 성장을 가능하게 한다. 맥킨지(McKinsey)의 보고서에 따르면, 차별화 전략은 시장에서 고객의 관심을 끌고 신뢰를 형성하는 핵심 전략 요소로 작용한다. 투자 유치를 위해서도 기업 목적과 연계된 명확한 차별화 전략이 반드시 필요하다.

### 3.1 고유의 경쟁우위 정의

스타트업의 경쟁우위는 기존 시장이 해결하지 못한 문제를 보다 효율적으로 해결하는 솔루션을 제공함으로써 확보된다. 예를 들어, 의료 AI 스타트업이라면 대형 병원의 높은 비용을 감당하기 어려운 고객들에게 '접근성 높은 AI 진단 툴'을 제공하는 것이 경쟁 우위가 될 수 있다. 이처럼 고유한 경쟁우위를 바탕으로 "누구나 양질의 의료 서비스를 쉽게 받을 수 있도록 돕는다"는 기업 목적을 설정하면, 투자자들은 해당 스타트업의 가치를 더욱 쉽게 이해할 수 있다.

사례 연구: 테슬라(Tesla)의 차별화 전략

테슬라는 "지속 가능한 에너지로의 세계적 전환을 가속화한다"는 기업 목적을 내세워, 단순한 전기차 제조를 넘어 지속 가능한 에너지 산업의 리더로 자리매김했다. 테슬라는 고유한 배터리 기술과 충전 인프라를 기반으로, 친환경 모빌리티 시장에서 압도적인 경쟁 우위를 구축해 나가고 있다. 이러한 차별화 전략은 투자자에게 스타트업의 미래 가치를 설득력 있게 전달할 수 있는 핵심 요소가 된다.

3.2 시장 진입 및 확장 전략

시장 진입 전략의 핵심은 초기 고객군을 명확히 설정하고, 이후의 성장 전략을 구체화하는 데 있다. 베인앤컴퍼니(Bain & Company)는 신생 스타트업이 장기적인 성장을 이루기 위해서는 지역 특성에 맞춘 현지화 전략이 필수적이라고 조언한다. 시장 초기 진입 시점은 경쟁자가 적고 수요가 높은 시기를 선택하는 것이 바람직하며, 이후에는 고객 기반을 확장해 가며 점진적으로 시장을 넓혀가는 방식이 효과적이다.

예를 들어, SaaS 기반 기업이 글로벌 시장을 목표로 한다면, 초기에는 영어권 시장을 공략하고, 이후 각 지역의 특성에 맞춰 현지화 전략을 통해 확장해 나갈 수 있다.

## 4. 심층 기업 목적 제안

### 4.1 기업 목적을 나타내는 문구의 중요성

기업 목적은 단순한 목표를 넘어서, 고객과 투자자에게 기업의 핵심 가치를 직관적으로 전달하는 역할을 한다. 예를 들어, AI 진단 솔루션을 제공하는 스타트업이라면 "우리는 누구나 쉽게 접근할 수 있는 AI 의료 서비스를 통해 헬스케어의 장벽을 낮춥니다"와 같은 기업 목적을 제시할 수 있다. 이처럼 고객의 요구를 반영한 명확한 목적 설정은 기업의 존재 이유를 분명히 하며, 실질적인 영향력을 보여준다.

### 4.2 목적 설정의 구체적 예시

스타트업은 구체적인 기업 목적을 설정함으로써 기업이 앞으로 나아갈 방향을 효과적으로 제시할 수 있다. 다음은 산업 분야별 기업 목적의 예시이다.

- 핀테크: "우리는 누구나 금융 서비스를 쉽게 이용할 수 있도록 혁신적인 솔루션을 제공합니다."
- 헬스케어: "모든 사람들이 높은 비용 없이 양질의 진료를 받을 수 있는 환경을 조성합니다."
- AI 기반 에듀테크: "AI로 맞춤형 교육을 제공하여 모든 학생이 자신의 잠재력을 극대화할 수 있도록 돕습니다."

이러한 목적 문구는 투자자에게 기업의 비전을 직관적으로 전달하며, 장기적 목표에 대한 신뢰를 형성하는 데 기여한다.

## 5. 미션, 비전, 코어 밸류 심층 설정

### 5.1 미션(Mission)

미션은 조직이 존재하는 이유와 핵심 목표를 명확히 정의하는 것이다. 예를 들어, 헬스케어 스타트업은 "모든 사람이 쉽게 접근할 수 있는 고품질 의료 서비스를 제공합니다"라는 문구를 통해 존재 이유를 분명하게 표현할 수 있다. 이러한 미션은 일상적인 의사결정의 기준이 되며, 구성원들에게 동기와 방향성을 제공한다.

사례 연구: 구글(Google)의 미션

구글의 미션은 "세상의 정보를 체계화하여 모두가 접근하고 유용하게 사용할 수 있도록 하는 것"이다. 이를 통해 구글은 사용자 중심의 정보 접근성을 강화하고, 모든 사람이 정보를 자유롭게 활용할 수 있도록 하는 데 초점을 맞추고 있다. 이러한 미션은 구글이 글로벌 IT 리더로 성장하는 데 핵심적인 원동력이 되었다.

### 5.2 비전(Vision)

비전은 조직의 장기적 성장 목표와 미래의 청사진을 제시한다. 예를 들어, AI 기반 헬스케어 스타트업은 "2025년까지 전 세계 모든 의료기관에서 AI 진단 솔루션을 이용할 수 있도록 한다"는 비전을 통해 장기적인 목표를 명확히 설정할 수 있다. 비전은 구성원과 이해관계자에게 영감을 주고, 장기적 전략 수립의 기준이 된다.

## 5.3 코어 밸류(Core Values)

코어 밸류는 조직의 문화와 행동 방식을 정의하는 원칙이며, 미션과 비전을 '어떻게 실행할 것인가'에 대한 방향을 제시한다. 예를 들어 '혁신', '신뢰', '책임', '협력'과 같은 코어 밸류는 구성원의 일관된 행동을 이끌고, 장기적으로 기업의 성공을 뒷받침한다. 코어 밸류는 일상적인 의사결정에 기준이 되며, 외부 이해관계자와의 신뢰를 형성하는 데도 중요한 역할을 한다.

사례 연구: 에어비앤비(Airbnb)의 코어 밸류

에어비앤비는 '호기심', '호스피탈리티', '소속감'이라는 핵심 가치를 추구한다. 이러한 가치는 고객이 여행지에서도 집처럼 편안한 경험을 할 수 있도록 돕고, 전 세계 어디에서든 소속감을 느낄 수 있도록 하는 데 초점을 맞춘다. 이 코어 밸류는 에어비앤비의 고객 경험을 차별화하고, 글로벌 시장에서 고객 충성도를 높이는 데 크게 기여하고 있다.

## 6. 전략적 제언

### 6.1 일관성 있는 스토리라인 구축

기업 목적을 중심으로 구성된 일관된 스토리라인은 투자자에게 신뢰를 형성하고, 기업의 비전을 효과적으로 전달할 때 필수적이다. 베인앤컴퍼니의 연구에 따르면 투자자는 기업의 성장 가능성과 지속 가능성을 중시하기 때문에 일관적인 스토리라인은 투자 유치의 성패를 좌우하는 핵심 요소가 된다.

### 6.2 성과 지표와 미래 성장 예측

회사의 핵심 성과 지표(KPI)와 미래 성장 예측을 기반으로 투자자에게 실질적인 성과를 제시하는 것이 중요하다. 이를 통해 투자자는 자금 회수 가능성에 대해 신뢰할 수 있다. 또한, 구체적인 목표 수치와 시장 기회를 제시함으로써 장기적인 기업 가치를 명확히 전달해야 한다.

### 6.3 출구 전략 명확화

투자자들은 자금 회수 가능성을 중요하게 고려하므로, IPO나 M&A와 같은 출구 전략을 명확히 제시해야 한다. 이러한 전략은 투자자들이 자금 회수 시점을 예측하고 신뢰를 형성하는 데 도움이 된다. 초기 투자 단계에서는 구체적인 출구 시나리오를 제시함으로써 투자비 회수 가능성을 높일 수 있다.

이처럼 초기 스타트업이 성공적으로 투자 유치를 이루기 위해서는 명확한 기업 목적을 중심으로 일관된 스토리라인과 실질적인 성장 전략을 함께 제시해야 한다.

## 7. 기업의 목적이 투자 유치에 미치는 영향

명확한 기업 목적은 투자자에게 여러분의 비전과 열정을 효과적으로 전달하는 강력한 도구다. 《Harvard Business Review》는 "회사의 목적을 명확히 정의하는 것은 전략적 방향 설정과 내부 조직의 동기 부여에 필수적이며, 명확한 목적은 의사결정의 기준을 제공하고 복잡한 상황에서도 일관성을 유지하게 한다"고 설명한다. 투자자는 단순히 아이디어나 제품에 투자하지 않는다. 그들은 여러분의 비전과 그것을 실현할 수 있는 역량에 투자하는 것이다. 명확한 기업 목적은 여러분의 스타트업이 장기적으로 성공할 수 있다는 신뢰를 투자자에게 심어준다.

## 8. 기업 목적 작성 실습

기업 목적을 작성할 때는 다음 질문들을 고려해 보라.

1. 우리 회사는 어떤 문제를 해결하고 있는가?
2. 우리의 솔루션은 어떤 점에서 독특한가?
3. 우리가 꿈꾸는 이상적인 미래는 어떤 모습인가?
4. 우리의 핵심 가치는 무엇인가?
5. 우리는 어떤 방식으로 사회에 기여하고 있는가?

이러한 질문에 대한 답변을 바탕으로, 여러분만의 독창적이고 영감을 주는 기업 목적을 만들어보자.

### 8.1 기업 목적 작성 팁

효과적인 기업 목적을 만들기 위해 다음의 요소들을 고려하자.

① 미션과 가치(Value Statement) 모두 최대한 간결할 것

기업의 미션과 가치는 명확하고 간결해야 한다. 복잡하고 장황한 표현은 핵심 메시지의 전달력을 떨어뜨릴 수 있다. 예를 들어, 식품 기업 캠벨(Campbell's)은 "Connecting people through food they love"라는 간결한 기업 목적으로, 사람들이 사랑하는 음식을 통해 사람들을 연결한다는 메시지를 전달한다.

② 고객과 직원을 향한 가치를 균형 있게 디자인할 것

하지만 무엇보다 중요한 것을 선택하라면 고객이다. 기업 목적은 고객과 직원 모두에게 의미 있어야 하지만, 그중에서도 고객 중심의 가치를 우선시해야 한다. 예를 들어, 월마트(Walmart)는 "Helping our customers save more of their hard-earned money for the things they care about most."라는 기업 목적을 통해, 고객이 소중하게 여기는 것에 더 많은 돈을 쓸 수 있도록 돕는다는 메시지를 전달한다.

③ 자기 산업군(Industry Category)을 고려하여 미션과 가치에 녹여낼 것

Purpose는 기업이 속한 산업의 특성과 자연스럽게 연결되어야 한다. 예를 들어, IT 서비스 기업 킨드릴(Kyndryl)은 "We make the complex simple to enable customer innovation"이라는 기업 목적을 통해, 복잡한 문제를 단순화해 고객의 혁신을 지원하는 방향성을 전달한다.

④ 기업 설립 초기에 만들어 미션과 비전을 만드는 과정에 직원들이 참여하게 할 것

기업 목적과 비전은 조직 구성원 모두가 공감하고 자발적으로 따를 수 있어야 한다. 이를 위해 창업 초기부터 직원들이 기업 목적과 비전 수립 과정에 직접 참여할 수 있도록 유도해야 한다. 직원들의 이런 참여는 동기 부여는 물론, 조직에 대한 애착과 충성도를 높이는 데 크게 기여한다.

⑤ 일상적인 의사 결정 프로세스에 녹여낼 수 있을 것

기업 목적은 기업의 일상적인 의사결정 과정에 통합되어야 한다. 이는 직원들이 업무를 수행할 때 기업의 목적을 항상 인식하고, 일관된 행동을 할 수 있도록 돕는다. 예를 들어, 식품 서비스 기업 아라마크(Aramark)는 "We share a passion for hospitality, it's at the foundation of everything we do."라는 기업 목적을 통해, 모든 활동의 중심에 '환대'에 대한 열정이 있음을 강조한다.

이러한 요소들을 반영해 기업 목적을 수립하면, 조직의 방향을 명확히 하고, 내부적으로는 직원들에게 동기를 부여하며, 외부적으로는 고객과 이해관계자에게 기업의 가치를 효과적으로 전달할 수 있다.

## 사례1. 유니콘 기업 배달의 민족

위트 있는 문화로 잘 알려진 배달의민족은 MVC 셋업에 큰 공을 들인 대표적인 기업.
그리고 이렇게 셋업한 MVC가 고객에게까지 전파되며 배달의민족 고유의 브랜딩에 톡톡한 힘을 실어 줌.

### MISSION
음식을 고객이 원하는 시간과 장소에서 만날 수 있도록!

### VISION
문 앞으로 배달되는 일상의 행복

### CORE VALUE

**규율 위의 자유**
우리는 규율 위에 세운 자율적인 문화를 자랑합니다.

**진지함과 위트**
일에 대한 진지함을 잃지 않으면서도, 쉽고 명확하고 위트있게 문제를 풀어나갑니다.

**스타보다는 팀워크**
회사란 평범한 사람들이 모여 비범한 성과를 내는곳! 천재 한 사람에 의지한 조직이 아닌, 팀워크를 통해 성과를 내는 조직을 지향합니다.

**열심만큼 성과**
열심히 하는 것은 중요합니다. 하지만, 성과를 내는 것은 더욱 중요합니다. 과정과 결과는 둘 중 어느 하나만 선택하거나, 우선시 할 수 없는 문제입니다.

## 사례2. 글로벌 기업 파타고니아

유행을 타지 않고 꾸준히 사랑을 받고 있는 의류 브랜드 파타고니아(patagonia) 역시 유명한데, 파타고니아 창업가 일가는 4조원 가까운 지분을 100% 기부하며 "지구가 유일한 주주"라는 이야기를 한 것으로 유명.

### MISSION
우리는 우리의 터전, 지구를 되살리기 위해 사업을 합니다.
We're in business to save our home planet.

### VISION
모든 자원을 활용하여 지구상의 생명을 보호합니다.
To use all of its resources to defend life on Earth.

### CORE VALUE

**최고의 제품**
Build The Best Product

**환경 보호를 위한 비즈니스**
Use Business To Protect Nature

**불필요한 환경 피해의 최소화**
Cause No Unnecessary Harm

**관행에 구속되지 않는 새로움**
Not Bound By Convention

## 사례3. 페이스메이커스

창업이라는 레이스의 주인공인 스타트업이 완주를 넘어 더 좋은 성과를 낼 수 있도록 자금, 공간, 기술, 네트워크 지원을 제공하여 글로벌 기술 기반 창업 생태계를 구축함. 선한 가치와 열정을 바탕으로 사회에 기여하고 나눔을 실천하는 기업이 되고자 하며, 해외 네트워크와 협력, 스타트업의 성장과 교류를 촉진하기 위해 제공하는 플랫폼.

페이스메이커스 EDGE 프로그램
(Entrepreneur Development Global Expansion Program)

**EDGE's MEANING**
기술 기반 국내 스타트업의 역량을 엣지있게 스케일업해서 글로벌로 진출시킨다는 의미

**MISSION**
Let's help people change the world

**VISION**
Global startup ecosystem matching platform

**CORE VALUE**
Cordis, Clementis, Jucundar
Think big, Smart act, Scale fast

## Behavior Program

| | |
|---|---|
| 우리가 실제로 가치 있게 여기는 것이 가치다<br>IT IS WORTH WHAT WE ACTUALLY VALUE | 확고한 팀워크와 가족애를 갖자!<br>BUILD A POSITIVE TEAM & FAMILY SPIRIT |
| 늘 겸손하자!<br>ALWAYS HUMBLE | 높은 목적을 가진 회사<br>SEEK THE HIGHER PURPOSE |
| 엑스트라 마일을 실천하는 회사<br>GO THE EXTRA MILE | 품격과 인품을 갖춘 회사<br>BE DISTINGUISHED |
| 누가 정말 헌신적으로 도와주는가?<br>WHO HELP MOST? | 인사이트로 근본 원인을 파악한다<br>FIGURE OUT THE FUNDAMENTAL CAUSE WITH INSIGHT |
| 우리는 긍정적인 말을 쓴다<br>USE POSITIVE WORDS | 새로운 가치 제안을 받아들인다<br>ACCEPT A NEW VALUE PROPOSITION |

## 결론

### 기업 목적, 투자 유치의 첫걸음

피터 드러커는 "기업의 목적은 단순히 이윤을 창출하는 것이 아니라, 고객의 필요와 기대를 충족시키는 것이다"라고 말했다. 기업 목적은 단지 한 줄짜리 문구가 아니다. 여러분의 스타트업이 나아갈 방향을 제시하고, 모든 의사결정의 기준이 되며, 투자자에게 비전을 전달하는 강력한 도구다. 명확하고 영감을 주는 기업 목적은 여러분의 기업이 단순한 아이디어를 넘어 세상을 변화시킬 수 있는 비전을 가진 기업임을 증명하는 수단이 된다. 이것이 바로 투자자의 관심을 끌고, 그들이 여러분의 꿈에 함께하고 싶게 만드는 첫걸음이 된다. 물론, 기업 목적을 정립하는 과정이 절대 쉽지는 않을 것이다. 하지만 그 과정을 거치면서 여러분은 비즈니스를 더 깊이 이해하게 되고, 앞으로의 도전에 훨씬 더 강하게 대비할 수 있을 것이다. 여러분의 열정과 비전이 담긴 기업 목적이 투자자의 마음을 움직이고, 스타트업의 성공을 이끄는 나침반이 되기를 진심으로 바란다.

# Q. 투자 유치 전략에서 가장 중요한 요소는 무엇인가?

## 1. 투자 유치 전략에서 가장 중요한 요소

명확한 비즈니스 모델과 성장 가능성

투자자들은 회사의 성공 가능성과 성공 시의 잠재적 수익에 가장 관심을 갖는다. 따라서 스타트업은 명확한 비즈니스 모델을 구축하고, 시장 기회와 성장 전략을 구체적으로 제시해야 한다.

효과적인 커뮤니케이션과 관계 구축

투자자와의 신뢰 관계 구축이 중요하다. 투자자의 요청에 신속하고 정확하게 대응하고, 지속적인 커뮤니케이션을 통해 신뢰를 쌓아야 한다.

체계적인 준비와 시간 관리

투자 유치는 보통 3~6개월이 소요되는 장기 프로세스이다. 자금 소진 시점을 고려해 최소 6개월 전부터 준비를 시작해야 하며, 충분한 시간을 가지고 체계적으로 접근해야 한다.

강력한 팀과 실행력

투자자들은 아이디어뿐만 아니라 그것을 실현할 수 있는 팀의 능력을 중요하게 본다. 따라서 핵심 멤버들의 전문성, 경험, 협업 능력을 명확히 드러내는 것이 중요하다.

장기적인 성장 가능성

지금까지의 성과와 핵심 지표를 제시하여 장기적인 성장 가능성을 입증해야 한다. 고객 확보, 매출 성장, 사용자 피드백 등 실질적이고 구체적인 트랙션 데이터를 제시할 수 있어야 한다.

## 2. 투자 유치 과정에서 중요한 피드백

투자 유치 과정에서 스타트업은 투자자로부터 피드백을 받게 된다. 이를 성장과 발전 동력으로 삼아 최대한 활용하기 위해서는 피드백을 열린 마음으로 수용하고, 객관적으로 분석하며, 필요한 경우에는 비즈니스 모델이나 전략을 조정해야 한다. 피드백을 바탕으로 개선된 사항을 투자자들에게 지속적으로 업데이트하며 신뢰를 구축하는 것도 빼놓을 수 없이 중요한 일이다.

### 2.1 비즈니스 모델에 대한 피드백

투자자들은 스타트업의 비즈니스 모델의 실행 가능성과 수익성에 큰 관심을 가진다.

- 수익 모델의 지속 가능성
- 시장 진입 전략의 효과성
- 고객 획득 비용과 고객 생애 가치의 균형
- 확장성과 규모의 경제 가능성

이러한 피드백은 스타트업이 비즈니스 모델을 개선하고 더욱 견고하게 만드는 데 도움이 된다.

### 2.2 시장 잠재력에 대한 평가

투자자들은 스타트업이 타겟팅하는 시장의 크기와 성장 가능성을 중요하게 여긴다.

- 시장 규모와 성장률 추정의 정확성
- 경쟁 환경 분석의 깊이
- 차별화 전략의 효과성

이러한 피드백은 스타트업이 시장 기회를 더 정확히 파악하고 전략을 수립하는 데 도움이 된다.

### 2.3 팀 역량에 대한 평가

투자자들은 스타트업 팀의 능력과 경험을 매우 중요하게 생각한다.
- 핵심 멤버들의 전문성과 경험
- 팀의 다양성과 상호 보완성
- 리더십과 실행력

이러한 피드백은 스타트업이 팀을 강화하고 필요한 인재를 영입하는 데 도움이 된다.

### 2.4 재무 계획과 자금 사용 계획

투자자들은 스타트업의 재무 상태와 자금 운용 계획에 대해 면밀히 검토한다.
- 재무 예측의 현실성
- 비용 구조의 효율성
- 투자금 사용 계획의 명확성과 타당성

이러한 피드백은 스타트업이 재무 계획을 더욱 정교하게 수립하고 자금을 효율적으로 사용하는 데 도움이 된다.

## 2.5 제품/서비스에 대한 평가

투자자들은 스타트업의 제품이나 서비스의 경쟁력과 혁신성을 중요하게 본다.

- 제품/서비스의 차별화 요소
- 기술적 우위와 지속 가능성
- 고객 문제 해결 능력

이러한 피드백은 스타트업이 제품/서비스를 개선하고 시장 적합성을 높이는 데 도움이 된다.

## 2.6 성장 전략에 대한 평가

투자자들은 스타트업의 장기적인 성장 가능성에 관심을 가진다.

- 확장 계획의 실현 가능성
- 국제화 전략의 타당성
- 추가 자금 조달 계획의 현실성

이러한 피드백은 스타트업이 장기적인 성장 전략을 수립하고 실행하는 데 도움이 된다.

## 3. 투자사 조사

흔히들 투자사는 스타트업에 대해 철저히 조사하고 실사까지 진행하고 투자심의위원회를 통해서 투자적합성을 판단한다. 그런데 의외로 스타트업은 투자자에 대해서 거의 알아보지 않는다. 아무 투자사에게 막 던지는 콜드콜 IR자료는 의미가 없다. 스타트업 측에서도 기업에 도움을 주고 지향하는 바가 비슷한 투자사를 먼저 찾아보아야 한다. 다음은 성공적인 투자 유치를 위해 효과적으로 투자사를 조사하는 방법이다.

### 3.1 온라인 리서치

**공식 웹사이트 분석**

투자사의 공식 웹사이트를 꼼꼼히 살펴보라. 여기서 투자 철학, 주요 투자 분야, 포트폴리오 기업 등 중요한 정보를 얻을 수 있다.

**투자 이력 조사**

투자사의 과거 투자 이력을 조사하라. 이를 통해 투자사가 선호하는 산업, 기업 성장 단계, 투자 규모 등을 파악할 수 있다.

### 3.2 네트워크 활용

**포트폴리오 기업 접촉**

투자사의 기존 포트폴리오 기업 창업자들에게 연락하여 조언을 구하라. 그들의 경험은 해당 투자사의 특성과 투자 프로세스를 이해하는 데 큰 도움이 될 수 있다.

업계 관계자 미팅

벤처캐피털 업계 관계자들과의 미팅을 통해 특정 투자사에 대한 평판과 투자 성향을 파악할 수 있다.

### 3.3 재무 정보 분석

펀드 상황 파악

투자사의 현재 펀드 상황을 조사하라. 새로운 펀드를 조성했는지, 드라이 파우더(dry powder), 즉 투자자로부터 모은 투자금 중 아직 투자 집행이 이뤄지지 않은 자금은 얼마나 남아 있는지 등을 파악하면 투자 가능성을 예측하는 데 도움이 된다.

투자 범위 확인

투자사가 주로 어떤 규모의 투자를 진행하는지, 어떤 단계의 기업에 투자하는지 확인하라. 이는 여러분의 기업이 해당 투자사의 투자 기준에 부합하는지 판단하는 데 중요하다.

### 3.4 투자 철학 이해

주요 투자 분야 파악

투자사가 중점을 두는 산업이나 기술 분야를 파악하라. 이를 통해 여러분의 비즈니스가 투자사의 관심사와 얼마나 일치하는지 평가할 수 있다.

가치 제안 방식 연구

투자사가 어떤 방식으로 포트폴리오 기업들에게 가치를 제공하는지 연구하라. 단순한 자금 제공 외에 어떤 전략적 지원을 제공하는지 파악하는 것이 중요하다.

사전 조사를 통해 투자사의 특성과 구조를 이해한다면 투자 유치 협상에서 유리한 위치를 확보할 수 있을 것이다. 또한 이러한 정보를 바탕으로 투자사의 관심사와 일치하는 점을 강조하며 협상력을 높일 수 있다.

제 2장

# 문제(Problem)

**스타트업 투자 유치 IR의 핵심, 문제 정의의 목적과 중요성**

'문제' 섹션은 IR 자료에서 스타트업이 해결하고자 하는 문제의 본질을 투자자에게 명확히 전달하는 파트로, 사업의 필요성과 시장 내 가치를 설득하는 데 핵심적인 역할을 한다. 이 섹션은 문제의 심각성과 해결의 필요성을 명확히 제시함으로써, 스타트업의 투자 가치를 부각시키는 데 그 목적이 있다. 고객의 고충, 즉 Pain Point가 무엇인지 구체적으로 설명하고, 기존 해결책의 한계를 지적함으로써 새로운 시장 기회가 존재함을 설득력 있게 전달해야 한다.

*포기하는 순간 핑곗거리를 찾고,*
*할 수 있다고 생각하는 순간*
*방법을 찾게 된다.*

**STEP 02**
# 문제 Problem
현재 고객이 겪고 있는 고충(Pain Point)을 설명하고,
기존 상품이나 서비스의 문제점을 명확히 제시하고 정리하라.

### Point
① 문제가 진짜 문제인가?
② 투자 또는 정부의 지원금을 받을 정도로 명분 및 당위성이 있는가?
③ 시장현황 – 문제점 – 해결방안의 전개논리에 빈틈이 없어야 함
④ 문제점과 해결방안이 1:1로 매칭되는 구조가 Best
⑤ 1~2장으로 간결하게 핵심만 전달

## 1. Pain Point 설명

### 1.1 고객 문제의 구체적 식별과 정의

IR 자료의 첫 단계는 고객의 문제, 실제로 겪는 고충을 구체적으로 식별하고 정의하는 것이다. 이 과정은 자주 간과되곤 하지만, IR의 '첫 단추'를 제대로 끼우는 핵심 단계이자, 스타트업이 해결하려는 문제의 실질적 중요성을 입증할 기회다. 예를 들어, B2B SaaS 분야의 한 스타트업 은 문제를 다음과 같이 분석했다. '많은 중소기업은 데이터 분석에 필요한 리소스나 전문 인력을 확보하는 데 어려움을 겪고 있다. 이러한 문제는 비즈니스 의사결정을 지연시키고, 결과적으로 수익성과 경쟁력을 떨어뜨리는 요인으로 작용한다.'

고객의 문제를 설명할 때는 고객 인터뷰, 시장 조사, 산업 통계 등을 활용해 문제의 범위와 영향력을 구체적으로 뒷받침하는 것이 효과적이다. 예를 들어, 가트너(Gartner)는 "전 세계 중소기업의 65%가 고비용과 복잡성으로 인해 데이터 분석 도구를 채택하지 못하고 있다"고 밝혔으며, 이는 이러한 장벽을 해소하는 솔루션의 필요성을 강조하는 근거가 된다.

### 1.2 구체적 사례 활용을 통한 문제 심화

고객의 실제 사례는 문제의 구체성과 심각성을 부각하는 데 큰 도움이 된다. 다음 예시를 살펴보자. "스타트업 A는 음원 믹싱과 마스터링 서비스 자동화를 목표로 하고 있으며, 이와 관련하여 독립 뮤지션 B씨의 사례를 활용했습니다. B씨는 음원 믹싱과 마스터링을 직접 해결할 기술적 자원이 없었으며, 외부에 맡기려 하였으나 비용 부담이 컸습니다. 이는 독립 뮤지션 대다수가 겪고 있는 문제로, 이는 그들이 창작한 콘텐츠의 품질을 저하해 상업적 성공을 저해하는 요인이 됩니다."

이처럼 문제를 구체적으로 정의하고 사례를 곁들이면 투자자에게 문제의 실제성을 강화하여 솔루션의 필요성을 효과적으로 전달할 수 있다. 특히, 문제 정의 시 문제의 크기, 영향도, 지속성 등을 데이터와 사례로 뒷받침하면 설득력이 높아진다.

### 1.3 통계 자료와 시각 자료의 효과적 활용

통계와 시각 자료는 문제의 심각성을 부각하는 데 유용하다. 중소기업 시장에서의 데이터 분석 도구의 미비로 성장이 저하되고 있는 사례라면, 그래프나 차트로 시각적으로 문제의 시급성을 전달할 수 있다. "중소기업의 70%가 데이터 분석 도구의 부족으로 인해 경쟁력 저하와 의사결정 지연을 경험하고 있다"는 통계 자료를 활용해 IR 자료에 문제의 심각성을 부각할 수 있다.

참고 문헌 인용 사례

- 가트너의 "Magic Quadrant for Analytics and Business Intelligence Platforms" 보고서에 따르면, 중소기업의 65%가 분석 도구를 도입할 때 비용이 많이 들고 사용이 복잡하다는 점에서 어려움을 겪고 있다고 한다. 데이터를 분석해야 할 필요성이 점점 커지고 있는 시점에서, 비용과 복잡성을 줄여주는 분석 도구가 있다면 시장에서 큰 기회를 가질 수 있다.

Pain Point
## AI 기술 도입 과정에서의 애로사항 및 고객 문제점

**49.7%**
내부 운용의
기술력 부족

전문인력
문제

**45.87%**
투자 대비
성과의 불확실성

서비스 검증
문제

**34.8%**
자금부족

인건비 및 개발비용
문제

Digital Transformation의 도입 문제

* 2023 소프트웨어정책연구소 국내 인공지능(AI) 도입기업 현황 분석 및 시사점

## 2. 기존 해결책의 한계점과 시장 기회 강조

문제를 정의할 때 두 번째로 중요한 요소는, 기존 해결책의 한계를 설명하여 앞으로 제안할 솔루션이 반드시 있어야 함을 강조하는 것이다. 투자자는 기존 해결책이 지닌 한계를 통해 해당 문제의 시급성과 해결의 필요성을 더욱 분명히 인식하게 된다.

### 2.1 기존 솔루션의 한계 설명

예를 들어, 기존의 데이터 분석 솔루션은 소규모 비즈니스에게 지나치게 복잡하고 고비용인 경우가 많다. 중소기업은 제한된 인력과 자원으로 복잡한 분석 도구를 활용하는 데 어려움을 겪고, 그 결과 데이터 인사이트 확보에 실패하고 있다. 이러한 문제는 B2B SaaS 스타트업에게 새로운 시장 기회를 제공할 수 있다. IBM의 연구에 따르면 "중소기업은 간단하면서도 강력한 데이터 분석 도구에 대한 수요가 높다"고 밝혔다.

### 2.2 해결할 시장 기회의 잠재력 설명

기존 솔루션이 해결하지 못하는 문제는 스타트업에게 차별화된 시장 진입 기회를 제공한다. 예를 들어, 펀딩 사이클(Funding Cycle)은 기존 은행 대출이 중소기업의 자금 조달에 많은 제약을 준다는 점에서, 이를 해결하는 자금 중개 서비스를 통해 새로운 시장 기회를 발견했다. 영국은행(Bank of England)의 보고서에 따르면, 중소기업 대출 신청 중 40%는 은행에서 거절되며, 승인되더라도 대출금 수령까지 평균 3개월이 소요된다.

이와 마찬가지로, 데이터 분석 도구의 복잡성과 고비용 문제는 스타트업이 저비용·사용자 친화적인 솔루션을 통해 시장에 진입할 수 있는 기회로 작용할 수 있다. 이러한 통계 자료는 문제의 시급성과 문제가 해결되었을 때의 수익 가능성을 투자자에게 효과적으로 전달할 수 있다.

2.3 경쟁사 분석

경쟁사의 약점을 명확히 분석하면 자사 솔루션의 차별성과 경쟁력을 강조할 수 있다. 예를 들어, "A사의 시장 조사 툴은 고급 통계 지식이 요구되어 일반 중소기업이 사용하기 어렵고, B사의 경우 데이터 정확도는 높지만 월 구독료가 중소기업 예산을 초과한다"는 식으로 비교할 수 있다.

2.4 문제의 심각성 강조하기

시각자료 및 통계자료 활용

문제의 규모와 영향을 수치로 시각화하면, 투자자에게 더욱 강력한 메시지를 전달할 수 있다. 예를 들어, "중소기업의 70%가 효과적인 시장 조사 도구의 부재로 인해 성장에 어려움을 겪고 있다"는 통계는 문제의 보편성과 심각성을 명확히 보여준다.

스토리텔링 기법

숫자만으로는 부족하다. 문제의 파급력을 생생하게 전달할 수 있는 스토리텔링이 필요하다. 예를 들어, "한 신발 제조 스타트업은 트렌드 예측 실패로 인해 6개월간의 노력과 투자가 무산되는 경험을 했다.

정확한 시장 조사가 있었다면 피할 수 있었던 손실이었다"는 사례가 있다.

**사례 연구를 통한 문제 해결의 중요성**

• 펀딩 사이클(Funding Cycle)

펀딩 사이클은 기존 은행 대출의 문제를 해결하기 위해 설립된 중소기업 대출 플랫폼이다. 그들은 신속한 자금 조달의 필요성을 보여주는 사례로, 중소기업이 은행에 대출을 신청해도 승인이 나는 경우는 60%에 불과한 것과 대출금을 수령하기까지 평균 3개월이 소요된다는 영국은행의 통계를 인용했다.

• 칸 아카데미(Khan Academy)

미국의 비영리 교육 기업 칸 아카데미는 저소득 가정의 아이들이 양질의 교육을 받지 못하는 문제에 주목했다. 그들은 교육 불평등의 심각성을 분명하게 보여주는 사례로 미국 교육부를 인용해, 저소득 가정 학생의 50% 이상이 학업 성취도와 고등학교 졸업률이 모두 낮은 것을 강조했다.

시장현황
## 문제발생

사회적 환경문제를 즉시 해결하여 ESG 경영지표를 달성할 수 없을까?

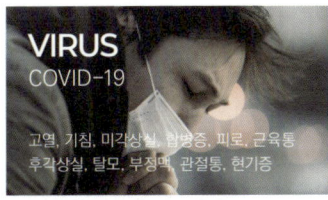

## 3. 문제 정의의 시장성 - 문제를 통해 투자자 설득하기

### 3.1 시장 기회의 크기와 성장 가능성 제시

'문제' 섹션에서 강조해야 할 핵심 중 하나는, 문제를 해결함으로써 열리는 시장 기회의 규모다. 문제를 해결하며 창출할 수 있는 시장 기회의 크기를 강조하면, 투자자는 시장 규모와 수익 가능성을 보다 명확히 이해할 수 있다. 예를 들어, 중소기업 대상 데이터 분석 도구 시장의 연평균 성장률(CAGR)은 20%에 달하며, 이는 향후 5년간 수십억 달러 규모의 시장 기회를 의미한다.

### 3.2 해결 가치의 중요성 강조

투자자들은 스타트업이 해결하고자 하는 문제의 실질적 '해결 가치'를 중요하게 평가한다. 해결 가치가 높은 문제일수록 솔루션의 시장 채택 속도는 빨라지고, 사업의 확장성도 높아진다. 예를 들어, 데이터 분석 도구의 자동화와 접근성 개선은 스타트업 생태계에서 핵심 과제로 인식되기에 많은 기업이 효율적인 데이터 기반 의사결정 솔루션을 찾고 있다.

### 3.3 경쟁 우위를 통한 문제 해결 필요성 설득

'문제' 섹션에서는 기존 솔루션의 한계를 짚고, 자사 솔루션의 차별성과 경쟁 우위를 강조하는 전략이 중요하다. 예를 들어, 복잡한 데이터 분석 도구 대신 사용자 친화적이고 저비용인 솔루션을 제공한다면, 그것 자체가 경쟁력 있는 접근으로 평가받을 수 있다.

## 3.4 시장 현황 분석

**변화하는 시장 동향**

문제를 설명할 때는 현재 시장의 상황과 변화 추세를 함께 고려해 제시해야 한다. "글로벌 중소기업 시장은 2025년까지 연평균 11.7% 성장할 것으로 예상되며, 이는 시장 조사 도구에 대한 수요 증가로 이어질 것이다."

**수치로 표현하기**

추상적 표현보다는 구체적인 수치를 활용해 문제의 현실성을 강조하자. "2024년 기준 전 세계 중소기업의 디지털 전환 투자액은 1,850억 달러에 이를 것으로 예상되며, 이는 2020년 대비 38% 증가한 수치다."

## 3.5 문제의 다각적 측면

**다양한 이해관계자의 관점**

하나의 문제는 다양한 이해관계자에게 서로 다른 방식으로 영향을 미친다. 예를 들어, 중소기업이 시장을 조사하는 문제에 대해서 살펴보자.

- CEO: "전략적 의사결정을 위한 신뢰할 수 있는 데이터가 부족합니다."
- 마케팅 팀: "제한된 예산으로 효과적인 캠페인을 기획하기 어렵습니다."
- 제품 개발팀: "고객 니즈를 정확히 파악하지 못해 제품 개선에 어려움을 겪습니다."

이처럼 다각도에서 문제를 바라보면, 그 복잡성과 시급성이 더욱 분명해진다.

## 3.6 전문가의 견해

### 클레이튼 크리스텐슨의 통찰

『혁신 기업의 딜레마(The Innovater's Dilemma)』를 쓴 클레이튼 크리스텐슨은 "혁신적 기업은 시장의 기존 문제를 정확히 파악하고, 이를 해결하는 제품이나 서비스를 통해 시장에 진입합니다"라고 말한다. 이는 문제 정의의 중요성을 강조하는 것이다.

### 에릭 리스의 린 스타트업 방법론

『린 스타트업(The Lean Startup)』을 쓴 에릭 리스는 성공하는 스타트업이 되기 위해서는 고객의 문제를 정확히 이해해야 한다고 주장한다. 그는 지속적인 고객 인터뷰와 실험을 통해 문제를 구체화하고 해결책을 모색해야 한다고 강조한다.

## 3.7 문제 해결의 경제적, 사회적 영향

다음은 한 스타트업이 제안하는 시장 조사 도구 솔루션을 사용했을 때의 경제적, 사회적 영향을 나열한 것이다. 특히 경제적 효과는 수치로 제시해 그 설득력을 높였다.

### 잠재적 시장 규모

"효과적인 시장 조사 도구의 부재로 인해, 중소기업은 매년 약 500

억 달러의 기회 비용을 지불하고 있다. 이는 곧 우리 솔루션이 겨냥할 수 있는 잠재적 시장 규모를 보여준다."

비용 절감 효과

"우리 솔루션을 도입할 경우, 중소기업은 시장 조사 비용을 평균 60% 절감할 수 있으며, 이는 기업당 연간 약 5만 달러의 절감 효과로 이어진다."

경제 성장 기여

"우리 솔루션을 도입할 경우, 중소기업은 시장 조사 비용을 평균 60% 절감할 수 있으며, 이는 기업당 연간 약 5만 달러의 절감 효과로 이어진다." "중소기업의 성공은 국가 경제 성장의 핵심 동력이다. 효과적인 시장 조사 도구 제공은 중소기업의 생존율을 높이고, 이는 일자리 창출과 경제 활성화로 이어진다."

혁신 생태계 강화

"중소기업의 시장 이해력이 향상되면, 이는 더 나은 제품과 서비스 개발로 이어지고, 전반적인 산업 혁신을 촉진하며 소비자에게 더 많은 선택지를 제공한다."

동대문 도매상의 니즈
## 보세 사업 수익성 저하 옆 매장 성공사례 인지
## 브랜드화 수요 급증

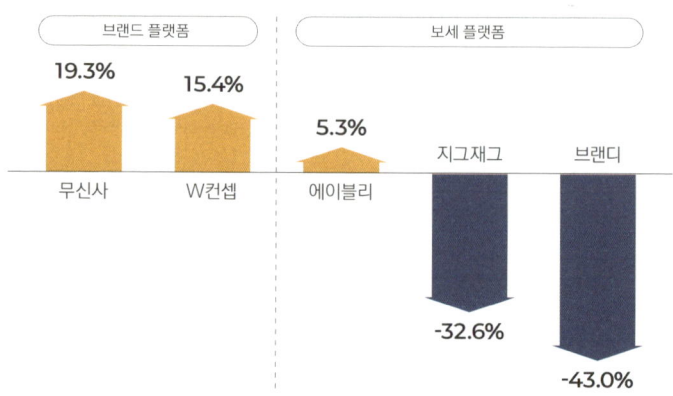

**불황원인 ①**
- 이후 중국은 동대문 도매시장을 벤치마킹하여 자국 내 빠른 생산체계를 구축함
- 이로 인해 해외 바이어의 방문이 급격히 감소

**불황원인 ②**
- 2011년 이후 브랜디, 지그재그, 에이블리 같은 보세 패션 통합 플랫폼이 성장
- 동대문 도매시장은 이 플랫폼의 실적에 크게 의존함
- 최근 라이프 스타일 변화, 브랜드에 대한 선호도 증가 → 보세 패션 하락
- 알리, 테무 등 중국 커머스 공습으로 보세 패션 통합 플랫폼 실적 크게 하락

## 4. 유명 리포트 및 사례 연구 인용을 통한 설득력 강화

### 4.1 유명 리포트와 통계 자료의 활용

신뢰도 높은 리포트와 통계 자료를 사용하면 문제 정의의 설득력을 효과적으로 높일 수 있다. 《Harvard Business Review》는 문제 정의가 비즈니스 전략의 핵심이며, 문제가 명확할수록 솔루션의 효과도 극대화된다고 강조한다. 또한, 클레이튼 크리스텐슨은 『혁신 기업의 딜레마』에서 기존 기업들이 고객 문제의 긴급성을 간과해 시장에서 도태되는 사례가 많다고 지적하며, 이로 인해 스타트업이 새로운 시장에 진입할 수 있는 기회가 커진다고 설명한다.

### 4.2 시장 내 성공적인 문제 정의 사례 - Tableau

태블로(Tableau)는 중소기업이 기존 데이터 분석 도구의 고비용과 복잡성으로 인해 겪는 어려움을 정확히 파악하고, 저비용·사용자 친화적인 데이터 시각화 도구를 제공했다. 가트너의 보고서에 따르면, 중소기업의 65%가 데이터 인사이트를 확보할 수 있는 환경이 필요했으며, 태블로는 이 문제를 정확히 해결하며 빠르게 시장에서 입지를 구축했다.

### 4.3 실제 고객 인터뷰를 통한 문제 정의 강화

문제 정의를 더욱 강화하는 효과적인 방법은 실제 고객 인터뷰를 활용하는 것이다. 예를 들어, 중소기업 고객과의 인터뷰를 통해 "자체적으로 데이터 분석팀을 구성하기 어렵고, 고비용 도구는 현실적으로 사용이 불가능하다"는 의견을 확보하면, 문제의 현실성과 심각성을 더욱 부각할 수 있다. 실제 고객의 목소리를 반영한 자료는 문제의 구체성과 실질성을 투자자에게 설득력 있게 전달하는 데 매우 효과적이다.

## 결론

### '문제' 섹션의 전략적 중요성

문제 정의는 스타트업이 해결하고자 하는 문제를 구체적이고, 투자자가 쉽게 이해할 수 있도록 명확히 설명하는 것이다. 명확한 문제 정의는 시장 기회, 경쟁 우위, 그리고 비즈니스 성장 가능성을 설명하는 근거가 되며, 투자자 설득에 강력한 힘을 발휘한다. 따라서 '문제' 섹션은 IR 자료의 출발점이자, 투자 유치 과정에서 가장 핵심적인 구성 요소다. 잘 정의된 문제는 이미 해결의 절반을 이룬 셈이다. 스타트업이 해결하고자 하는 문제를 통해, 투자자에게 미래의 성공 가능성을 명확하게 제시해야 한다.

문제 정의는 기술인 동시에 예술이다. 데이터와 스토리, 논리와 감성을 조화롭게 결합해 투자자의 마음을 움직이는 것이 중요하다. 당신이 제시하는 문제의 해결이 곧 큰 기회로 이어질 수 있음을 명확히 보여줘야 한다. 그것이 바로 성공적인 투자 유치의 첫걸음이다.

> 결국 스타트업은 문제 정의를 통해 투자자에게 강력한 메시지를 전달하고, 시장의 잠재력을 분명하게 인식시켜 투자 결정을 유도해야 한다.

## Q. 기업 문화와 가치가 채용에 미치는 영향은 무엇일까?

**기업 문화와 가치가 채용에 미치는 영향**

기업 문화와 가치는 직원을 채용할 때 직접적인 영향을 미치며, 조직의 성공과 지속 가능성을 좌우하는 핵심 요소가 된다.

**우수 인재 유치**

강력한 기업 문화와 가치는 우수 인재를 유치하는 데 결정적인 역할을 한다. 오늘날의 구직자들은 급여나 직위뿐만 아니라, 기업 문화, 가치, 성장 가능성, 워라밸 등도 종합적으로 고려하여 지원을 결정한다.

**채용 비용 절감**

기업 문화와 가치관이 명확하면, 이에 부합하는 인재를 선별하는 과정이 훨씬 수월해진다. 채용의 효율성이 높아지고, 불필요한 인력 손실을 줄이며 비용 절감 효과를 기대할 수 있다.

**직원 유지율 향상**

글래스도어(Glassdoor)의 조사에 따르면, 많은 직원들이 급여보다 기업 문화를 더 중요하게 여기며, 문화적 만족도가 이직 방지의 핵심 요인이 된다고 한다. 이는 장기적으로 직원 유지율과 조직 안정성을 높이는 데 기여한다.

### 조직 적합성 향상

기업 문화와 가치가 명확하면, 지원자는 자신이 해당 조직에 적합한지 스스로 판단할 수 있다. 이는 입사 이후 빠른 조직 적응과 높은 성과로 이어질 가능성을 높인다.

### 브랜드 이미지 강화

강한 기업 문화는 고용주 브랜딩(EVP)을 구축하는 데 핵심적인 역할을 한다. 이를 통해 회사의 정체성과 철학이 외부에 효과적으로 전달되고, 적합한 인재들의 지원을 유도할 수 있다.

### 다양성과 혁신 촉진

기업 문화 기반 채용은 단순히 '문화적 적합성(Culture Fit)'을 찾는 데 그치지 않는다. '문화적 적합성' 뿐 아니라 '문화적 다양성(Culture Add)'을 고려하여, 다양한 배경의 인재를 영입하는 것이 조직의 혁신을 촉진하는 전략이 된다.

이처럼 기업 문화와 가치는 단순한 이미지 구축을 넘어, 실질적인 채용 성과와 밀접하게 연결된다. 기업 문화와 가치를 명확히 정의하고 이를 채용 과정 전반에 일관되게 반영해야 한다. 또한 문화를 지속적으로 발전시키고 전 직원과 공유함으로써, 우수 인재의 유치와 유지에 장기적으로 기여할 수 있다.

## 기업 문화와 가치를 효과적으로 전달하는 방법

　기업의 가치와 문화를 효과적으로 전달하는 방법은 무엇일까? 기업 가치와 문화를 효과적으로 전달하는 방법에는 여러 가지가 있다. 다음은 주요 전략들이다.

모범적인 리더십
- 기업 문화 전달은 최고경영진부터 솔선수범해야 한다. 리더가 기업 가치를 실천하는 모습을 보여줄 때, 구성원들도 자연스럽게 이를 따르게 된다.
- 팀과 각 부서 책임자에게 기업 가치의 의미와 그들이 수행해야 할 역할을 명확히 전달해야 한다.

다양한 커뮤니케이션 채널 활용
- 비디오, 웨비나, 팟캐스트 등 인터랙티브 콘텐츠를 활용하여 참여를 유도한다.
- 사내 인트라넷이나 소셜 플랫폼을 통해 스토리텔링 방식으로 기업 가치를 공유한다.
- 공식 채널과 비공식 커뮤니케이션을 균형 있게 활용해 가치를 자연스럽게 내재화시킨다.

시각화 및 반복
- 사무 공간 곳곳에 기업 가치를 시각적으로 표현한 포스터, 슬로건

등을 배치한다.
- 일상적인 커뮤니케이션과 회의에서도 기업 가치를 지속적으로 언급해 자연스럽게 스며들게 한다.

직원 참여 유도
- 직원들이 기업 가치를 어떻게 해석하고 실천하는지를 서로 공유할 수 있도록 장려한다.
- 가치를 실천한 직원을 포상하고 그 사례를 조직 전반에 공유해 모범 사례로 삼는다.
- 직원들의 피드백을 수시로 수렴하고 가치에 대한 다양한 의견을 열린 태도로 듣는다.

인사 제도와의 연계
- 채용 과정에서부터 기업 문화와 가치를 명확히 전달한다.
- 성과 평가와 보상 체계에도 기업 가치와 일치하는 행동을 반영한다.
- 온보딩 프로그램에는 반드시 기업 문화와 가치 교육이 포함되어야 한다.

투명성과 일관성 유지
- 기업의 성공 사례뿐 아니라 도전과 실패 사례도 공유하며 진정성 있는 투명성을 보여줘야 한다.
- 내·외부 커뮤니케이션 전반에서 가치와 문화에 대한 메시지를 일

관되게 전달한다.
- 기업 가치가 실제 의사결정이나 행동에 어떻게 적용되고 있는지 구체적인 사례를 들어 설명한다.

이러한 전략을 종합적으로 활용하면 기업 가치와 문화를 효과적으로 전달하고 조직 내에 자연스럽게 내재화 할 수 있다. 핵심은 선언에 그치는 것이 아니라, 그것이 실제 행동으로 이어져야 한다는 점이다.

제 3장

# 솔루션(Solution)

**고객 문제 해결의 핵심, 투자자에게 설득력 있는 솔루션 설계**

 클레이튼 크리스텐슨은 저서 『혁신 기업의 딜레마』에서 성공적인 솔루션은 기술이 아니라 고객의 실제 문제 해결에 집중해야 한다고 강조했다. 단순한 기술적 진보는 스타트업이 제시하는 솔루션이 될 수 없다. 고객의 고충을 해결하고 실질적인 가치를 제공해 다른 기업과 차별화되어야 한다. 이 장에서는 스타트업이 설계해야 할 솔루션의 핵심 가치를 정의하고, 이를 뒷받침하는 구체적인 사례와 실행 전략을 중심으로 살펴본다.

*위기가 닥칠 때마다*
*대가들은 본질에 충실하며 극복해 낸다.*
*지금이 바로 그때다!*

## STEP 03
## 솔루션 Solution
우리 솔루션이 고객에게 주는 핵심 가치를 설명

### Point
① 우리의 기술을 자랑하는 게 아니라 솔루션을 실현할 수 있음을 강조
② 왜 이 기술이 쓰여야 하는지에 대한 설득력이 있어야 함
③ 0에서 1이 아닌 0.3-4에서 1
④ 2~3장 문제 해결의 구체성, 이점, 차별화 포인트 정리

## 1. 고객의 문제를 해결하는 핵심 가치

스타트업의 성공은 고객의 핵심 문제를 깊이 이해하고, 이를 해결하는 솔루션을 통해 실질적인 가치를 창출하는 데 달려 있다. 이러한 솔루션이 제공하는 핵심 가치는 다음 세 가지로 요약할 수 있다.

### 1.1 비용 절감

- 기존 방식은 많은 시간과 높은 비용을 요구한다. 예를 들어, 전통적인 시장 조사는 외부 컨설팅 기업을 통해 수행되며, 수백만 원에서 수천만 원에 이르는 비용이 발생한다. 이는 소규모 기업이나 초기 단계 스타트업에게는 큰 부담이 된다.
- "우리의 클라우드 기반 AI 솔루션은 기존 방식 대비 60% 이상의 비용 절감을 제공합니다. 이를 통해 고객은 초기 투자를 신속히 회수하고, 지속 가능한 성장을 실현할 수 있습니다."

### 1.2 시간 절약

- 빠르게 변화하는 시장 환경에서 신속한 대응력은 경쟁 우위를 결정짓는 핵심 요소다. 기존 시장 조사나 데이터 분석 방식은 평균 2주 이상의 시간이 소요되지만, 우리의 솔루션은 이를 이틀 이내로 단축한다.
- "우리 고객사 중 한 곳은 경쟁사보다 3개월 먼저 시장 변화에 대응해 매출을 20% 성장시킨 사례가 있습니다."

### 1.3 데이터의 신뢰성과 정확성 향상

- 신뢰성 높은 데이터는 고객의 의사결정을 정밀하고 빠르게 수행할 수 있도록 돕는다.
- "기존 솔루션은 사람의 편향이나 부정확한 샘플링 방식으로 인해 데이터 신뢰도가 낮았습니다. 우리는 머신러닝 기반의 고도화된 알고리즘을 적용해 정확도를 95% 이상으로 끌어올렸습니다."

해결방안
## 가시광촉매

여러 산업분야에 적용되고 있는 건축, 토목, 환경, 생활용품 등에
즉각적 ESG 경영지표를 제공

해결방안
## 가시광촉매

해결방안
## 가시광촉매

ESG 준비 과정의 어려움 > 현장에서 바로 적용 가능한 후처리 ESG 경영지표 제공

세종시 스마트시티 주차장 바닥재(에폭시) 기존 공정에 기술을 적용하여 환경개설 효과 달성 [공공기관 ESG 경영지표 제공]

  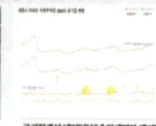 

해결방안
## 모니터링 시스템구축

눈에 보이지 않는 기술의 증명을 위한 실시간 AIOT 실시간 측정 시스템 구축 [자체 시스템]

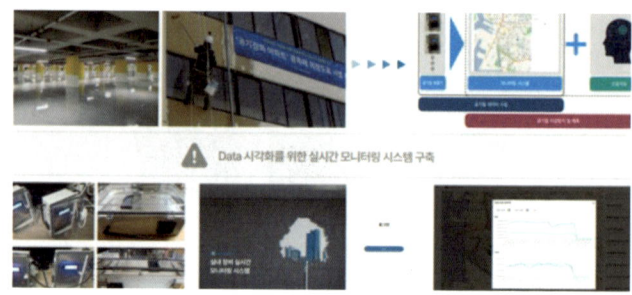

### 핵심 가치 명확히 전달하기

투자자는 여러분의 솔루션이 시장에 어떤 가치를 제공하는지 명확하게 이해할 수 있어야 한다. 다음과 같은 방식으로 핵심 가치를 효과적으로 전달해 보자.

#### 문제 해결의 구체성

- 솔루션이 문제를 구체적으로 어떻게 해결할 수 있는지 설명하라.
- "우리의 AI 기반 시장 조사 플랫폼은 중소기업이 저비용으로 고품질 시장 인사이트를 얻을 수 있게 해줍니다."

#### 정량적 이점 제시

- 솔루션의 효과를 수치로 표현하라.
- "우리 플랫폼은 기존 시장 조사 방식 대비 평균적으로 60%의 비용이 절감되는 효과를 제공하며, 조사 기간도 평균 2주에서 이틀로 단축할 수 있습니다."

#### 차별화 포인트 강조

- 경쟁사와는 차별화되는 독특한 강점을 부각하라.
- "우리의 AI 알고리즘은 인간의 편향을 최소화하여 95% 이상의 데이터 정확성을 보장합니다."

해결방안

## AI 도입에 가장 큰 장애물들을 젠다이브만의 솔루션으로 해결합니다.

### Pain Point → Solution

| Pain Point | Solution |
|---|---|
| "AI를 어떻게 도입할지 모르겠어요."<br>**AI 기술과 데이터에 대한 대응 부족** | **추천기술**<br>최적화된 고객 서비스 맞춤형 AI 도입 추천 제공 |
| "AI 도입, 너무 비싸고 새로운 기술마다 적용 해야 하나요?"<br>**AI 서비스 개발과 도입 시 높은 비용과 긴 개발 시간** | **모듈화기술**<br>모듈화 된 AI 기반 서비스 개발 솔루션 제공 |
| "우리는 아이디어는 있지만 개발과 운영은 처음이에요."<br>**AI 자체 개발, 운영(관리) 부분에 대한 전문 인력 부족/부재** | **시각화기술**<br>비전문인력도 AI 개발/운영이 가능한 손쉬운 솔루션 제공 |

## 2. 기술적 우수성을 통한 차별화

기술적 우수성은 단순한 기술력 과시가 아니라, 고객의 문제를 보다 효과적으로 해결하는 데 초점이 맞춰져야 한다.

2.1 핵심 기술의 상세 설명
- "자연어 처리(NLP)와 감성 분석(Sentiment Analysis)을 활용해 소셜 미디어, 뉴스, 리뷰 데이터를 실시간 분석합니다. 이를 통해 고객은 소비자 심리와 시장 동향을 보다 정밀하게 파악할 수 있습니다."

2.2 빅데이터 처리 역량
- "하둡(Hadoop) 기반의 빅데이터 처리 기술은 대규모 데이터세트도 빠르고 효율적으로 처리할 수 있도록 설계되었습니다. 고객은 십만 건 이상의 데이터를 실시간으로 분석하고 그 결과를 의사결정 시 반영할 수 있습니다."

2.3 사용자 친화적인 설계
- "드래그 앤 드롭 방식의 대시보드와 자동화된 보고서 생성 기능은 비전문가도 쉽게 활용할 수 있도록 설계되었습니다. 예를 들어, 한 비영리단체는 이 기능을 통해 데이터 분석 소요 시간을 50% 이상 줄일 수 있었습니다."
- "AI는 사용자의 선호도를 학습하고, 자동으로 최적화된 맞춤형 보고서를 생성합니다."

## 3. 육하원칙에 기반한 구체적 해결 방안

투자자는 솔루션이 어떻게 작동하는지 구체적인 메커니즘을 알고 싶어 한다. 육하원칙을 활용하여 다음과 같이 설명할 수 있다.

- 누가: 소규모 스타트업, 중소기업, 비영리단체와 같은 데이터 활용 역량이 부족한 고객
- 무엇을: 시장 조사, 트렌드 분석, 소비자 행동 예측 등 다양한 문제를 해결하는 AI 기반 통합 플랫폼
- 어디서: 클라우드 기반으로, 전 세계 어디서나 데이터 접근 및 분석 가능
- 언제: 시장 변화가 실시간으로 감지될 때마다 즉각적으로 분석 데이터를 제공
- 왜: 데이터를 기반으로 한 빠른 의사결정이 기업 생존과 성장의 핵심 요소이기 때문
- 어떻게: 클라우드와 AI를 결합하여, 데이터 수집에서 분석, 시각화, 예측까지 원스톱으로 제공

## 4. 사례를 통한 검증된 효과

투자자는 제안된 솔루션이 실제로 효과를 발휘 했는지를 검증된 사례를 통해 확인하고 싶어 한다. 다음과 같은 방식으로 솔루션의 효과를 입증해 보자.

### 사례 연구

"A 중소기업은 우리 플랫폼을 도입하고 6개월 만에 신제품 출시 성공률을 30% 향상시켰습니다. 시장 트렌드를 선제적으로 파악하여 제품 기획 단계에서부터 소비자 니즈를 정확히 반영할 수 있었기 때문입니다."

### 고객증언

"이 솔루션 덕분에 우리 회사는 경쟁사보다 3개월 앞서서 시장 변화를 감지하고 대응할 수 있었습니다. 특히 코로나19 상황에서 소비자 행동 변화를 빠르게 포착하여 온라인 전략을 선제적으로 수립할 수 있었죠." - B사 마케팅 디렉터

### ROI 분석

"평균적으로 고객사들은 1년 내에 투자 대비 300%의 수익을 실현했습니다. 시장 조사 비용 절감, 의사결정 시간 단축, 마케팅 효율성 증대 등이 주요 요인이었습니다."

## 4.1 검증된 효과: 데이터 중심 사례 분석

### 헬스케어 스타트업의 성공

"헬스케어 스타트업 D사는 환자 데이터를 분석해 서비스 품질을 개선하고자 했습니다. 우리의 솔루션을 도입한 후, 데이터 처리 시간이 기존 3일에서 4시간으로 단축되었고 환자 만족도가 15% 증가했습니다."

### 전자상거래 기업의 매출 증대

"전자상거래 업체 E사는 소비자 구매 데이터를 기반으로 개인화된 마케팅 캠페인을 실행했습니다. 결과적으로 전환율이 30% 상승했으며, 월 매출은 20% 증가했습니다."

### 제조업의 운영 최적화

"제조업체 F사는 우리 솔루션을 사용해 실시간으로 공장 데이터를 분석하고, 비효율적인 생산 라인을 발견했습니다. 문제점을 개선한 결과, 생산성이 25% 향상되고 연간 5억 원의 비용을 절감할 수 있었습니다."

## 4.2 투자자 설득을 위한 ROI 분석

투자자는 항상 솔루션의 실질적인 수익성을 중요하게 평가한다. 우리는 다양한 사례를 통해 ROI(Return on Investment)를 입증했다.

### 초기 투자 비용 대비 빠른 회수

"고객사의 80% 이상이 첫 6개월 내에 초기 투자비를 회수하였고, 도입 첫해에는 평균적으로 300%의 ROI를 기록했습니다."

### 장기적 가치 창출

"도입 고객의 90%가 솔루션 재계약을 통해 장기적인 가치를 추구하고 있으며, 고객 이탈률은 업계 평균 대비 50% 낮은 수준을 유지하고 있습니다."

## 5. 확장성 및 미래 비전

단기적인 문제 해결을 넘어 고객이 미래에도 지속가능한 경쟁력을 확보할 수 있도록 지원함을 보여준다.

### 모듈식 구조

- 고객의 니즈에 맞추어 새로운 기능을 플러그인 방식으로 추가할 수 있다.
- "우리 플랫폼은 모듈식 구조로 설계되어 있어, 고객의 필요에 따라 새로운 기능을 쉽게 추가할 수 있습니다. 예를 들어, 곧 출시될 '경쟁사 모니터링' 모듈은 기존 시스템에 완벽히 통합될 것입니다."

### API 연동

- 다양한 외부 데이터 소스와 연동이 가능해 분석의 깊이를 확장할 수 있다.
- "RESTful API를 통해 다양한 외부 데이터 소스 및 기업 내부 시스템과 연동이 가능합니다. 이를 통해 분석의 범위와 깊이를 지속적으로 확장할 수 있습니다."

### 산업별 특화

- 앞으로 2년 안에 주요 10개 산업에 특화된 분석 모듈을 제공할 계획이다.
- "현재 소매업과 IT 서비스업에 특화된 분석 모델을 제공하고 있으며, 향후 2년 내에 금융, 헬스케어, 제조업 등 10개 이상의 주요 산업에 특화된 분석 모듈을 개발할 계획입니다."

## 6. 경쟁 환경에서의 차별화 전략

### 6.1 핵심 기술의 상세 설명

기존의 데이터 분석 도구가 직면한 문제점은 다음과 같다.

비용 문제

기존 도구에는 고가의 소프트웨어 라이선스와 자체 서버 구축 비용이 필요하다. 특히, 초기 투자 비용이 높은 시스템은 자본이 제한적인 스타트업에게 진입 장벽으로 작용한다. 예를 들어, 글로벌 컨설팅 기업이 제공하는 시장 조사 툴은 기본 패키지 비용만 수천만 원에 달하며, 데이터의 깊이나 사용량에 따라 추가 비용이 발생한다.

사용 복잡성

데이터 과학과 프로그래밍 지식이 없는 사용자가 기존 도구를 활용하기 어렵다. 대기업은 이를 해결하기 위해 데이터 분석 전문가를 고용할 수 있지만, 스타트업은 숙련된 인력을 확보하기 힘들다.

정적인 보고서 중심

기존 도구는 사전 정의된 템플릿을 기반으로 한 정적 보고서를 생성한다. 이는 실시간으로 변화하는 시장 환경에서 즉각적인 의사결정을 내리는 데 한계를 드러낸다.

## 6.2 차별화된 접근법

구체적으로 어떤 문제를 해결하고, 어떻게 차별화된 가치를 제공하는지 보여준다.

### 저비용 접근 가능성

클라우드 기반 SaaS 모델을 채택하여 초기 투자 비용을 최소화한다. 고객은 사용한 만큼만 요금을 지불하는 방식으로 비용 부담을 줄일 수 있다.

### 직관적이고 쉬운 사용자 경험

드래그 앤 드롭 기능, 자동 보고서 생성, 대화형 대시보드 등을 통해 데이터 분석 경험이 없는 사용자도 쉽게 활용할 수 있다. 예컨대, 스타트업 C사는 단 1시간의 온보딩 교육만으로 전 팀원이 솔루션을 자유롭게 사용할 수 있었다.

### 실시간 데이터와 예측 분석

머신러닝과 실시간 데이터 스트리밍 기술을 결합하여 시장 변화에 즉각적으로 대응할 수 있는 정보를 제공한다. 정적인 보고서 대신 동적인 대시보드와 예측 가능한 결과물을 제시해 경쟁사보다 앞서 대응할 수 있다.

## 7. 확장성과 지속 가능성

스타트업이 제공하는 솔루션은 현재 문제를 해결하는 데 그치지 않고, 미래의 변화에도 유연하게 대응할 수 있는 확장성과 지속 가능성을 내재해야 한다.

### 7.1 모듈형 설계

모듈형 설계를 통해 고객사의 개별적인 요구사항을 충족할 수 있다. 기본 모듈 외에도 고객이 필요에 따라 추가 기능을 손쉽게 통합할 수 있는 유연성을 제공한다. 예를 들어, 한 유통업체의 경우 초기에는 소비자 행동 분석 모듈만 사용했으나, 이후 재고 관리 최적화 모듈을 추가하여 운영 효율성을 20% 이상 개선했다.

### 7.2 API 기반 통합

다양한 외부 데이터 소스와 연동할 수 있는 API를 제공한다. 고객은 기존 시스템과 쉽게 통합하여 활용도를 극대화할 수 있다. 예를 들어, 고객사는 CRM(Customer Relationship Management) 데이터를 우리의 솔루션과 통합해 마케팅 효율성을 높일 수 있었다.

### 7.3 산업별 맞춤형 솔루션 제공

헬스케어, 전자상거래, 제조업 등 주요 산업군에 맞게 특화된 분석 모듈을 개발해, 각 산업별로 정교한 인사이트와 실행 가능한 전략을 제공한다.

### 결론

투자자의 마음을 사로잡는 솔루션 제시하기

스타트업의 솔루션은 기술적 우수성을 넘어, 고객의 핵심 문제 해결에 집중해야 한다. 마이클 포터는 자신의 책 『마이클 포터의 경쟁우위(Competitive Advantage)』에서, 경쟁 우위는 고객에게 차별화된 가치를 제공함으로써 얻어진다고 강조했다. 결국 솔루션이란 기존의 한계를 뛰어넘어, 고객의 성공을 동반 성장으로 이어가는 플랫폼이다.

스타트업 창업자 여러분, 훌륭한 솔루션을 가지고 있다면 이를 효과적으로 전달해 투자 유치에 성공하라. 여러분의 솔루션이 가진 핵심 가치를 명확히 하고, 기술적 우수성을 입증하며, 차별화된 가치를 강조하라. 또한 검증된 효과와 미래 비전을 제시함으로써 투자자들에게 여러분의 스타트업이 성공할 수 있다는 확신을 심어주어라. 유명한 비즈니스 사상가 피터 드러커는 "비즈니스의 목적은 고객을 창출하고 유지하는 것이다"라고 말했다. 여러분의 솔루션이 어떻게 고객에게 가치를 제공하고 지속적으로 고객을 유지할 수 있는지를 명확히 보여준다면, 투자자들의 마음을 사로잡을 수 있을 것이다. 여러분의 혁신적인 아이디어가 세상을 변화시킬 수 있다는 열정과 확신을 가지고 투자자들에게 여러분의 솔루션을 자신 있게 제시하라. 훌륭한 솔루션과 효과적인 전달 방식은 여러분의 스타트업을 성공으로 이끄는 핵심 열쇠가 될 것이다.

이로써 투자자는 스타트업의 기술력과 실행력을 믿고, 고객은 스타트업의 솔루션을 신뢰하게 되어 모두가 지속 가능한 성공을 이루는 생태계를 만들 수 있다.

## Q. AI와 사회적 미디어가 마케팅 전략에 미치는 영향은 무엇일까?

AI와 소셜 미디어는 마케팅 전략에 혁명적인 변화를 가져오고 있다. 주요 영향은 다음과 같다.

**데이터 분석 및 인사이트 도출**

AI는 방대한 소셜 미디어 데이터를 실시간 분석해 마케팅 전략 수립에 필요한 인사이트를 도출한다. 이를 통해 마케터들은 다음과 같은 이점을 얻을 수 있다.
- 사용자 행동, 선호도, 참여 패턴에 대한 정밀한 분석
- 트렌드와 패턴의 자동 탐지
- 실시간 데이터 기반의 전략 조정 가능

**개인화 및 타겟팅 강화**

AI는 사용자 행동 데이터를 기반으로 정교한 타겟팅과 콘텐츠 개인화를 가능하게 한다.
- 사용자의 관심사와 행동에 기반한 맞춤형 콘텐츠 추천
- 정확한 타겟 오디언스 세그먼테이션
- 예측 분석을 통한 효과적인 광고 타겟팅

### 콘텐츠 생성 및 최적화

AI 도구는 콘텐츠 제작 프로세스를 혁신하고 있다.
- 자동 생성 콘텐츠(소셜 포스트, 블로그 등)
- 최적의 게시 시간 예측

### 고객 서비스 개선

AI 기반 챗봇과 가상 비서는 고객 서비스를 획기적으로 개선한다.
- 24/7 실시간 고객 응대
- 자연어 처리를 통한 지능적인 대화
- 고객 쿼리에 대한 즉각적인 응답 제공

### 광고 효율성 증대

AI는 소셜 미디어 광고의 효율성을 크게 높인다.
- 광고 성과 실시간 모니터링 및 최적화
- 다양한 광고 변수 자동 테스트
- ROI 향상을 위한 최적의 예산 분배

### 인플루언서 마케팅 최적화

AI는 인플루언서 마케팅 전략을 개선한다.
- 브랜드에 적합한 인플루언서 식별
- 인플루언서 캠페인 성과 예측 및 측정
- 협업 효과 극대화를 위한 인사이트 제공

**소셜 리스닝 및 감성 분석**

AI 기반 소셜 리스닝 도구는 브랜드 평판 관리에 도움을 준다.
- 브랜드 관련 대화 모니터링
- 고객 감성 실시간 분석
- 위기 상황 조기 감지 및 대응

　AI의 도입으로 마케터들은 데이터를 기반으로 의사결정을 내리고, 효율적인 캠페인을 운영할 수 있게 되었다. 실제로 많은 기업들이 AI를 활용해 매출을 높이고 비용을 절감하는 효과를 얻고 있다.

제 4장

# 왜 지금인가?(Why Now?)

**지금이 혁신적인 솔루션 도입의 최적기인 이유**

'왜 지금인가?' 섹션은 여러분의 솔루션이 왜 지금 필요한지, 그리고 현재가 왜 솔루션 도입의 최적기인지를 설명하는 부분이다. 이는 시장의 변화, 기술의 발전, 경쟁 환경 등을 종합적으로 고려하여 작성해야 한다.

아이디어랩(Idealab)의 창립자이자 연쇄 기업가인 빌 그로스(Bill Gross)는 2015년 TED 강연에서 스타트업 성공의 가장 중요한 요인이 타이밍이라고 밝혔다. 그의 연구에 따르면, 스타트업 성공에 있어 타이밍이 42%를 차지했으며, 이는 팀/실행(32%), 아이디어(28%), 비즈니스 모델(24%), 펀딩(14%)보다 더 중요한 요소였다.

이러한 연구 결과는 '왜 지금인가?' 섹션의 중요성을 잘 보여준다. 투자자들은 여러분의 아이디어가 얼마나 혁신적인지뿐만 아니라, 그 아이디어가 현재의 시장 상황에 얼마나 잘 부합하는지도 중요하게 여긴다.

---

*정말로 좋아하는 일은*
*왜 하는지 모르는 것 같아요.*

---

## STEP 04
## 왜 지금인가? Why now?
해당 솔루션이 지금 필요한 이유와 시기적 적절성을 설명

빌 그로스의 연구에 따르면, 스타트업이 성공하기 위해서 갖춰야 할 요소 중에서 적절한 타이밍이 가장 중요하다고 한다. 팀/실행, 아이디어, 비즈니스 모델, 펀딩 등의 요소보다도 시장에 제품/서비스를 출시하는 시기가 중요한 것이다.

**시장 조사**

현재 시장 상황과 트렌드를 뒷받침하는 최신 시장 조사 데이터를 활용

**기술 동향**

최신 기술 동향을 설명하고,
자사의 기술이 이러한 동향을 어떻게 반영하고 있는지 설명

**경쟁사 분석**

경쟁사의 한계와 비교하여 자사의 기술적 우위와 차별성을 강조

## '왜 지금인가?' 작성 가이드

### 시장 타이밍의 중요성 강조

시장 타이밍이 스타트업 성공에 미치는 영향을 구체적인 데이터와 사례를 통해 설명하라. 에어비앤비의 사례를 든다면, 다음과 같이 작성할 수 있다. "에어비앤비는 2008년 금융 위기에 등장했습니다. 많은 사람들이 추가적인 수입을 필요로 하던 상황이었고, 이러한 시장 환경이 에어비앤비의 성공을 이끄는 데 중요한 역할을 했습니다."

### 명확한 이유 제시

현재가 최적의 시기인 이유를 명확하게 제시해야 한다. 주요 논점은 다음과 같다.

- 투자를 통해 훨씬 빠르게 성장할 수 있는 이유
- 기존 대안재보다 10배 더 나은 제품이나 서비스를 제공할 수 있는 이유
- 시장 환경의 변화로 인한 기회

테슬라의 사례를 든다면 다음과 같이 작성할 수 있다. "테슬라는 전기차 배터리의 가격이 충분히 낮아졌을 때 시장에 진입했습니다. 휴대폰 산업이 발전하면서, 배터리 가격이 크게 하락했을 시기였습니다."

시장 변화 분석

현재 시장이 어떻게 변화하고 있는지를 상세하게 분석하여 제시하라. 줌의 사례를 든다면, 다음과 같이 작성할 수 있다. "코로나19로 인해 원격 근무와 재택 근무가 확산되면서, 화상회의에 대한 수요가 늘어났습니다. 줌은 이 완벽한 타이밍에 등장해 사용자 수와 기업 가치를 급격히 상승시킬 수 있었습니다."

기술적 발전 연계

솔루션을 가능하게 한 기술을 설명하라. 넷플릭스(Netflix)의 사례를 든다면, 다음과 같이 작성할 수 있다. "넷플릭스는 DVD 대여 서비스로 사업을 시작했으나, 점점 인터넷이 발전하면서 물리적인 DVD 대여에서 벗어나 스트리밍 서비스로 사업을 전환할 수 있었습니다. 기술이 발전하면서 넷플릭스도 성공할 수 있었던 것입니다."

경쟁 환경 분석

시장의 경쟁 환경을 분석하고, 어떻게 차별화할 수 있는지 설명하라. 기존 솔루션의 한계와 그를 극복할 수 있는 방안을 제시하는 것이다. 우버(Uber)의 사례를 든다면, 다음과 같이 작성할 수 있다. "우버는 불편한 호출 방식, 투명하지 않은 요금 체계 등 기존 택시 서비스의 한계를 파악하고, 스마트폰의 GPS 기능 등을 활용해 이를 해결했습니다."

### 데이터 기반 설득

가능한 한 실제 데이터를 활용하여 주장을 뒷받침한다. 작은 규모라도 실험 결과나 초기 고객의 높은 리텐션 등을 보여줄 수 있다면 설득력이 크게 향상된다. 드롭박스(Dropbox)의 사례를 든다면 다음과 같이 작성할 수 있다. "드롭박스는 최소 기능 제품(Minimum Viable Product, MVP) 비디오를 통해 7만 명의 가입자를 확보했습니다. 초기 사용자가 몰리자 드롭박스 개발팀은 제품 개발을 진행할 자신감을 얻을 수 있었습니다."

### 잠재적 시장 규모 제시

솔루션의 잠재적 시장 규모(TAM, Total Available Market)를 제시한다. 최소 3000억 원 이상의 시장 규모를 보여줄 수 있어야 투자자들의 관심을 끌 수 있다. 테슬라의 사례로는 다음과 같이 작성할 수 있다. "전기차 시장은 2030년까지 전 세계적으로 3000억 달러 규모로 성장할 것으로 예상됩니다. 테슬라는 이렇게 거대한 시장 잠재력을 투자자들에게 제시했습니다."

### 성장 로드맵 제시

'왜 지금인가?'와 연계하여 향후 성장 로드맵을 제시한다. 각 마일스톤과 이를 달성하기 위해 필요한 인적/물적 리소스를 구체적으로 설명하여 투자의 필요성을 강조한다. "페이스북(현 Meta)의 사례를 보면, 마크 주커버그는 초기부터 '전 세계 모든 사람을 연결한다'는 비전을 제시했습니다. 이러한 명확한 비전과 함께 단계별 성장 전략 (대학생 → 일반인 → 전 세계)을 제시함으로써 투자자들의 신뢰를 얻을 수 있었습니다."

두괄식 구성

'왜 지금인가?' 섹션은 두괄식으로 구성하여 핵심 메시지를 먼저 전달하라. "우리 솔루션이 필요한 이유는?"과 같은 문장으로 시작하면 투자자들의 주의를 집중시킬 수 있다.

스토리텔링 활용

사실을 단순히 나열하지 말고, 스토리텔링 기법을 활용하라. 변화하는 시장, 발전한 기술 등의 모든 요소를 결합한 솔루션이 최적에 타이밍에 등장하게 되었는지를 흥미롭게 풀어내라. 스페이스X(SpaceX)의 사례는 다음과 같이 작성할 수 있다. "일론 머스크는 '인류를 다중 행성 종으로 만들겠다'는 비전을 내세워, 현재의 우주탐사 기술이 얼마나 발전했으며 화성 탐사에 대한 관심이 얼마나 늘어났는지, 이는 스페이스X의 미션과 어떻게 맞아떨어졌는지를 효과적으로 설명했습니다."

사업화 전략
## 목표 시장

배터리 사용 기한 연장, n차 재사용 기술을 활용하여 새로운 ESG 시장을 창출하고,
**배터리 서비스 수익 창출을 통해 30년 68조**(점유율 15% 확보 시) **시장에서
매출 8천억을 달성하고자 함**

| 국내시장 |
|---|
| • 전기차 시장: 23년(60만대), 30년(400만대) 예상 |
| • 전기차 배터리 분석, 검사, 진단 서비스 시장 규모(대당 년 24만원) 22년 시장 규모(1.2천억), 30년(1조원) |
| • 배터리 재사용 시장(팩당 400만원 잔존가치 산정) 22년 시장 규모(16억원), 30년(1.3조원) |

| 해외시장 |
|---|
| • 전기차 시장: 22년(2.6천만대), 30년(9천만대) 예상 |
| • 전기차 배터리 분석, 검사, 진단 서비스 시장 규모 22년 시장 규모(2.5조원), 30년(200조원) |
| • 배터리 재사용 시장: 22년 시장 규모(3.2천억원), 30년(27조원) |

**1. 시장 변화가 가져온 새로운 기회**

시장 환경은 빠르게 변하며, 이 변화는 새로운 기회를 만들어낸다. 최근 몇 년간 디지털 전환, 기후 변화 대응, 글로벌 팬데믹 등으로 인한 산업 재편이 스타트업의 급격한 성장을 가능하게 했다.

사례 연구

- 재택 및 원격 근무 확산과 협업 도구 시장의 성장
  "코로나19 팬데믹으로 인해 원격 근무와 비대면 협업이 필요하게 되자, 슬랙(Slack), 아사나(Asana), 줌 같은 협업 도구를 채택하는 기업이 급격하게 증가했습니다."
- 데이터: "가트너 보고서에 따르면, 협업 도구 시장은 2019년 47억 달러에서 2023년 130억 달러로 성장했습니다."
- 클린 에너지로의 전환
  "ESG(Environmental, Social, Governance)에 대한 관심 증가로 전기차와 재생 에너지 솔루션에 대한 수요가 폭발적으로 늘었습니다. 테슬라와 선런(Sunrun)은 이 변화를 활용하여 전기차와 태양광 설치의 선두주자로 자리 잡았습니다."

적용 방안

시장의 변화를 강조하기 위해 그래프, 성장 곡선 등 구체적인 데이터와 시각적 자료를 추가하고 솔루션이 이러한 트렌드에 어떻게 부합하는지 명확히 보여준다.

## 2. 기술 발전의 가속화가 가능하게 한 혁신

기술적 한계가 혁신의 걸림돌이었던 과거와 달리, 오늘날의 기술 발전은 스타트업의 비즈니스 모델 실현을 가속화하고 있다.

사례 연구

- 넷플릭스의 기술적 전환
  "인터넷 대역폭과 클라우드 기술의 발전은 넷플릭스가 DVD 대여에서 스트리밍 서비스로 전환하는 기반이 되었습니다."
- 챗지피티(ChatGPT)의 성공
  "대규모 언어 모델(LLM)의 발전은 자연어 처리 기술을 상용화 단계로 끌어올렸으며, 현재 수많은 기업이 이를 활용해 생산성을 혁신하고 있습니다."
- 데이터: "2023년 기준, AI 기반 도구의 글로벌 시장은 연평균 35% 성장해 2030년까지 1조 달러 규모에 이를 것으로 예상됩니다."

적용 방안

기술이 발전하면서 과거에는 해결이 어려웠던 고비용·비효율성과 같은 문제를 해결할 수 있게 되었다고 설명하고, 지금이야말로 이러한 솔루션을 개발할 수 있는 최적의 시점임을 구체적으로 설명한다.

## 3. 기존 솔루션의 한계와 경쟁 우위

현재 시장의 기존 솔루션이 가진 문제점은 새로운 기회를 창출한다. 고객 불만족, 비효율성, 높은 비용은 혁신적인 대안이 자리 잡을 수 있는 공간을 만든다.

사례 연구

- 우버와 전통 택시 산업

  "우버는 호출의 비효율성과 투명성 부족 문제를 해결하며 전통 택시 산업의 약점을 공략했습니다."

- 데이터: "우버는 2022년 기준 전 세계 70개국에서 약 3억 명의 사용자를 확보하며, 기존 택시 시장을 재편했습니다."

- 스타트업 A (가상 사례)

  "우리 솔루션은 기존 경쟁사가 제공하지 못했던 고객 데이터 통합과 예측 분석을 가능하게 합니다. 이는 평균 30%의 효율성 증가를 의미하며, 경쟁사 대비 월등한 성과입니다."

적용 방안

경쟁사의 한계를 구체적으로 제시하고, 솔루션이 어떻게 차별화되고 더 나은 가치를 제공하는지 데이터와 비교 분석을 활용해 서술한다.

## 4. 사회적, 규제적 환경 변화의 영향

정책의 변화와 사회적 인식의 전환은 새로운 시장과 산업의 탄생을 가속화한다.

### 사례 연구

- 유럽의 탄소 배출 규제와 전기차 성장
  "EU는 2035년까지 내연기관 자동차 판매 금지를 선언하며, 전기차 시장의 성장을 촉진했습니다."
- 데이터: "글로벌 전기차 판매는 2015년 60만 대에서 2022년 1000만 대를 초과하며 연평균 40% 이상의 성장률을 기록했습니다."
- 스타트업 B (가상 사례)
  "우리의 플라스틱 대체 포장 솔루션은 강화되는 환경 규제를 준수하며, 기업들이 벌금을 피하고 지속 가능한 이미지를 구축할 수 있도록 돕습니다."

### 적용 방안

현재 시행 중인 주요 정책이나 규제 데이터를 활용해 솔루션이 반드시 필요한 이유를 강조한다.

## 5. 초기 고객 데이터와 실증적 증거

투자자를 설득하기 위해 초기 사용자 반응과 실증 데이터는 결정적인 역할을 한다.

사례 연구

- 스타트업 C (가상 사례)
  "초기 테스트 기간 동안, 100명의 고객 중 85명이 솔루션을 다시 사용했으며, 이는 85%의 리텐션율을 나타냅니다."
- 데이터: "우리의 초기 고객 분석에 따르면, 솔루션을 도입한 고객은 평균 20%의 비용 절감을 경험했습니다."

적용 방안

데이터 기반 의사결정의 장점을 강조하고, 초기 실적을 구체적인 수치로 제시한다.

## 6. 스토리텔링으로 연결된 '왜 지금인가?'

투자자를 사로잡은 스토리텔링은 데이터를 기반으로 한다.

스토리 예시 1

"20년 전, 인터넷 보급률은 전 세계 인구의 5%에 불과했지만, 오늘날 65% 이상으로 증가했습니다. 이 변화는 단순히 더 많은 사람들이 연결된다는 것을 넘어, 우리가 소통하고, 거래하고, 정보를 나누는 방식을 근본적으로 바꾸고 있습니다. 우리의 솔루션은 이러한 변화의 중심에 있으며, 시장의 수요와 기술적 가능성을 통합한 혁신의 결과물입니다."

스토리 예시 2

"과거 AI는 전문가의 전유물이었습니다. 하지만 오픈AI는 챗지피티를 통해 누구나 쉽게 AI와 대화하고 이를 활용할 수 있도록 만들었습니다. 기술적인 진보를 이루는 데 그치지 않고, AI가 우리의 일상과 업무를 근본적으로 바꿀 수 있는 혁신을 가져왔습니다. 챗지피티의 성공은 '지금이 바로 AI가 개인과 기업의 생산성을 극적으로 향상시킬 시점이다'는 강력한 메시지를 전달했기 때문입니다. 이 모델은 방대한 데이터를 학습하여 인간처럼 자연스럽게 소통하고, 글쓰기나 코딩, 정보 검색 등 다양한 분야에서 새로운 가치를 창출하고 있습니다. 투자자들은 바로 이 지점에서 엄청난 잠재력을 발견했습니다."

## 7. 경제적 환경과 '왜 지금인가?'

경제적 변화와 스타트업 솔루션 간의 연결 고리를 설정하는 것은 투자자들에게 현재 시장 기회가 얼마나 중요한지를 설득하는 핵심 요소이다. 경제적 압박 상황이나 투자 환경의 변화는 스타트업이 도약할 수 있는 창을 열어준다.

사례 연구

- 핀테크 스타트업의 부상

  "2008년 글로벌 금융위기 이후, 대형 은행에 대한 신뢰가 약화되면서 간편하고 투명한 금융 서비스를 제공하는 핀테크 기업들이 성장하기 시작했습니다. 페이팔(Paypal), 스트라이프(Stripe), 스퀘어(Square)는 이러한 배경 속에서 큰 도약을 이뤘습니다."

- 데이터: "스태티스타의 보고서에 따르면, 글로벌 핀테크 시장은 2015년 5,000억 달러에서 2023년 2조 2,000억 달러로 성장했습니다."

- 현 경제 상황의 기회

  "최근의 금리 상승과 인플레이션은 소비자와 기업이 비용 절감에 민감하게 반응하도록 만듭니다. 이를 통해 스타트업이 효율성과 비용 절감의 가치를 강조하는 솔루션을 제시할 기회가 생깁니다."

적용 방안

경제적 환경의 변화를 구체적으로 서술하고, 투자자들에게 현재 솔루션의 경제적 이점과 필연성을 데이터 기반으로 전달한다.

## 8. 생태계 구축을 통한 '왜 지금인가?'

성공적인 스타트업은 기술이나 제품 하나만으로 시장에 진입하지 않는다. 이를 지원하는 생태계 구축이 이루어질 때, 그 솔루션은 시장에서 더욱 빛을 발한다.

사례 연구

- 애플 앱 스토어 생태계

  "2008년, 아이폰은 단순한 스마트폰 이상의 플랫폼이 되었습니다. 애플은 앱 스토어 생태계를 통해 수많은 개발자가 앱을 출시할 수 있는 환경을 조성함으로써 스마트폰 시장을 장악했습니다.
  - 데이터: 앱 스토어 출시 후 10년간 전 세계에서 1,200만 개 이상의 앱이 개발되었습니다.

- 전기차 충전 생태계의 성장

  "테슬라는 자체 충전 네트워크를 구축하여 전기차 사용자의 편의성을 극대화하고 경쟁 우위를 확보했습니다."

적용 방안

생태계 구축 사례를 통해 투자자들에게 자사의 솔루션이 어떻게 새로운 시장을 형성하고 있는지를 구체적으로 설명한다.

## 9. 글로벌 트렌드와 '왜 지금인가?'

글로벌 트렌드는 지역적 제한 없이 모든 시장에서 동일하게 영향을 미친다. 이러한 트렌드는 스타트업에게 전례 없는 글로벌 확장 기회를 제공한다.

사례 연구

- 지속 가능성(Sustainability)

  "기후 변화에 대한 전 세계적 관심은 ESG를 주요 기준으로 자리 잡게 만들었습니다. 이는 재활용 기술, 친환경 에너지, 지속 가능한 소비재와 같은 영역에서 스타트업에게 기회를 열어줍니다."

  - 데이터: UN 보고서에 따르면, 2020년 기준 지속 가능한 솔루션에 대한 글로벌 투자 금액은 3,500억 달러를 초과했습니다.

- AI와 자동화

  "글로벌 AI 혁신은 단순한 지역적 발전이 아니라, 모든 산업에 걸친 변화를 가져오고 있습니다. 오픈AI, 엔비디아(NVIDIA)는 그 선두에 있습니다."

적용 방안

글로벌 트렌드와 관련된 구체적인 시장 데이터를 포함하고, 솔루션이 이러한 트렌드의 중심에 있음을 강조한다.

## 10. 성장 로드맵과 '왜 지금인가?' 연계성

'왜 지금인가?'는 현재의 시점에서 솔루션의 도입 필요성을 설명하지만, 향후 성장 가능성과 연결될 때 그 효과가 배가된다.

사례 연구

- 스타트업 D (가상 사례)
- "현재 당사의 솔루션은 중소형 기업(SMB) 시장을 겨냥하고 있으며, 향후 5년간 대기업 및 글로벌 시장으로 확장할 계획입니다. 초기 시장 검증이 완료된 현재가 이 성장을 가속화할 최적기입니다."
  - 데이터: 각 성장 단계에서 필요한 리소스(투자 금액, 인프라, 인력 등)를 명확히 제기한다.

적용 방안

구체적인 성장 단계와 이에 따른 투자 필요성을 명시하고, 솔루션의 시장 잠재력을 데이터와 그래프로 뒷받침한다.

**결론**

'왜 지금인가?'를 중심으로 설득의 완성

'왜 지금인가?'는 시장 변화, 기술 혁신, 경쟁 환경 분석뿐만 아니라 생태계와 글로벌 트렌드, 경제적 환경, 성장 로드맵까지 포괄해야 한다. 이를 통해 투자자는 현재 시점에서 솔루션이 성공할 가능성과 필연성을 명확히 이해할 수 있다.

투자자들에게 가장 중요한 것은 "왜 지금, 이 솔루션에 투자해야 하는가?"이다. 강력한 데이터와 설득력 있는 스토리텔링을 기반으로 작성된 '왜 지금인가?'는 투자 결정의 변곡점이 될 수 있다.

## Q. 인플루언서 마케팅과 유튜브 채널의 ROI는 어떻게 평가될까?

### 1. 인플루언서 마케팅 ROI 평가

주요 지표

- 참여율(Engagement Rate): 좋아요, 댓글, 공유 등 콘텐츠와의 상호작용을 측정
- 전환율(Conversion Rate): 인플루언서 콘텐츠를 통해 구매나 가입 등 원하는 행동을 취한 비율을 측정
- 판매량: 인플루언서의 프로모션 코드나 제휴 링크를 통한 직접적인 판매량을 추적
- 도달 범위와 노출: 콘텐츠가 얼마나 많은 사람들에게 노출되었는지 측정

ROI 계산 공식

(총 수익 - 총 비용) ÷ 총 비용 x 100

측정 도구

- UTM 파라미터: 트래픽 소스를 추적
- 고유 프로모션 코드: 각 인플루언서의 성과를 개별적으로 추적
- CRM 시스템 통합: 고객 상호작용과 판매 데이터를 연결

## 2. 유튜브 채널 ROI 평가

주요 지표

- 조회수와 시청 시간: 콘텐츠의 도달 범위와 참여도를 나타냄
- 구독자 수 증가: 브랜드 인지도와 충성도를 반영
- 클릭률(CTR): 콘텐츠에서 웹사이트로의 트래픽 유입을 측정
- 전환율: 유튜브를 통한 실제 구매나 리드 생성을 추적

측정 도구

- 유튜브 애널리틱스(Youtube Analytics): 시청 시간, 평균 시청 지속 시간, 참여도 등 다양한 지표를 제공
- 구글 애널리틱스(Google Analytics): 웹사이트 트래픽과 전환을 추적

성공 사례

- 레드불(Red Bull): 극한 스포츠 콘텐츠로 브랜드 인지도와 참여도를 크게 높임
- 달러 쉐이브 클럽(Dollar Shave Club): 유머러스한 바이럴 비디오로 고객 확보와 매출 증대에 성공
- 아마존(Amazon): 데이터 기반 접근으로 개인화된 비디오 광고를 제작해 전환율과 ROI를 향상

인플루언서 마케팅과 유튜브 채널의 정확한 ROI 평가를 위해서는 목표 설정, 지표별 성과 분석, 장기적 브랜드 가치 평가가 반드시 병행되어야 한다. 단순한 수치뿐만 아니라 브랜드 인지도, 고객 충성도 등 정성적인 요소도 함께 고려해야 한다.

제 5장

# 시장 잠재력(Market Potential)

**스타트업 투자 유치를 위한 심층 분석과 실행 전략**

 시장 잠재력은 스타트업 성공의 핵심 요소로 작용한다. 투자자는 단순한 아이디어나 기술보다, 그 제품/서비스가 공략할 수 있는 시장의 크기를 더 중요하게 본다. 투자자는 해당 아이디어가 얼마나 큰 시장을 대상으로 하고, 어떤 방식으로 성장할 수 있을지를 확인하고자 한다. 이를 위해 우리는 TAM(Total Addressable Market), SAM(Serviceable Available Market), SOM(Serviceable Obtainable Market)이라는 세 가지 핵심 지표를 활용한다.

> 그런데 그거 아는가?
> 세상이 정말 흥미로워지는 시점은 바로
> 무해한 일상적 질문 뒤에
> 숨겨진 생각과 쟁점을
> 탐구하기 시작할 때라는 것을.

## STEP 05
## 시장 잠재력 Market Potential
목표 고객과 관련된 시장의 잠재적 규모를 명시하고,
현재 및 미래의 시장 트렌드를 분석하여 사업의 시장성을 평가

### Point
① 목표하는 시장이 잘 정의되고 규모가 충분히 큰지
② 시장진입전략이 실현가능하고 구체적인지
③ 우리 솔루션의 매출예상이 논리적이고 타당한지

### 해외 스타트업 사례
- 잠재적인 시장 규모
  "글로벌 핀테크 시장은 2025년까지 연평균 23%
  성장하여 5000억 달러 규모에 이를 것으로 예상됩니다."
- Emerging Trends Analysis
  "디지털 결제의 증가와 금융 서비스의 디지털화는
  핀테크 시장의 성장을 촉진하고 있습니다."
- 시장 점유율 예측
  "우리는 5년 내에 디지털 결제 시장의 2%를 점유할 것을
  목표로 하고 있습니다."

## 1. TAM-SAM-SOM: 시장 규모 정의의 중요성과 접근법

TAM-SAM-SOM 모델은 스타트업이 투자자를 설득하기 위해 반드시 도입해야 할 핵심 도구이다. 이 모델은 전체 시장 규모부터 실제 점유 가능 영역까지 단계별로 명확히 설명함으로써 시장 분석의 논리적 근거를 제공한다. 또한 TAM, SAM, SOM은 시장의 크기와 기회를 단계적으로 좁혀가는 방식으로 분석한다. 이는 마치 망원경으로 먼 곳을 보다가 점점 초점을 맞추어 가까운 곳을 보는 것과 같다.

TAM(Total Addressable Market): 목표 시장의 전체 크기

TAM은 제품이나 서비스가 이론적으로 도달 가능한 최대 시장 규모를 의미한다. 쉽게 얘기하면 TAM은 여러분의 제품이나 서비스가 목표로 하는 전체 시장의 규모를 나타낸다. 이는 가장 넓은 의미의 시장 크기로, 여러분의 제품이 이론적으로 도달할 수 있는 모든 잠재 고객을 포함한다.

- "글로벌 헬스테크 시장은 2025년까지 연평균 19% 성장하며, 3,000억 달러 규모로 확장될 것으로 예상됩니다. 이는 AI, 원격 의료 기술, 정밀 의료의 도입 증가로 인해 가속화되고 있습니다."
- "글로벌 교육 기술 시장을 살펴봅시다. Holon IQ의 최신 보고서에 따르면, 이 시장은 2025년까지 연평균 16.3% 성장하여 4,040억 달러 규모에 이를 것으로 예상됩니다. 이는 교육 기술 스타트업에게 엄청난 기회가 있음을 시사합니다."

- 사례: "2010년대 초 등장한 핏빗(Fitbit)은 헬스케어 웨어러블 디바이스 시장을 100억 달러 규모의 TAM으로 설정했으며, 이는 웰니스와 피트니스에 관심이 높은 글로벌 고객층을 겨냥합니다."

SAM(Serviceable Available Market): 접근 가능한 시장

SAM은 기업이 접근 가능한 시장의 크기를 좁혀 정의한다. SAM은 TAM 중에서 여러분의 비즈니스 모델과 지리적 범위 내에서 실제로 서비스를 제공할 수 있는 시장의 크기를 나타낸다.

- "헬스테크 시장 내 원격 의료 서비스는 약 500억 달러 규모로 추정되며, 이는 기술 발전과 COVID-19로 인한 원격 서비스의 수요 급증에 의해 성장 중입니다."
- "교육 기술 시장의 예를 들어보겠습니다. 전체 TAM 중에서 온라인 학습 플랫폼 시장만을 고려한다면, 이는 SAM이 될 수 있습니다. Research and Markets의 보고서에 따르면, 글로벌 온라인 교육 시장은 2025년까지 3,500억 달러에 이를 것으로 예상됩니다."
- 사례: "텔라닥 헬스(Teladoc Health)는 초기 목표 시장을 원격 진료가 가능한 의료 서비스로 정의하며 SAM을 정밀하게 설정해 성공적으로 시장에 진입했습니다."

SOM(Serviceable Obtainable Market): 실제 도달 가능한 시장

SOM은 자사가 현재 리소스와 역량으로 실질적으로 확보 가능한 시

장을 나타낸다. SOM은 SAM 중에서 스타트업이 현재 가진 자원과 능력으로 실제로 획득 가능한 시장의 크기를 나타낸다. 이는 가장 현실적인 시장 규모 추정치이다.

- "초기 단계의 헬스테크 스타트업은 지역 기반의 병원 및 의료 네트워크를 타겟으로 약 10억 달러 규모의 SOM을 설정할 수 있습니다."
- "온라인 교육 플랫폼 스타트업의 경우, 초기에는 특정 지역이나 특정 교육 분야에 집중할 수 있습니다. 예를 들어, 북미 지역의 프로그래밍 교육에 초점을 맞춘다면, 이 시장은 2025년까지 약 50억 달러 규모로 성장할 것으로 예상됩니다."
- 사례: "핏빗은 웨어러블 기기 초창기 시장에서 북미 지역 중심으로 SOM을 설정하여 초기 판매량을 확보하였습니다."

TAM-SAM-SOM 모델은 시장의 크기와 접근 가능성을 데이터 중심으로 명확히 설명하며, 시장 내 기업의 실질적인 역할을 투자자들에게 설득력 있게 전달한다.

**목표시장**

① TAM-SAM-SOM

② 타당한 산출기준 제시

③ 목표시장이 너무 크거나 너무 작지 않도록 면밀히 설정

**시장규모**
- 제품의 가격보다는 최고 수준의 스펙이 필요한 고객 공략

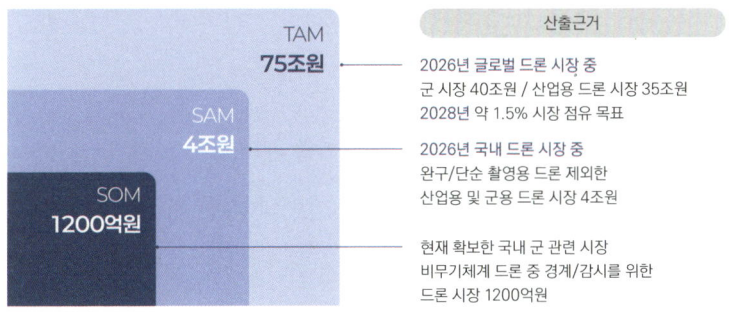

## 2. Emerging Trends Analysis: 시장의 현재와 미래 트렌드 파악

시장 트렌드 분석

현재와 미래의 트렌드를 이해하는 것은 시장 잠재력을 정확히 평가하기 위한 핵심 요소다. 시장 규모뿐만 아니라 향후 성장 가능성 역시 투자 판단의 주요 기준이 된다. 투자자들은 특히 고성장 시장에 주목하는 경향이 있다.

- "글로벌 디지털 결제 시장은 2023년 기준 2,500억 달러 규모로 성장했으며, 연평균 17%의 빠른 성장을 보입니다."
- "글로벌 인공지능 시장은 Grand View Research에 따르면 2025년까지 연평균 40.2% 성장하여 1,900억 달러 규모에 이를 것으로 예상됩니다. 이는 AI 기반 스타트업에게 매우 유망한 시장 기회를 제시합니다."
- 사례: "스트라이프는 이러한 시장 트렌드를 파악하여 API를 기반으로 한 결제 솔루션을 제공합니다. 주요 고객으로는 스타트업 및 중소기업을 설정해, 성공적으로 시장 점유율을 확보하였습니다."

기술 혁신의 영향

기술의 발전은 시장 내 새로운 기회를 열어준다.

- AI와 빅데이터 활용 사례: "AI 기반의 추천 시스템과 빅데이터 분석은 e커머스, 핀테크, 헬스케어 등 다양한 산업에서 핵심 트렌드로 자리 잡았습니다."

- 사례: "아마존은 AI를 활용한 개인화 추천 시스템으로 소비자 만족도를 대폭 향상합니다."
- 클라우드 컴퓨팅: "AWS와 같은 클라우드 플랫폼은 스타트업의 기술적 진입 장벽을 낮추며 새로운 비즈니스 모델을 가능케 합니다."

교육 기술 시장에서는 다음과 같은 주요 트렌드가 주목받고 있다.
- 개인화 학습: AI 기반의 맞춤형 학습 경험 제공
- 마이크로 러닝: 짧고 집중적인 콘텐츠 수요 증가
- VR/AR을 활용한 몰입형 교육 방식 확산
- 소셜 러닝: 온라인에서의 협력적 학습 환경 조성
- 평생 학습: 지속적인 직무 능력 개발에 대한 수요 증가

이러한 트렌드는 가트너, 딜로이트(Deloitte) 등 주요 글로벌 컨설팅 기관의 보고서를 기반으로 분석할 수 있다.

경쟁 분석을 통한 기회 발견

경쟁사 분석을 통해 강점과 약점을 파악하는 것은 전략 수립의 핵심 단계다. 경쟁사와의 비교 분석을 통해 자사의 차별성과 경쟁 우위를 명확히 드러낼 수 있다. 단순 나열이 아니라, 시장 내 경쟁사의 전략과 포지셔닝을 정밀하게 분석해야 한다.

- 국내 사례: "카카오페이는 사용자 중심 UX를 통해 시장을 선도합니다."

- 글로벌 사례: "페이팔은 사용자 친화적 인터페이스를 기반으로 글로벌 결제 시장의 리더로 자리 잡았습니다."
- "온라인 교육 플랫폼 시장의 경우 코세라(Coursera), 에드엑스(edX), 유다시티(Udacity) 등이 시장을 선도하고 있지만, 우리 플랫폼은 AI 기반의 개인화된 학습 경로와 실시간 피드백 시스템을 통해 차별화된 가치를 제공합니다. 특히, 우리의 완료율은 업계 평균 13%보다 훨씬 높은 68%를 기록하고 있어, 학습 효과성 면에서 큰 경쟁 우위를 갖고 있습니다."
- 자사의 경쟁 우위: 비용 효율적 구조, 기술 혁신을 통한 차별화된 고객 경험

경쟁사
① 경쟁사는 반드시 존재한다
② 경쟁사 분석은 무조건 표로 정리
③ 왼쪽부터 규모 순으로, 우리는 가장 오른쪽
④ 우리만의 차별점 강조
⑤ 단순 O, X가 아닌 구체적인 차별화 근거를 제시

| 구분 | 비크 | 국내 | | | 해외 | | |
|---|---|---|---|---|---|---|---|
| | | 무신사 | W컨셉 | 29CM | ASOS | Urban Outfitters | Nasty Gal |
| 스타일링 공유형 리워드 시스템 | O | X | | | X | | |
| 유저참여형 이벤트 시스템 | O | X | | | X | | |
| 자체 SNS를 통한 마케팅 내재화 | O | X | | | X | | |
| 입점 판매 수수료 | 20% | 30% | | | 25% | | |

## 4. 고객 중심 접근: 니즈 파악과 솔루션 제안

시장 잠재력을 분석할 때 고객의 관점을 반드시 고려해야 한다. 고객이 누구인지, 어떤 문제를 겪고 있는지, 그리고 솔루션이 어떻게 그 문제를 해결할 수 있는지를 명확히 설명해야 한다.

고객 그룹 정의

- "자사의 주요 타겟 고객은 25~45세 도시 거주 전문직으로, 기술 친화적이며 구매력이 높습니다. 이들은 효율성과 사용자 친화적인 솔루션을 선호합니다."
- "우리의 주요 고객은 25~40세의 직장인으로, 새로운 기술을 배워 커리어를 전환하거나 발전시키고자 하는 사람들입니다. 이들은 시간적 제약으로 인해 전통적인 교육 방식을 따르기 어려우며, 효율적이고 실용적인 학습 방법을 찾고 있습니다."

고객 문제 해결

- 고객은 주요 문제를 해결하기 위해 시간의 절약할 수 있는 개인 맞춤형의 편리한 서비스를 요구한다. 솔루션으로 AI 기반 맞춤형 서비스를 제안할 수 있다.
- "이 고객층은 빠르게 변화하는 기술 트렌드를 따라가기 위해 지속적인 학습이 필요하지만, 바쁜 일상 속에서 학습 시간을 확보하기 어려워합니다. 우리의 AI 기반 마이크로 러닝 플랫폼은 짧은 시간 동안 집중적으로 학습할 수 있는 콘텐츠를 제공하며, 개인의 학습

패턴과 진도에 맞춘 맞춤형 커리큘럼을 제공합니다. 이를 통해 학습 효율을 극대화하고, 실무에 즉시 활용 가능한 실용적 지식을 습득할 수 있습니다."

Market Viability
## 시장 규모

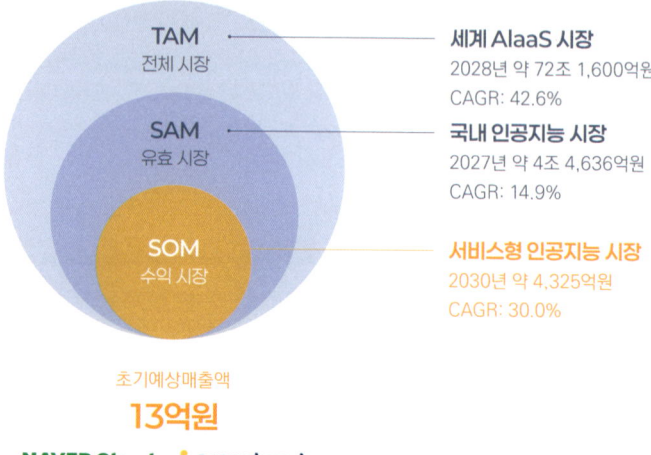

- TAM 전체 시장 — 세계 AIaaS 시장
  2028년 약 72조 1,600억원
  CAGR: 42.6%
- SAM 유효 시장 — 국내 인공지능 시장
  2027년 약 4조 4,636억원
  CAGR: 14.9%
- SOM 수익 시장 — 서비스형 인공지능 시장
  2030년 약 4,325억원
  CAGR: 30.0%

초기예상매출액
## 13억원

**NAVER Cloud**  **crowdworks**

- 파트너를 통한 초기 고객 확보 & 기존 고객 전환
- 신규고객 유치 〈호남권 광주〉, 〈수도권〉

## 5. 시장진입 전략: 단계적 접근법

시장 잠재력을 실현하려면 구체적인 진입 전략이 반드시 필요하다. 시장 진입 방식과 향후 성장 전략에 대한 명확한 계획이 수립되어야 한다.

구체적 전략 제시

"우리는 초기에 B2B 시장을 타겟으로 기업 고객을 통해 빠르게 시장 점유율을 확보할 계획입니다. 특히 기술 기업들을 중심으로 직원 교육 프로그램의 일환으로 우리 플랫폼을 도입하도록 할 것입니다. 이를 통해 안정적인 수익 기반을 마련하고, 플랫폼의 효과성을 입증한 후 B2C 시장으로 확장해 나갈 것입니다."

단계별 접근

1단계: 초기 시장 진입

- 대도시 중심의 B2B 시장 공략
- 목표: 초기 10개 기업과의 파트너십 체결

2단계: B2C 확장

- 디지털 마케팅과 소셜 미디어를 활용하여 사용자 확보
- 예: 페이스북 광고를 통해 타겟 사용자층 공략

3단계: 글로벌 확장

- 신흥 시장(아시아, 중동) 공략
- 이유: 높은 스마트폰 보급률과 기술 수용성

## 6. 데이터와 시각적 표현의 중요성

복잡한 시장 데이터와 분석 결과를 효과적으로 전달하기 위해 시각화와 스토리텔링 기법을 활용한다.

### 시각화 전략

- 인포그래픽: TAM-SAM-SOM을 시각적으로 표현하여 명확성과 설득력을 강화
- 사례 연구: 실제 고객 사례를 통한 솔루션의 효과성 입증
- 그래프: 연도별 시장 규모 변화를 선 그래프로 표현
- 파이 차트: 시장 세그먼트별 점유율 표현
- 비전 스토리: 회사가 그리는 미래 모습을 생생하게 기술
- 데모 영상: 제품/서비스의 핵심 기능을 시연하는 짧은 영상 활용

### 스토리텔링 기법

- 시장 잠재력을 설명할 때, 숫자와 데이터만 나열하면 전달력이 떨어질 수 있다. 데이터를 기반으로 스토리텔링을 활용하면, 자사의 비전과 시장 가능성을 생생하게 전달할 수 있다.
- "우리는 기존 기술의 한계를 넘어선 사용자 중심의 플랫폼을 통해 시장의 미래를 선도합니다."

이러한 전략적 접근은 단순한 시장 규모 제시를 넘어, 자사 솔루션이 시장의 니즈를 어떻게 충족하고 성장할 수 있는지를 설득력 있게 보여

준다. 이는 투자자에게 스타트업의 성장 가능성과 투자 매력을 효과적으로 전달하는 데 큰 도움이 된다.

## 7. 시장 잠재력을 평가할 때 고려해야 할 추가 요소

지역별 세분화

시장 분석 시, 지역별로 TAM, SAM, SOM을 세분화하면 전략의 설득력을 높일 수 있다.

- 북미 시장은 기술 발전과 소비자의 빠른 채택 속도로 성장 가능성이 높음.
  - 예: AI 기반 스타트업의 경우, 미국 시장의 기술 인프라가 초기 채택을 촉진.
- 아시아 태평양 시장에서는 신흥경제국의 디지털 보급률 증가와 중산층의 증가로 시장 확장 가능성이 큼.
  - 예: 인도와 인도네시아의 디지털 결제 사용자는 연평균 30% 성장.

세대별 접근

소비자 세대를 이해하고 이를 전략에 반영할 수 있다.

- 밀레니얼 세대는 변화하는 기술에 빠르게 적응하며 편리함을 중시함.
  - 예: 핀테크 서비스에 대한 높은 수요.
- Z세대는 UX/UI 적응이 빠르며, 개인 맞춤형 서비스를 선호함.
  - 예: 스트리밍, 게이밍과 같은 디지털 콘텐츠 플랫폼의 주 소비층.

규제 및 정책 변화

규제 및 정책 변화는 시장 접근 가능성을 결정짓는 중요한 요소이다.

- 규제 완화 사례: 핀테크 규제 샌드박스는 새로운 서비스 테스트를 가능하게 함.
  - 예: 영국 FCA의 규제 샌드박스 프로그램은 수십 개의 핀테크 스타트업을 지원하며 시장 진입을 가속화함.
- 규제의 장벽: 일부 시장에서는 데이터 보호법이나 국가 간 결제 규정이 진입 장벽으로 작용.

## 8. 투자자 설득을 위한 스토리텔링과 비전

문제 제기

- "현재 헬스케어 시장은 환자와 의료진 간의 비효율적 소통으로 인해 막대한 시간과 비용이 낭비되고 있습니다."
- 데이터 기반 근거 제시: 글로벌 헬스케어 시스템의 비효율성으로 매년 약 5천억 달러 이상의 비용이 발생.

해결책 제안

- "우리의 AI 기반 원격 의료 솔루션은 환자의 상태를 실시간으로 모니터링하고, 필요할 때 즉시 연결 서비스를 제공합니다."

비전 제시

- "우리는 헬스케어를 보다 효율적이고 개인화된 방향으로 변화시키며, 누구나 건강을 쉽게 관리할 수 있는 세상을 만듭니다."

## 9. 실제 성공 사례와 교훈

핀테크 스타트업 스트라이프

- 시장 잠재력 파악: 스트라이프는 초기 전자상거래 붐을 타겟팅하며 TAM을 명확히 설정함
- 접근 전략: 기술 친화적인 API 설계로 스타트업과 중소기업을 주요 고객으로 확보
- 결과: 현재 글로벌 결제 시장의 주요 플레이어로 자리잡으며 950억 달러 이상의 기업 가치를 달성

에듀테크 플랫폼 코세라

- Emerging Trends 활용: 팬데믹 동안 비대면 교육의 수요 증가를 신속히 포착
- 전략: 글로벌 대학과 협력하여 다양한 온라인 강좌를 제공하며 TAM을 확장
- 결과: IPO를 통해 40억 달러 이상의 기업 가치를 평가받음

AI 헬스테크 스타트업 바빌론 헬스(Babylon Health)

- 문제 인식: 전통적인 의료 시스템의 비효율성을 해결하기 위해 디지털 건강 솔루션을 개발
- 시장 전략: 초기 단계에서는 영국 NHS와의 파트너십을 통해 신뢰를 구축하고 확장
- 결과: 현재 21개국에 진출하며 연간 사용자 수 1,000만 명 돌파

## 10. 투자자 관점의 언어와 데이터 신뢰성 확보

투자자에게 어필하는 언어 사용

- "현재 TAM은 500억 달러 규모로 추정되며, 우리는 5년 내 이 시장의 3%를 점유할 것으로 예상합니다."
- "기술적 진보와 고객 요구를 기반으로 연평균 20% 이상의 매출 성장이 가능합니다."

데이터 신뢰성 강화

- 출처 명시: 가트너, 맥킨지, CB Insights 등 신뢰할 수 있는 보고서를 활용한다.
- 가정 명시: "이 예측은 COVID-19 이후의 디지털화 속도가 유지된다는 가정 하에 이루어졌습니다."

## 11. 정량적 분석과 시각적 요소 활용

IR 자료의 몰입도를 높이기 위해, 시각화·도식화·정량화 전략을 적극 활용한다.

TAM-SAM-SOM의 정량화
- TAM: 글로벌 시장 100억 달러
- SAM: 지역 및 산업 제한으로 25억 달러
- SOM: 초기 1억 달러 목표

시각적 표현
- 선 그래프: 연도별 시장 규모 변화
- 파이 차트: 세그먼트별 점유율
- 인포그래픽: 고객 세그먼트와 주요 니즈를 간결히 표현

## 결론

### 스타트업 성장의 로드맵

시장 잠재력을 명확히 분석하고 전달하는 것은 성공적인 투자 유치의 출발점이다.

TAM-SAM-SOM 모델을 활용해 데이터를 정량화하고, 시장 트렌드·기술 혁신·경쟁 우위를 명확히 제시해야 한다. 또, 투자자에게 신뢰를 줄 수 있는 스토리텔링과 명확한 비전을 통해 미래 시장에서 자사의 역할을 설득력 있게 전달해야 한다.

스타트업은 데이터를 나열하는 데 그치지 않고, 시장 기회와 성장 스토리를 생생하게 전달해야 한다. 이를 통해 투자자와의 신뢰를 형성하고, 장기적인 기업 성장의 토대를 마련할 수 있다.

## Q. 2025년 마케팅 전략 트렌드 중 가장 중요한 것은 무엇일까?

2025년 마케팅 전략 트렌드에서 가장 중요한 요소는 AI와 개인화의 결합이다. 이는 다음과 같은 이유로 그 중요성이 더욱 강조된다.

**AI와 개인화의 결합**

AI 기술은 2025년 마케팅 전략의 핵심이 될 것이다. 단순한 자동화를 넘어 마케팅 전략 수립과 창의적 의사결정을 주도하게 될 것이다.

초개인화 마케팅
- AI는 방대한 고객 데이터를 분석하여 각 개인에게 맞춤화된 경험을 제공한다.
- 실시간 데이터 스트림을 활용한 초개인화(Hyper Personalization)는 고객 유지율을 최대 35%까지 높일 수 있다.

AI 기반 콘텐츠 생성
- AI 도구는 소셜 미디어 포스트, 블로그 글 등을 자동으로 생성한다.
- JP모건체이스는 AI 기반 카피라이팅 도구를 활용해 광고 클릭률을 450%까지 증가시켰다.

예측 분석
- AI는 고객 행동을 예측하고 이에 따른 선제적 마케팅 전략을 수립한다.
- 폭스바겐은 AI 기반 광고 구매 전략을 통해 딜러십 판매량을 20% 늘리는 데 성공했다.

비디오 콘텐츠의 지속적 성장
- 2025년에도 비디오 콘텐츠, 특히 숏폼 형식의 영상은 마케팅 전략의 핵심으로 자리 잡을 것이다.

숏폼 비디오
- 틱톡, 인스타그램 릴스, 유튜브 쇼츠 등 짧은 형식의 비디오 콘텐츠가 주목받고 있다.
- 마케터들은 숏폼 비디오가 가장 높은 ROI를 제공한다고 평가하며, 2025년에는 이에 대한 투자를 더욱 확대할 계획이다.

라이브 스트리밍
- 라이브 스트리밍은 실시간 참여와 진정성 있는 브랜드 상호작용을 위한 도구로 성장하고 있다.
- 마케팅 전문가들은 라이브 스트리밍 비디오가 높은 ROI를 제공한다고 평가하며, 2025년에 투자를 확대할 예정이다.

## 인플루언서 마케팅의 진화

인플루언서 마케팅은 더욱 정교해지고 효과적으로 발전할 것이다.

### 나노 및 마이크로 인플루언서 부상

- 1만 명 이하의 팔로워를 가진 나노 인플루언서들이 높은 참여율과 진정성으로 주목받고 있다.
- 소규모 인플루언서들은 더 밀접한 관계를 통해 브랜드 신뢰도를 높이고 의미 있는 참여를 이끌어낸다.

### 장기적 파트너십

- 브랜드와 인플루언서 간의 장기적 파트너십의 중요성이 커지고 있다.
- 지속적인 파트너십을 통해 인플루언서는 브랜드를 더 깊이 이해하고, 더욱 자연스럽게 홍보할 수 있게 된다.

### 성과 측정의 정교화

- 참여율, 전환율, 판매량 등 다양한 지표를 통해 인플루언서 마케팅의 ROI를 정확히 측정한다.
- UTM 파라미터, 고유 프로모션 코드, CRM 시스템 통합 등을 통해 성과를 추적한다.

## 소셜 미디어의 진화

소셜 미디어는 단순한 홍보 수단을 넘어, 고객 여정 전반을 포괄하는 플랫폼으로 진화하고 있다.

### 소셜 커머스의 성장

- 인스타그램, 틱톡, 페이스북 등에서 인앱 구매가 가능한 가상 스토어가 확대되고 있다.
- 최근 3개월 동안 17%의 소셜 미디어 사용자들이 인앱 구매를 경험한 것으로 나타났다.

### 고객 서비스 채널로의 진화

- 19%의 사용자들이 고객 서비스를 위해 소셜 미디어 DM을 이용한 경험이 있다.
- AI 기반 챗봇과 가상 비서가 24/7 실시간 고객 응대를 제공한다.

**윤리적 AI와 데이터 프라이버시**
- AI 기술이 발전함에 따라 윤리적 사용과 데이터 보호의 중요성도 함께 부각되고 있다.

투명성과 신뢰 구축
- 브랜드는 AI 사용 여부를 투명하게 공개하고, 고객 데이터 처리 방식에 대한 신뢰를 구축해야 한다.
- 개인정보 보호 규정을 준수함과 동시에, 고객에게 데이터 활용에 대한 선택권을 제공해야 한다.

책임 있는 AI 사용
- AI 알고리즘의 편향을 최소화하고, 공정성을 확보하려는 노력이 필수적이다.
- 윤리적 AI 사용 지침을 수립하고 정기적인 감사를 실시해야 한다.

 AI 기반 개인화 전략은 고객 경험을 획기적으로 개선하고, 마케팅 ROI를 크게 높일 것으로 기대된다. 따라서 2025년에는 AI와 개인화의 결합이 가장 중요한 마케팅 트렌드로 자리잡을 것이다.
 앞에서 나열한 이 트렌드는 서로 밀접하게 연관되어 있기에 성공적인 마케팅 전략을 위해서는 이들을 통합적으로 고려해야 한다. 2025년의 마케팅 환경에서는 기술 활용과 더불어 인간적인 접근과 진정성을 유지하는 균형감 있는 전략이 요구된다.

제 6장

# 비즈니스 모델(Business Model)

## 1. 비즈니스 모델의 정의와 중요성

　비즈니스 모델은 스타트업의 핵심, 즉 심장과도 같은 역할을 한다. 이는 단순한 수익 창출 방식이 아니라, 기업이 어떻게 가치를 창출하고 전달하며 확보하는지를 종합적으로 설명하는 설계도이다. 피터 드러커가 말했듯, 강력한 비즈니스 모델은 "고객은 누구인가?", "고객이 가치 있게 여기는 것은 무엇인가?"라는 핵심 질문에 명확히 답할 수 있어야 한다. 또한 에릭 리스의 『린 스타트업』이 강조하듯, 스타트업은 불확실성이 크기 때문에 빠른 실험과 학습을 통해 비즈니스 모델을 지속적으로 검증하고 개선해야 한다. 이는 시장 변화에 유연하게 대응하며, 안정적인 수익 기반을 마련하는 데 도움을 준다. 또한 제프리 무어의 『제프리 무어의 캐즘 마케팅(Crossing the Chasm)』에 따르면, 기술 기반 스타트업이 초기 수용자 시장에서 주류 시장으로 확장하려면 명확하고 차별화된 비즈니스 모델이 필수적이다.

　투자자 입장에서 비즈니스 모델은 스타트업의 경제적 타당성과 지속 가능성을 판단하는 핵심 기준이다. 잘 설계된 비즈니스 모델은 스타트업이 어떻게 장기적으로 수익을 창출하고 성장할 수 있는지를 명확히 보여준다. 이는 단순히 아이디어의 우수성을 넘어, 그것이 실제 사업으로 실현될 수 있음을 보여주는 증거이기도 하다.

---

*어떤 상황에서 어떤 사람이
어떤 이유로 우리의 제품을 사용하고
또 어떤 감정을 느끼게 될까?
이것만 잊지 말자.*

---

**STEP 06**
## 비즈니스 모델 Business Model
제안하는 비즈니스의 경제적 타당성을 평가하는 부분으로,
수익 모델, 원가 구조, 기술적 수명 등을 종합적으로 설명하여
사업의 경제적 지속 가능성을 입증

" 비즈니스 모델의 각 구성요소가
어떻게 유기적으로 연계되어
고객에게 차별화된 가치를 생산하고
제공할 수 있으며
수익을 창출할 수 있는가? "

오스터왈더(Osterwalder) 개발
## 비즈니스 모델 캔버스

## 2. 수익 모델 전략(Revenue Model)

### 2.1 주 수익원(Primary Revenue Streams)

스타트업의 수익 모델은 제품 또는 서비스의 특성에 따라 다양한 형태로 구성될 수 있다. 대표적인 수익원은 다음과 같다.

구독 기반 모델(Subscription Model)

일정 주기로 구독료를 받아 안정적이고 지속적인 수익을 창출하는 모델이다. 이 모델의 장점은 수익 흐름의 예측 가능성과 고객과의 장기적 관계 형성에 있다.

- 사례: 넷플릭스는 구독 모델을 통해 엔터테인먼트 산업을 혁신했다. 월간 구독료를 받고 무제한 스트리밍 서비스를 제공함으로써, 넷플릭스는 전통적인 TV 방송과 영화 대여 시장을 뒤흔들었다. 이 모델은 고객에게는 편의성을, 넷플릭스에게는 안정적인 수익원과 고객 데이터를 확보할 수 있는 기반을 제공했다. 또한 어도비 크리에이티브 클라우드(Adobe Creative Cloud)는 패키지 판매에서 구독 모델로 전환해 수익성을 극대화했다.

프리미엄 모델(Premium Model)

프리미엄 모델은 기본 서비스를 무료로 제공하고, 고급 기능에만 요금을 부과하는 방식이다. 이 모델은 사용자 기반을 빠르게 확장한 뒤, 일부를 유료 고객으로 전환하는 전략을 취한다.

- 사례: 스포티파이(Spotify)는 음악 스트리밍 서비스에 프리미엄

모델을 성공적으로 적용했다. 무료 사용자에게는 광고가 포함된 기본 서비스를 제공하고, 프리미엄 사용자에게는 광고 없는 고품질 음악과 추가 기능을 제공한다. 이 전략으로 스포티파이는 2021년 기준 3억 8천만 명의 월간 활성 사용자와 1억 8천만 명의 프리미엄 구독자를 확보했다. 이 전략은 유튜브에서도 유사하게 적용되고 있다.

마켓플레이스 모델(MarketPlace Model)
마켓플레이스 모델은 판매자와 구매자를 연결하는 플랫폼을 운영하고, 거래에 따른 수수료를 수익으로 얻는 방식이다. 이 모델의 강점은 네트워크 효과를 통한 빠른 성장 가능성에 있다.

- 사례: 에어비앤비는 숙박 공유 플랫폼으로, 집주인과 여행자를 연결한다. 에어비앤비는 각 거래에서 수수료를 받으며, 이를 통해 2021년에는 59억 달러의 수익을 올렸다. 에어비앤비의 성공은 유휴 자산(빈방)을 활용한 혁신적인 비즈니스 모델과 신뢰 형성을 위한 리뷰 시스템 등 플랫폼 설계에서 경쟁력을 확보했다.

광고 기반 모델(Advertising Model)
광고 기반 모델은 사용자에게 무료로 서비스를 제공하고, 광고주로부터 수익을 창출하는 방식이다. 이 모델은 대규모 사용자 기반을 확보할 수 있지만, 사용자 경험과 수익 사이의 균형을 유지하는 것이 중요하다.

- 사례: 구글은 검색 엔진, 이메일, 지도 등 다양한 서비스를 무료로 제공하면서, 광고를 통해 수익을 창출한다. 특히 구글의 AdWords와 AdSense 프로그램은 광고주와 웹사이트 운영자를 효과적으로 연결해 구글의 주요 수익원이 되었다. 2021년 구글의 광고 수익은 2,090억 달러에 달했다.

직접 판매 모델(Direct Sales Model)

직접 판매 모델은 유통 단계를 생략하고 고객에게 제품을 직접 제공하는 방식이다. 이 모델은 높은 마진과 고객과의 직접적인 관계 구축이 가능하다는 장점이 있다.

- 사례: 테슬라는 전통적인 자동차 딜러십 모델을 벗어나, 온라인과 직영 매장을 통해 직접 판매 모델을 채택했다. 이를 통해 테슬라는 고객 경험을 직접 통제하고, 유통 마진을 줄임으로써 가격 경쟁력을 확보했다. 또한 이 모델은 테슬라가 빠르게 시장 피드백을 받고 제품을 개선하는 데 도움을 주었다.

## 2.2 수익 다각화 전략(Diversification Strategy)

스타트업은 수익원을 다각화함으로써 시장 변화나 경기 침체 상황에서도 안정적인 수익 구조를 유지해야 한다.

### 프리미엄 서비스(Premium Service)

무료 기본 서비스에 유료 기능을 추가 제공.

- 사례: 스포티파이는 광고 기반 무료 서비스와 프리미엄 구독 서비스를 병행한다.

### 데이터 기반 서비스(Data Monetization)

사용자 데이터를 활용해 맞춤형 서비스를 제공하거나 분석 정보를 판매.

- 사례: 페이스북은 광고주에게 타겟팅 광고 서비스를 제공해 수익을 창출한다.

### B2B 및 B2C 모델 확장

기업과 일반 소비자를 동시에 공략해 시장을 확대.

- 사례: 아마존은 전자상거래와 클라우드 서비스(AWS)를 통해 다각적인 수익원을 확보했다.

## 2.3 기술적 수명 및 업그레이드 전략(Technology Lifecycle)

기술 기반 스타트업의 경우, 기술의 수명과 지속적인 혁신이 비즈니스 모델의 핵심 요소가 된다.

### 기술적 수명
- 기술의 유지 및 경쟁력 확보 기간
- 사례: AI 기반 기술은 평균 5년의 수명을 가짐

### 기술 업그레이드 계획
- 정기적인 기술 평가 및 개선
- 연구개발(R&D) 투자 확대
- 기술 제휴 및 인수합병(M&A) 추진
- 사례: 구글의 AI 기술 강화를 위한 지속적 M&A

### 기술 진화 대비 전략
- 빠르게 변화하는 기술 트렌드에 적응하기 위한 전략 수립
- 시장 변화와 고객 요구사항에 대한 지속적 모니터링

### 사례 연구: 테슬라
테슬라는 전기차 및 청정 에너지 기업으로, 지속적인 기술 혁신을 통해 경쟁우위를 유지하고 있다.
- 배터리 기술: 지속적인 R&D를 통해 배터리 효율과 수명을 개선
- 자율주행 기술: 소프트웨어 업데이트를 통한 지속적인 기능 개선

- 에너지 저장 솔루션: 자동차를 넘어 가정용 에너지 저장 시장으로 확장

테슬라의 이러한 접근은 단순히 제품을 판매하는 데 그치지 않고, 지속적으로 발전하는 기술 생태계를 구축하는 데 중점을 둔다. 이는 고객 충성도를 높이고, 새로운 시장 기회를 창출하는 데 기여했다.

## 2.4 경제성 평가 (Economic Feasibility)

**수익성 분석 및 ROI**

- 수익성 분석: 예상 수익과 비용 비교를 통한 사업성 평가
- ROI(Return on Investment): 투자 대비 수익률 계산
- 사례: 초기 투자 비용 10억 원, 연간 예상 수익 5억 원일 경우 약 2년 내 손익분기점에 도달할 수 있다.

**리스크 관리**

- 시장 리스크: 시장 트렌드 변화, 경쟁 심화
- 기술 리스크: 기술의 노후화, 기술 트렌드 변화
- 법적 리스크: 규제 및 법률 변화에 대한 대응 전략

## 3. 원가 구조(Cost Structure)

비즈니스의 지속 가능성을 위해서는 효율적인 원가 구조가 필수적이다. 원가를 최적화하면서도 품질과 가치를 유지하는 것이 중요하다.

### 3.1 고정비용(Fixed Costs)과 변동비용(Variable Costs)

- 고정비용: 임대료, 인건비, 서버 운영비 등 고객 수와 관계없이 발생하는 비용.
- 변동비용: 제품 생산 원가, 물류비, 데이터 처리 비용 등 고객 수나 생산량에 따라 달라진다.

사례

- 넷플릭스는 자체 콘텐츠 전송망(CDN)을 구축해 클라우드 비용을 절감했다.
- 핀터레스트(Pinterest)는 데이터 센터를 직접 운영해 클라우드 사용료를 크게 줄였다.

### 3.2 원가 절감 전략(Cost Reduction Strategy)

- 공급망 최적화: 생산 및 유통 과정을 효율화해 원가 절감.
- 장기 계약 체결: 클라우드 서비스 및 원자재 공급업체와의 장기 계약으로 비용 안정화.
- 자동화 및 AI 도입: 생산 및 운영 자동화를 통해 인건비와 운영비 절감.

사례

- 테슬라는 생산 라인에 자동화를 도입해 제조 원가를 크게 절감했다.
- 드롭박스는 자체 서버 인프라를 구축해 AWS 사용 비용을 대폭 줄였다.
- 2024년 기준 30% 이상의 영업이익률을 달성한 에어비엔비는 원가 구조를 낮게 유지하는 혁신적인 비즈니스 모델로 호텔 산업을 뒤흔들었다.
  - 낮은 고정비용: 호텔처럼 부동산을 직접 소유하지 않기 때문에 초기 투자와 유지비용이 낮다.
  - 플랫폼 기반 운영: 기술 플랫폼을 통해 호스트와 게스트를 연결, 운영 효율성 극대화
  - 수요 기반 가격 책정: 알고리즘을 통한 동적 가격 책정으로 수익 최적화

## 4. 비즈니스 모델 캔버스(Business Model Canvas)

비즈니스 모델 캔버스는 사업의 핵심 요소 9가지를 시각적으로 정리해, 비즈니스 모델을 효과적으로 설계하고 분석할 수 있게 해주는 도구이다. 알렉산더 오스터왈더가 개발한 이 도구는 스타트업이 복잡한 사업 모델을 핵심 요소별로 명확하게 정리하고 전략적으로 구성하는 데 유용하다. 그에 따르면 효과적인 비즈니스 모델은 다양한 수익원을 통합하고 비용 구조를 명확히 함으로써, 경제적 지속 가능성을 확보할 수 있다.

투자자들에게 비즈니스 모델은 스타트업의 경제적 타당성을 평가하는 핵심 요소이다. 명확하고 설득력 있는 비즈니스 모델은 투자 유치 과정에서 큰 강점이 될 수 있다. 또한, 비즈니스 모델은 기업의 전략 방향을 설정하고 운영 효율성을 높이는 데 핵심적인 역할을 한다.

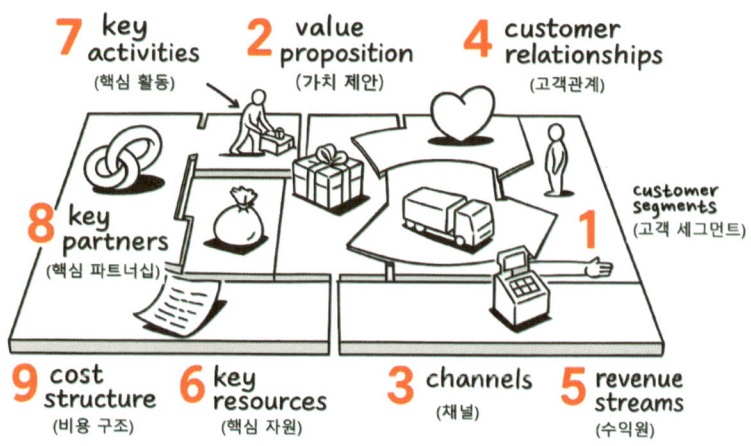

## 4.1 비즈니스 모델 캔버스 구성 요소

### 고객 세그먼트(Customer Segments)

고객의 문제를 어떻게 해결하고, 어떤 가치를 제공하는가?

- 고객군을 명확히 정의한다.
- 사례: 애플은 고객을 일반 소비자, 전문가, 기업 고객 등으로 세분화해 맞춤형 제품을 제공한다.

### 가치 제안(Value Propositions)

누구를 위한 가치인가?

- 고객이 우리 제품이나 서비스를 선택해야 하는 이유를 명확히 설명한다.
- 사례: 테슬라는 고성능 친환경 전기차로 자동차 시장에서 차별화하였다.

### 채널(Channels)

어떻게 고객에게 가치를 전달하는가?

- 고객에게 가치를 전달하는 유통 경로와 소통 방식이다.
- 사례: 나이키(Nike)는 오프라인 매장, 온라인 스토어, 모바일 앱을 통해 제품을 판매한다.

### 고객 관계(Customer Relationships)

어떻게 고객과 관계를 유지하는가?

- 고객과의 관계를 유지하고 강화하는 전략이다.
- 사례: 스타벅스는 리워드 프로그램으로 고객 충성도를 높인다.

수익원(Revenue Streams)

어떻게 수익을 창출하는가?

- 사례: 구글은 광고 수익, 애플은 하드웨어 및 서비스 판매로 수익을 창출한다.

핵심 자원(Key Resources)

가치 제안을 위해 필요한 핵심 자산은 무엇인가?

- 사업 운영에 필요한 물적, 인적, 지적 자원이다.
- 사례: 구글은 AI 기술과 방대한 데이터를 핵심 자원으로 보유하고 있다.

핵심 활동(Key Activities)

비즈니스 모델 실행을 위한 핵심 활동은 무엇인가?

- 사례: 우버는 플랫폼 관리와 드라이버 운영이 핵심 활동이다.

핵심 파트너(Key Partnerships)

누구와 협력하여 가치를 창출하는가?

- 사업 성공을 위해 필요한 외부 파트너십이다.
- 사례: 스포티파이는 음반사와 파트너십을 통해 콘텐츠를 확보한다.

비용 구조(Cost Structure)

비즈니스 운영에 따른 주요 비용은 무엇인가?
- 사업 운영에 필요한 비용이다.
- 사례: 아마존은 물류 인프라와 서버 운영에 막대한 비용을 투자한다.

이러한 요소들은 서로 유기적으로 연결되어 있으며, 각 요소의 변화는 다른 요소에도 영향을 미친다. 따라서 비즈니스 모델을 설계할 때는 전체적인 관점에서 각 요소 간의 균형과 일관성을 고려해야 한다.

4.2 비즈니스 모델 캔버스 활용법
- 시장 분석: 타겟 고객군과 시장 요구 파악.
- 차별화 요소 도출: 경쟁사 대비 차별화된 가치 제안 도출.
- 수익/비용 분석: 수익 창출과 비용 구조를 구체적으로 설계.
- 고객 관리: 고객 획득, 유지, 성장 전략 수립.

활용 사례
- 에어비앤비는 호스트와 게스트를 연결하는 플랫폼을 통해 거래 수수료로 수익을 창출한다.
- 슬랙은 무료 버전과 유료 프리미엄 버전의 병행 운영으로 시장 점유율을 확대했다.
- 스포티파이는 음악 스트리밍 서비스로, 다양한 수익 모델을 통해 성공을 거두었다.

- 프리미엄 구독 모델: 월간 구독료를 지불하는 프리미엄 사용자
- 광고 기반 무료 모델: 무료 사용자에게 광고를 노출
- 파트너십: 통신사, 하드웨어 제조업체 등과의 제휴

스포티파이의 2024년 실적을 보면, 총 수익의 87%가 프리미엄 구독에서 발생했으며, 나머지 13%는 광고 수익이었다. 이러한 다각화된 수익 모델은 스포티파이가 시장 변화에 유연하게 대응할 수 있게 해주었다.

## 5. 성공적인 비즈니스 모델 혁신 과정

### 5.1 성공적인 비즈니스 모델의 특징

- 고객 중심성: 고객의 니즈를 정확히 이해하고, 이를 충족시키는 가치를 제공한다.
- 차별화: 경쟁사와 구별되는 독특한 가치 제안을 가지고 있다.
- 확장성: 규모의 경제를 실현할 수 있는 구조를 가지고 있다.
- 수익성: 지속 가능한 수익 창출 메커니즘을 갖추고 있다.
- 적응성: 시장 변화에 유연하게 대응할 수 있는 구조를 가지고 있다.

### 5.2 비즈니스 모델 혁신의 중요성

비즈니스 모델 혁신은 스타트업이 경쟁 우위를 확보하고 지속적인 성장을 달성하는 데 핵심적인 역할을 한다. 크리스텐슨은 『혁신 기업의 딜레마』에서 비즈니스 모델 혁신의 중요성을 강조했다. 그들은 기존 기업들이 새로운 기술이나 제품을 개발하는 데는 능숙할지 모르지만, 비즈니스 모델을 혁신하는 데는 어려움을 겪는다고 지적했다.

스타트업의 경우, 이는 기회가 될 수 있다. 기존 산업의 비즈니스 모델을 재정의함으로써, 스타트업은 시장을 뒤흔들고 급속한 성장을 이룰 수 있다. 예를 들어, 에어비앤비는 숙박 산업의 비즈니스 모델을 혁신하여 세계 최대의 숙박 서비스 제공업체로 성장했다.

## 5.3 비즈니스 모델 설계 및 최적화 전략

효과적인 비즈니스 모델을 설계하고 최적화하기 위해서는 다음과 같은 전략을 고려해야 한다.

### 고객 중심 접근

고객의 니즈와 행동을 깊이 이해하고, 이를 바탕으로 비즈니스 모델을 설계한다. 예를 들어, 아마존은 "고객 집착(Customer Obsession)"이라는 핵심 가치를 바탕으로 지속적으로 고객 경험을 개선하고 있다.

### 지속적인 실험과 학습

에릭 리스의 '린 스타트업' 방법론을 적용하여, 빠른 실험과 학습 사이클을 통해 비즈니스 모델을 검증하고 개선한다. 예를 들어, 드롭박스는 초기에 실제 제품 개발 전 동영상 데모를 통해 시장의 반응을 테스트했다.

### 데이터 기반 의사결정

고객 행동, 시장 트렌드, 재무 성과 등의 데이터를 철저히 분석하여 비즈니스 모델을 최적화한다. 넷플릭스의 콘텐츠 추천 시스템은 사용자 데이터를 기반으로 개인화된 경험을 제공하며, 이는 넷플릭스 비즈니스 모델의 핵심 경쟁력이 되고 있다.

### 유연성과 적응성

시장 변화에 빠르게 대응할 수 있는 유연한 비즈니스 모델을 설계한다. 예를 들어, 어도비는 기존의 패키지 소프트웨어 판매 모델에서 클라우드 기반 구독 모델로 전환하여 시장 변화에 성공적으로 적응했다.

### 확장성 고려

초기부터 규모의 경제를 실현할 수 있는 확장 가능한 모델을 설계한다. 우버의 플랫폼 모델은 새로운 도시나 서비스로 쉽게 확장할 수 있는 구조를 가지고 있다.

### 가치 네트워크 구축

파트너, 공급업체, 고객 등과의 강력한 가치 네트워크를 구축하여 비즈니스 모델의 경쟁력을 강화한다. 애플의 앱 스토어 생태계는 개발자와 사용자를 연결하는 강력한 가치 네트워크의 좋은 예시이다.

### 수익 모델 다각화

다양한 수익원을 개발하여 비즈니스 모델의 안정성을 높인다. 아마존은 전자상거래, 클라우드 서비스(AWS), 구독 서비스(Amazon Prime) 등 다양한 수익원을 가지고 있다.

### 비용 구조 최적화

효율적인 운영을 통해 비용을 최소화하고 수익성을 높인다. 월마트는 첨단 공급망 관리 시스템을 통해 운영 비용을 크게 절감하고 있다.

지속 가능성 고려

환경적, 사회적 책임을 고려한 비즈니스 모델을 설계한다. 파타고니아(Patagonia)는 지속 가능한 제품 생산과 환경 보호 활동을 비즈니스 모델의 핵심으로 삼고 있다.

기술 혁신 통합

최신 기술 트렌드를 비즈니스 모델에 통합하여 경쟁력을 유지한다. 테슬라는 전기차 기술뿐만 아니라 자율주행, 에너지 저장 기술 등을 지속적으로 비즈니스 모델에 통합하고 있다.

이러한 전략들을 종합적으로 고려하고 적용함으로써, 스타트업은 더욱 강력하고 지속 가능한 비즈니스 모델을 구축할 수 있다. 중요한 것은 이러한 전략들을 고정된 것으로 보지 않고, 시장 환경과 고객 니즈의 변화에 따라 지속적으로 조정하고 발전시켜 나가는 것이다

### 5.4 비즈니스 모델 적응 전략

지속적인 고객 피드백 수집

- 정기적인 고객 설문조사 실시
- 소셜 미디어 모니터링을 통한 실시간 피드백 수집
- 고객 서비스 데이터 분석을 통한 인사이트 도출

시장 트렌드 모니터링

- 업계 보고서 및 분석 자료 정기 검토

- 경쟁사 동향 파악 및 벤치마킹
- 신기술 도입 가능성 지속적 탐색

실험 문화 조성
- A/B 테스팅을 통한 새로운 기능 및 서비스 검증
- 소규모 파일럿 프로젝트 실행을 통한 리스크 최소화
- 실패를 학습의 기회로 삼는 조직 문화 구축

유연한 조직 구조 유지
- 빠른 의사결정이 가능한 플랫 조직 구조 채택
- 크로스 펑셔널 팀 운영을 통한 부서 간 협업 강화
- 임파워먼트를 통한 직원들의 주도적 문제 해결 능력 향상

5.5 비즈니스 모델의 지속 가능성 평가

비즈니스 모델의 지속 가능성을 평가하는 것은 투자자들에게 매우 중요한 요소이다. 다음은 비즈니스 모델의 지속 가능성을 평가하는 주요 지표들이다.

고객 생애 가치(LTV) 대 고객 획득 비용(CAC) 비율
- LTV/CAC 비율이 3:1 이상일 때 건강한 비즈니스 모델로 평가된다.
- "우리 스타트업의 LTV/CAC 비율은 4:1로, 업계 평균을 상회하고 있습니다."

### 월간 반복 수익(MRR) 성장률

- MRR의 지속적인 성장은 비즈니스 모델의 안정성을 나타낸다.
- "지난 12개월 동안 우리의 MRR은 평균 15% 성장했습니다."

### 고객 이탈률(Churn Rate)

- 낮은 이탈률은 고객 만족도와 비즈니스 모델의 지속 가능성을 보여준다.
- "우리의 월간 고객 이탈률은 2%로, 업계 평균 5%보다 낮습니다."

### 영업이익률

- 높은 영업이익률은 비즈니스 모델의 효율성을 나타낸다.
- "우리의 영업이익률은 25%로, 지속적인 수익성을 보장합니다."

### 시장 점유율 성장

- 시장 점유율의 지속적인 증가는 비즈니스 모델의 경쟁력을 보여준다.
- "지난 2년간 우리의 시장 점유율은 5%에서 15%로 증가했습니다."

**결론**

성공적인 비즈니스 모델을 구축하기 위해서는 다음 요소들을 고려해야 한다.

1. 명확한 가치 제안: 고객의 문제를 해결하거나 욕구를 충족시키는 독특한 가치
2. 타겟 고객 이해: 고객 세그먼트의 특성과 니즈에 대한 깊은 이해
3. 지속 가능한 수익 모델: 다양하고 안정적인 수익원 확보
4. 효율적인 원가 구조: 비용 최적화를 통한 수익성 확보
5. 확장성: 규모의 경제를 실현할 수 있는 구조
6. 혁신 능력: 시장 변화에 대응하고 새로운 기회를 창출할 수 있는 유연성

효과적인 비즈니스 모델은 스타트업의 성공과 지속 가능한 성장의 핵심이다. 명확한 가치 제안, 안정적인 수익 구조, 효율적인 비용 관리, 그리고 지속적인 혁신과 적응 능력이 결합될 때, 스타트업은 투자자들에게 매력적인 투자 대상

이 될 수 있다. 비즈니스 모델 캔버스와 같은 도구를 활용하여 비즈니스의 모든 측면을 체계적으로 분석하고 최적화하는 것이 중요하다. 또한, 시장 변화에 민첩하게 대응하고 고객 피드백을 지속적으로 반영하여 비즈니스 모델을 발전시켜 나가는 것이 장기적인 성공의 열쇠가 될 것이다.

## Q. 스타트업의 투자 유치 성공을 좌우하는 팀 구성의 핵심 요인은 무엇일까?

**핵심 역량을 갖춘 다양한 인재 확보**
- 비전을 제시하고 전략을 수립할 수 있는 리더십을 갖춘 CEO
- 기술적 전문성을 보유한 CTO
- 마케팅과 영업 능력을 갖춘 CMO 또는 CPO
- 재무와 회계를 담당할 CFO

  각 분야의 전문가로 구성된 균형 잡힌 팀은 투자자들에게 신뢰를 준다.

**상호 보완적인 팀 구성**
- 창업자의 부족한 부분을 보완해줄 수 있는 공동창업자 영입
- 다양한 배경과 경험을 가진 팀원들의 시너지 효과
- 기술, 비즈니스, 마케팅 등 다양한 역량의 조화

**팀워크와 실행력 입증**
- 팀원 간 원활한 소통과 협업 능력 강조
- 명확한 역할 분담과 책임 부여
- 과거의 성공 경험이나 함께 일한 이력 제시

성장 가능성 제시
- 각 팀원의 전문성과 경력을 통해 스타트업의 성장 잠재력 입증
- 향후 필요한 인재 영입 계획 제시
- 팀의 학습 능력과 빠른 실행력 강조

투자자 관점 고려
- 투자자가 중요하게 여기는 팀의 특성 파악 및 강조
- 산업별로 요구되는 팀 구성의 특징 고려
- 팀의 전문성이 사업 모델과 일치함을 보여주기

    단순히 유능한 인재들이 모인 팀이 성공적인 구성이 되지는 않는다. 유기적인 팀워크는 서로를 보완하고 시너지를 극대화할 수 있는 팀 구성에서 나온다. 투자자들은 이러한 조화롭고 실행력 있는 팀에 주목하며, 이는 투자 유치 성공의 핵심 요인으로 작용한다.

제 7장

# 기술 가치 평가(Technology Valuation)

## 1. 기술 가치 평가의 중요성

　기술 기반 스타트업에게 기술 가치 평가는 단순한 숫자 계산이 아니다. 이는 혁신적인 아이디어와 기술이 시장에서 어떤 가치를 지니는지를 객관적으로 평가하고, 이를 통해 투자자를 설득하는 강력한 도구가 된다. 본 장에서는 기술 가치 평가의 중요성, 주요 방법론, 그리고 실제 사례를 통해 여러분의 기술이 어떻게 경제적 가치로 환산될 수 있는지 살펴본다.

　특히 기술 가치 평가는 스타트업의 핵심 기술이 얼마나 경제적 가치를 지니는지를 객관적으로 평가하고 이를 통해 투자자와 이해관계자에게 기술적 우위와 사업성을 설득력 있게 제시하는 과정이다. 기술 보호 및 활용 전략은 단순히 기술을 보유하는 것을 넘어, 수익 창출과 시장 지배력을 확보하기 위한 핵심 요소다. 특히, 빠르게 변화하는 시장 환경에서 경쟁력을 유지하기 위해서는 지식재산권(IP) 전략, 특허 로드맵, 선행 기술 조사, 핵심 득어 선정, 글로빌 특허 전략을 종합직으로 수립해야 한다.

## STEP 07
## 기술 가치 평가 Technology Valuation

제안하는 기술의 경제적 가치를 평가하는 부분으로, 지식 재산권 전략, 특허 로드맵, 선행 기술 조사, 핵심 특허 선정, 그리고 글로벌 특허 전략을 종합적으로 설명

### 사례

**지식재산권 전략**
" AI 기술의 핵심 알고리즘에 대해 특허 출원을 완료하고, 상표 등록을 통해 브랜드 보호를 강화하고 있습니다.

**Patent Roadmap**
" 현재 10개의 핵심 특허를 보유하고 있으며, 향후 5년 내에 추가로 15개의 특허를 출원할 계획입니다.

**선행 기술 조사**
" 선행 기술 조사 결과, 우리의 AI 알고리즘이 기존 기술보다 정확도가 20% 높음을 확인하였습니다.

**Core-Patent 선정**
" AI 기반 데이터 분석 알고리즘 특허는 우리의 핵심 기술로, 경쟁 우위 확보에 중요한 역할을 합니다.

**Globalization Patent 전략**
" 미국, 유럽, 중국 등 주요 시장에서 특허를 출원하여, 글로벌 시장에서의 보호를 강화하고 있습니다.

## 1.1 지식 재산권 전략: 혁신의 보호와 활용

지식재산권 전략은 기술을 보호하고 그 가치를 극대화하는 데 핵심적인 역할을 한다. 이는 단순한 특허 출원을 넘어서는 의미를 지닌다.

### 핵심 기술의 식별과 보호

먼저, 스타트업이 가진 핵심 경쟁력을 명확히 식별해야 한다. 이는 기술이 시장에서 어떤 차별점을 갖는지를 뜻한다. 예를 들어, AI 기반 데이터 분석 스타트업이라면 독자적인 알고리즘이나 데이터 처리 방식이 핵심 기술이 될 수 있다.

"우리 회사는 AI 기술의 핵심 알고리즘에 대해 특허를 출원했고, 상표 등록을 통해 브랜드 보호도 강화했습니다. 이를 통해 기술의 독점성을 확보하고, 시장에서 경쟁 우위를 유지할 수 있습니다."

### 비용 효율적인 IP 포트폴리오 구축

초기 스타트업의 경우 제한된 자원으로 효과적인 IP 전략을 수립해야 한다. 이는 특허뿐 아니라 상표권, 저작권, 영업비밀 등 다양한 지식재산권을 활용하는 것을 의미한다.

"초기에는 핵심 기술에 대해 특허 출원을 우선적으로 진행하고, 일부 기술은 영업비밀로 보호하고 있습니다. 또한, 우리의 브랜드 가치를 보호하기 위해 상표권 등록도 병행하고 있습니다."

IP 기반 투자 유치 전략

강력한 IP 포트폴리오는 기술력과 시장 잠재력을 투자자에게 입증하는 핵심 요소다.

"현재 우리는 10개의 핵심 특허를 보유하고 있으며, 향후 5년 내에 15개의 특허를 추가 출원할 계획입니다. 이러한 IP 포트폴리오는 기술의 우수성과 시장성을 객관적으로 보여주는 지표입니다."

1.2 기술 가치 평가의 중요성

기술 가치 평가는 단순히 수치를 산출하는 것을 넘어선다. 이는 귀사의 기술이 시장에서 가지는 잠재력과 경쟁력을 객관적으로 분석하고 입증하는 과정이다. 정확한 기술 가치 평가는 다음과 같은 이점을 제공한다.

- 투자 유치 협상력 강화: 기술의 가치를 명확히 제시함으로써 투자자들과의 협상에서 유리한 위치를 선점할 수 있다.
- 적정 기업가치 산정: 기술 가치를 바탕으로 합리적인 기업가치를 도출하여 과도한 지분 희석을 방지할 수 있다.
- 사업 전략 수립: 기술의 강점과 약점을 파악하여 향후 R&D 방향과 사업 전략을 수립하는 데 활용할 수 있다.
- 파트너십 구축: 잠재적 협력사나 고객사에게 기술의 가치를 명확히 전달하여 전략적 파트너십을 구축하는 데 도움이 된다.

### 1.3 주요 기술 가치 평가 방법론

기술 가치를 평가하는 데는 다양한 방법론이 존재하며, 각 방법론에는 고유한 장단점이 있으므로 스타트업의 상황과 목적에 맞춰 단일 혹은 복수의 방식을 적절히 활용하는 것이 바람직하다. 주요 방법론은 다음과 같다.

#### 비용 접근법(Cost Approach)

해당 기술을 개발하는 데 소요된 비용을 기반으로 가치를 평가하는 방식이다. 이는 특히 초기 단계의 기술이나 대체 기술이 존재하지 않는 경우에 유용하다.
- 기술 개발에 투입된 비용을 기반으로 가치를 산정한다.
- 장점: 계산이 비교적 간단하고 객관적인 데이터를 활용할 수 있다.
- 단점: 기술의 미래 가치나 시장성을 반영하지 못한다.

#### 시장 접근법(Market Approach)

유사한 기술의 거래 사례를 참고하여 가치를 평가하는 방식이다. 이는 활발한 기술 거래 시장이 존재하는 경우에 특히 유용하다.
- 유사한 기술의 거래 사례를 참고하여 가치를 추정한다.
- 장점: 실제 시장 상황을 반영한 현실적인 가치 평가가 가능하다.
- 단점: 혁신적인 신기술의 경우 비교 대상을 찾기 어려울 수 있다.

수익 접근법(Income Approach)

해당 기술이 미래에 창출할 수 있는 경제적 이익을 현재 가치로 환산하여 평가하는 방식이다. 이는 기술의 상용화 단계에 가까워질수록 더욱 정확한 평가가 가능하다.
- 기술 사용으로 인한 미래 예상 수익을 현재 가치로 환산한다.
- 장점: 기술의 경제적 가치를 가장 잘 반영할 수 있다.
- 단점: 미래 수익 예측의 불확실성이 높을 수 있다.

실물옵션법(Real Options Approach)

기술 개발의 단계별 옵션 가치를 고려하여 평가하는 방식이다.
- 장점: 기술 개발의 불확실성과 유연성을 반영할 수 있다.
- 단점: 복잡한 계산과 많은 가정이 필요하다.

로열티공제법(Relief from Royalty Method)

해당 기술을 라이선스했을 때 지불해야 할 로열티를 기반으로 가치를 산정하는 방식이다.
- 장점: 시장에서의 실제 거래를 반영할 수 있다.
- 단점: 적절한 로열티율을 설정하는 것이 어려울 수 있다.

재생산 비용법(Reproduction Cost Method)

"우리의 AI 알고리즘 개발에 총 50억 원의 R&D 비용이 투자되었습니다. 여기에는 3년간의 개발 기간 동안의 인건비, 장비 구입비, 데이터 구매 비용 등이 포함됩니다. 이를 기반으로 기술의 기본 가치를 산정할 수 있습니다."

대체 비용법(Replacement Cost Method)
"현재 시장에서 유사한 성능의 AI 솔루션을 개발하려면 약 70억 원의 비용이 소요될 것으로 추정됩니다. 이는 우리 기술이 최소 70억 원의 가치를 지니고 있음을 의미합니다."

직접 시장 가치법(Direct Market Value Method)
"최근 유사한 AI 기술을 보유한 스타트업의 인수 사례를 분석한 결과, 평균적으로 매출의 10배에서 15배 사이의 가치 평가를 받았습니다. 우리 회사의 작년 매출이 20억 원인 점을 감안하면, 기술의 시장 가치는 약 200억~300억 원으로 추정할 수 있습니다."

유사 거래 비교법(Analogy Method)
"지난해 있었던 3건의 AI 기술 거래 사례를 분석한 결과, 평균적으로 EBITDA의 12배에 거래가 이루어졌습니다. 우리 회사의 EBITDA가 15억 원임을 고려하면, 우리 기술의 가치는 약 180억 원으로 추정됩니다."

직집 현금흐름법(Direct Cash-Flow Method)
"우리 AI 기술을 활용한 제품의 향후 5년간 예상 매출과 비용을 분석한 결과, 연평균 30억 원의 순이익이 예상됩니다. 이를 현재 가치로 환산하면 약 120억 원의 기술 가치를 산출할 수 있습니다."

스코어카드 방법(Scorecard Method)
"우리 기술을 시장 평균과 비교하여 평가한 결과, 기술의 혁신성에서 120%, 시장 잠재력에서 110%, 팀 역량에서 105%의 점수를 받았습니다. 이를 종합적으로 고려하면, 유사 기업 평균 가치인 200억 원 대비 약 15% 높은 230억 원의 가치를 산출할 수 있습니다."

버커스 접근법(Berkus Approach)
"우리 기술의 가치를 다섯 가지 핵심 요소로 평가한 결과, 기본 아이디어 30억 원, 프로토타입 40억 원, 품질 관리 팀 50억 원, 전략적 관계 40억 원, 제품 출시 40억 원으로 총 200억 원의 가치를 산출했습니다."

## 1.4 최근 기술 가치 평가 트렌드

### 지속 가능성 모델 강조

2024년부터 스타트업 가치 평가에서 지속 가능한 비즈니스 모델의 중요성이 한층 강조되고 있다. 단순한 성장성뿐만 아니라 장기적인 수익성과 환경, 사회, 지배구조(ESG) 요소들이 중요하게 고려되고 있다.

### 디지털 전환 가속화

코로나19 팬데믹 이후 디지털 전환이 가속화되며, 디지털 기술을 기반으로 한 혁신적 비즈니스 모델을 보유한 스타트업들이 높은 평가를 받고 있다. 특히 클라우드 서비스, 인공지능, 빅데이터 분야의 기술 스타트업들이 주목받고 있다.

### 규제 준수의 중요성

핀테크, 헬스케어 등 규제 강도가 높은 산업에서는 규제 준수 역량이 기술 가치 평가의 핵심 기준 중 하나로 떠오르고 있다. 규제 리스크를 효과적으로 관리하고 컴플라이언스 체계를 갖춘 스타트업들이 높은 평가를 받고 있다.

※ 스타트업 투자 유치를 위한 전문평가기관 평가 기준 분석

1. 개요: 투자 유치의 핵심 평가 기준

스타트업이 투자 유치를 성공적으로 이루기 위해서는 산업 및 기술 분야에서 전문 평가기관이 적용하는 주요 평가 기준을 철저히 이해하는 것이 필수적이다. 본 글에서는 다양한 산업과 기술군에서 사용되는 평가 지표를 살펴보고, 이를 바탕으로 투자 유치 전략을 수립하는 방법을 제시한다. 또한 유명 리포트와 사례를 기반으로 각 평가 항목을 분석하여 적용 가능성을 높이고자 한다.

전문평가기관 평가 시 산업·기술별 주요 평가지표

| 구분 | | 기술평가 관련 주요 특징적 평가지표 |
|---|---|---|
| 산업 | 바이오의약품 | 파이프라인 개발 단계, 라이선스아웃 실적, CMO/CRO 파트너쉽 여부, 파이프라인 확장 가능성 등 |
| | 바이오의료기기 | 의료기기 인허가, 진단정확도, 의료기기부작용/소비자분쟁 여부, 보험수가 적용 여부 등 |
| | IT | 시스템 최적화 수준, 데이터베이스 확보 여부, 서비스 형태(예:Saas/마켓플레이스형/광고형) |
| | 제조<br>(소부장 포함) | 원자재수급 용이성, 판매처 주문량 대응 역량, 유지보수 운영체계, 외주 제작 환경 등 |
| | 서비스/기타<br>(산업 공통항목) | 혁신산업 육성 기여도, 핵심기술 보호 수준, 핵심기술·요소기술의 개발 단계, 지식 재산권 현황 및 권리성, 연구개발 투자규모, 목표시장 규모, 서비스품질 확대 계획 수준, 시장점유 수준 등 |
| 기술 | AI | 인공지능 알고리즘 경쟁력, 데이터 저장/처리/분석기술의 차별성, 컴퓨팅 인프라 확보 수준 등 |
| | 실감형 콘텐츠<br>(메타버스, AR/VR 등) | 콘텐츠 구현 환경 조성 여부, 유저 인터페이스 수준, 그래픽 구현 기술, 트래픽 대응 탄력성, 저작권 등 |
| | 2차 전지/ESS | 충전당 출력, 화재방지 등 제품안정성, 판매처 생산수요 충족 가능성, 관련 기술의 국산화 기여도 등 |
| | 청정에너지 | 친환경 기술 인증, 온실가스 저감 수준, 에너지 효율화 수준, 발전효율 개선 수준 등 |
| 사업모델 | | 사업화 수준, 수익창출방식, 시장점유 확대 전략, 사업모델의 독창성, 판매처(파트너)의 시장 지위 등 |

## 2. 산업별 주요 평가 기준

### 1) 바이오의약품

바이오의약품 분야는 신약 개발 단계, 라이선스아웃(기술이전) 실적, CMO(위탁 생산) 및 CRO(임상시험 위탁 연구) 파트너십 확보 여부가 핵심 평가 항목이다.

- 사례: 미국의 모더나(Moderna)는 mRNA 백신 개발 초기부터 강력한 라이선스아웃 전략을 사용하여 투자 유치를 성공적으로 이루었다. 특히 정부 및 대형 제약사와의 협업이 중요한 요소로 작용했다.

### 2) 바이오의료기기

의료기기의 경우 인허가(FDA, CE 등), 진단 정확도, 부작용 및 소비자 반응, 보험 수가 적용 여부 등이 주요 평가 항목이다.

- 사례: 국내 기업 아이센스는 혈당 측정기 기술력을 바탕으로 보험 적용 가능성을 확보하여 글로벌 시장에서 성공적인 투자 유치 사례를 만들었다.

### 3) IT

IT 산업에서는 시스템 최적화 수준, 데이터베이스 확보 여부, 서비스 형태(SaaS, 마켓플레이스, 광고 기반 등)가 핵심 평가 기준이다.

- 사례: SaaS 기반 CRM 소프트웨어를 제공하는 세일즈포스(Salesforce)는 클라우드 중심의 데이터베이스 운영과 구독형 모델을 통해 경쟁력을 확보하고 투자자들의 신뢰를 얻었다.

4) 제조(소부장 포함)

제조업에서는 원자재 공급 용이성, 주문 대응 능력, 유지보수 체계, 외주 제작 환경 등이 주요 평가 요소로 작용한다.

- 사례: 테슬라는 배터리 제조의 핵심 원자재 공급망을 확보하기 위해 여러 광산 및 원자재 기업과 장기 계약을 체결, 이를 통해 투자자들에게 안정적인 생산 가능성을 어필했다.

5) 서비스 및 기타

서비스 및 기타 산업에서는 혁신산업 육성 기여도, 핵심 기술 보호 수준, 연구개발 투자 규모, 서비스 확장 계획 및 시장 점유율이 핵심 평가 기준이다.

- 사례: 우버는 글로벌 시장 확대 전략과 강력한 브랜드파워를 기반으로 초기 투자 유치에 성공한 대표적인 사례다.

3. 기술별 주요 평가 기준

1) 인공지능(AI)

AI 기술은 알고리즘 경쟁력, 데이터 저장·처리·분석 기술의 차별성, 컴퓨팅 인프라 확보 수준 등이 주요 평가 지표다.

- 사례: 오픈AI는 고급 AI 모델인 GPT 시리즈를 통해 기술 경쟁력을 입증하며 대형 투자자로부터 막대한 투자를 유치했다.

2) 실감형 콘텐츠 (메타버스, AR/VR 등)

메타버스 및 AR/VR 기술의 경우, 콘텐츠 구현 환경 조성 여부, UI/

UX 수준, 그래픽 구현 기술, 트래픽 대응 탄력성 등이 핵심 요소다.
- 사례: 메타는 VR 기기 '오큘러스'를 활용한 메타버스 전략을 통해 투자자들에게 미래 시장 성장성을 설득했다.

3) 2차전지/ESS

배터리 산업에서는 충전 용량, 화재 방지 등 제품의 안전성, 수요 대응 능력, 기술 국산화 기여도 등이 평가 기준이다.
- 사례: LG에너지솔루션은 글로벌 배터리 시장의 리더로서, 안정적인 생산 능력을 투자자들에게 강조하며 대규모 자금을 유치했다.

4) 청정에너지

친환경 기술의 경우, 친환경 인증, 온실가스 저감 수준, 에너지 효율화, 발전량 개선 수준 등이 평가 항목이다.
- 사례: 테슬라는 태양광 및 배터리 기술을 활용한 청정에너지 사업을 강조하여 투자자들에게 지속 가능성을 어필했다.

## 4. 사업 모델의 중요성

스타트업의 사업 모델 역시 투자자들이 중요하게 고려하는 요소다. 사업화 수준, 수익 창출 방식, 시장 점유율 확대 전략, 독창성 등이 평가 기준이 된다.
- 사례: 넷플릭스는 구독 기반 비즈니스 모델을 통해 안정적인 수익 창출 가능성을 증명하며 투자 유치에 성공했다.

5. 결론: 투자 유치를 위한 전략

전문 평가기관이 중점적으로 고려하는 산업 및 기술별 평가 지표를 면밀히 분석하고, 해당 항목에서의 차별화된 강점을 부각시키는 것이 스타트업 투자 유치의 핵심 전략이다. 투자자들에게 신뢰를 주기 위해서는 기술적 경쟁력뿐만 아니라 사업화 가능성을 명확히 제시해야 한다. 실제 사례를 참고하여 전략을 수립하면 보다 효과적인 투자 유치가 가능할 것이다.

1.5 기술 가치 평가 프로세스

효과적인 기술 가치 평가를 위해서는 체계적인 프로세스를 따르는 것이 중요하다. 다음은 일반적인 기술 가치 평가 프로세스이다.

1. 기술 분석: 평가 대상 기술의 특성, 혁신성, 적용 분야 등을 철저히 분석한다.
2. 시장 조사: 기술이 적용될 수 있는 시장의 규모, 성장률, 경쟁 상황 등을 조사한다.
3. 비교 대상 선정: 유사한 기술이나 거래 사례를 찾아 비교 분석한다.
4. 평가 방법 선택: 기술의 특성과 가용한 데이터를 고려하여 적절한 평가 방법을 선택한다.
5. 데이터 수집 및 분석: 선택한 평가 방법에 필요한 데이터를 수집하고 분석한다.
6. 가치 산정: 분석 결과를 바탕으로 기술의 가치를 산정한다.
7. 민감도 분석: 주요 변수의 변화에 따른 가치 변동을 분석한다.
8. 보고서 작성: 평가 과정과 결과를 체계적으로 정리하여 보고서를 작성한다.

※ 사례연구1: 핀테크 스타트업 사례

FinTech Innovations라는 가상의 핀테크 스타트업을 예로 들어보겠다. 이 회사는 블록체인 기반의 혁신적인 금융 솔루션을 개발하고 있다고 하자.

비즈니스 모델 이해

"FinTech Innovations의 주요 수익 모델은 금융 기관에 대한 소프트웨어 라이선싱과 트랜잭션 기반 수수료입니다. 현재 개발 단계에 있지만, 주요 은행들과의 파일럿 프로젝트를 통해 기술의 실효성을 입증했습니다."

시장 잠재력 분석

"글로벌 핀테크 시장은 연평균 20% 성장이 예상되며, 특히 블록체인 기술 도입이 가속화되고 있습니다. FinTech Innovations의 기술은 이 시장에서 약 5%의 점유율을 달성할 것으로 예상됩니다."

기술 가치 평가

"비용 접근법, 시장 접근법, 수익 접근법을 종합적으로 적용한 결과, FinTech Innovations의 기술 가치는 약 500억 원에서 700억 원 사이로 평가되었습니다. 이는 유사한 단계의 핀테크 스타트업 평균 가치보다 약 30% 높은 수준입니다."

※사례 연구2: AI 기반 의료 영상 분석 스타트업

'MediAI'라는 가상의 AI 기반 의료 영상 분석 스타트업을 예로 들어 설명해 보겠다.

1) 기술 분석

MediAI는 딥러닝 기술을 활용하여 X-ray, CT, MRI 등의 의료 영상을 자동으로 분석하고 질병을 진단하는 소프트웨어를 개발했다. 이 기술은 기존 방식 대비 진단 정확도를 15% 향상시키고, 분석 시간을 70% 단축시킬 수 있다.

2) 시장 조사

글로벌 의료 영상 분석 시장은 2025년까지 연평균 8%의 성장률로 100억 달러 규모에 이를 것으로 전망된다. AI 기술의 도입으로 이 중 30%가 AI 기반 솔루션으로 대체될 것으로 예상된다.

3) 비교 대상 선정

최근 유사한 기술을 보유한 스타트업 A사가 500억 원에 인수된 사례가 있다. A사의 기술은 MediAI 대비 진단 정확도는 5% 낮지만, 더 많은 의료기관에 이미 도입되어 있다.

4) 평가 방법 선택

MediAI의 기술 가치 평가를 위해 수익 접근법과 시장 접근법을 병행하여 사용하기로 결정했다.

5) 데이터 수집 및 분석
- 수익 접근법: 향후 5년간의 예상 매출과 비용을 추정했다. 첫해는 5억 원, 5년 후 300억 원의 매출을 달성할 것으로 예상된다.
- 시장 접근법: A사의 인수 사례를 참고하여 MediAI의 기술적 우위와 시장 점유율 차이를 고려했다.

6) 가치 산정
- 수익 접근법: 할인율 20%를 적용한 현금흐름할인법(DCF)으로 계산한 결과, 기술 가치는 약 700억 원으로 산정되었다.
- 시장 접근법: A사의 인수가격을 기준으로 MediAI의 기술적 우위를 반영하여 약 600억 원으로 추정했다.
- 두 방법의 결과를 종합적으로 고려하여, MediAI 기술의 최종 가치를 650억 원으로 평가했다.

7) 민감도 분석

주요 변수인 시장 성장률, 진단 정확도 향상, 할인율 등의 변화에 따른 가치 변동을 분석했다. 특히 진단 정확도가 1% 추가 향상될 때마다 기술 가치가 약 5% 상승하는 것으로 나타났다.

8) 보고서 작성

평가 과정과 결과를 상세히 정리하여 투자자들이 이해하기 쉽도록 보고서를 작성했다. 특히 MediAI 기술의 차별점과 시장에서의 잠재력을 강조했다.

## 1.6 기술 가치 평가 시 주의사항

기술 가치를 평가할 때는 다음과 같은 점에 주의해야 한다

- 객관성 유지: 기술에 대한 애정으로 인해 과대평가하지 않도록 주의해야 한다.
- 불확실성 고려: 기술의 미래 가치에는 많은 불확실성이 존재함을 인정하고, 이를 평가에 반영해야 한다.
- 다각적 접근: 단일한 방법에 의존하지 말고, 여러 방법을 조합하여 종합적으로 평가해야 한다.
- 시장 중심 사고: 기술의 우수성 뿐만 아니라 시장에서의 수용 가능성과 경쟁 상황을 고려해야 한다.
- 지속적 업데이트: 기술 발전과 시장 변화에 따라 가치 평가를 주기적으로 업데이트해야 한다.

## 1.7 투자자 설득을 위한 전략

기술 가치 평가 결과를 바탕으로 투자자들을 설득하기 위해서는 다음과 같은 전략이 효과적이다.

- 스토리텔링: 단순한 숫자나 그래프 나열이 아닌, 기술의 탄생 배경부터 미래 비전까지 일관된 스토리라인으로 설명한다.
- 시각화: 복잡한 데이터를 이해하기 쉬운 차트나 인포그래픽으로 시각화하여 제시한다.

- 비교 분석: 경쟁사 대비 우위를 명확히 보여주는 비교 분석 자료를 준비한다.
- 검증 데이터: 기술의 효과성을 입증하는 실험 결과나 파일럿 테스트 데이터를 제시한다.
- 전문가 의견: 해당 분야의 권위 있는 전문가나 기관의 평가 의견을 인용한다.
- 성장 로드맵: 기술 개발부터 상용화, 시장 확대까지의 구체적인 로드맵을 제시한다.
- 리스크 분석: 잠재적 리스크와 이에 대한 대응 전략을 함께 제시하여 신뢰성을 높인다.

기술 가치 평가는 단순한 숫자 게임이 아니다. 기술의 혁신성, 시장 잠재력, 팀의 역량, 지식재산권 전략 등 다양한 요소를 종합적으로 고려해야 한다. 또한 최근의 트렌드와 시장 변화를 반영하여 평가 방법을 지속적으로 업데이트해야 한다. 객관적이고 신뢰성 있는 기술 가치 평가는 스타트업의 성공적인 투자 유치와 성장을 위한 핵심 요소가 된다.

## 2. 지식재산권(IP) 전략 수립

### 2.1 지식재산권 보호

- 특허 출원: 스타트업의 핵심 기술은 특허로 보호되어야 한다. 예를 들어, AI 기반 알고리즘을 적용한 스마트시티 솔루션 기업은 핵심 기술에 대해 특허를 출원하고, 브랜드 보호를 위해 상표 등록도 진행해야 한다.
- 상표권 및 저작권 보호: UI/UX 디자인과 브랜드 로고는 상표권 및 저작권으로 보호하여 모방을 방지하고, 브랜드 인지도를 강화해야 한다.
- 영업비밀 및 방어적 공개: 자원이 제한적인 초기 단계에서는 핵심 기술을 영업비밀로 보호하거나, 방어적 공개를 통해 경쟁사의 특허 출원을 사전에 차단해야 한다.

### 2.2 라이선싱 전략 및 오픈 이노베이션

- 라이선싱: 스타트업의 기술 일부를 라이선싱하여 타 기업에 제공함으로써 안정적인 수익을 창출하고, 기술 확산을 촉진한다. 예시로, 테슬라는 전기차 배터리 기술의 일부를 라이선싱해 시장 확대를 꾀하고 있다.
- 오픈 이노베이션: 외부 연구기관, 대학과 협력하여 최신 기술을 도입하고, 공동 연구개발(R&D)을 통해 기술 경쟁력을 확보한다. 이는 기술 개발 속도를 높이며, 동시에 리스크를 분산시키는 효과가 있다.

2.3 IP 기반 투자 유치 전략

- 강력한 IP 포트폴리오를 기반으로 기술의 우수성과 시장 잠재력을 투자자에게 효과적으로 알린다.
- 특허 출원 현황과 기술적 강점을 효과적으로 전달해 투자 유치 가능성을 높인다.

## 3. 특허 로드맵(Patent Roadmap): 미래를 위한 청사진

특허 로드맵은 기술 개발 계획과 연계해 체계적인 특허 전략을 수립하는 과정이다. 단순히 현재의 기술을 보호하는 데 그치지 않고, 미래 기술의 발전을 예측해 선제적으로 대응하는 전략까지 포함한다.

### 3.1 단계별 특허 출원 계획

"우리는 1년 이내 핵심 알고리즘에 대한 특허를 출원하고, 2년 이내 응용 기술 관련 특허 5건을 추가로 출원할 계획입니다. 이를 통해 기술 발전에 따른 지속적인 보호 체계를 마련할 수 있습니다."

1단계 (1년 이내)
- 핵심 기술(예: AI 알고리즘, 자율주행 기술) 특허 출원
- 주요 시장(미국, 유럽) 상표권 등록

2단계 (2~3년 이내)
- 응용 기술(예: 스마트시티 통합 솔루션) 특허 출원
- 글로벌 시장 확대를 위한 지역별 특허 확보

### 3.2 특허 출원 일정과 자금 조달 연계

특허 출원에는 상당한 비용이 발생한다. 따라서 자금 조달 계획과 연계한 현실적인 특허 로드맵 수립이 필요하다.

"우리는 시리즈 A 투자 유치 시기에 맞춰 핵심 특허 5건의 출원을 완료할 예정입니다. 이는 투자자들에게 우리 기술의 가치를 명확히 보여

주는 동시에, 안정적인 자금 확보를 통해 지속적인 R&D를 가능하게 할 것입니다."

- 특허 출원 일정은 투자 유치 계획과 연계해 기술 보호 상태를 투자자에게 명확히 전달해야 한다.
- 주요 특허 출원을 완료한 후, 이후에는 이를 바탕으로 추가적인 자금 조달과 시장 진출 전략을 실행한다.

## 4. 선행 기술 조사 및 기술적 우위성 입증

선행 기술 조사는 자사 기술의 혁신성과 독창성을 객관적으로 입증하는 과정이다. 이는 특허 출원의 기반이자, 시장 내 자사 기술의 위치를 파악하는 데에도 도움이 된다.

### 4.1 철저한 선행 기술 조사

- 기존 시장의 기술 동향을 분석하여 자사 기술의 차별성과 우수성을 객관적으로 입증한다.
- "선행 기술 조사 결과, 기존 AI 알고리즘보다 데이터 처리 속도가 30% 빠르고 정확도가 15% 향상되었음을 확인하였습니다."

### 4.2 잠재적 위험 식별 및 대응 전략

- 유사 기술과의 중복 가능성을 사전에 식별하고, 설계를 변경하거나 필요 시 라이선스를 통해 법적 리스크를 최소화한다.
- "유사 특허와의 중복을 피하기 위해 알고리즘의 독창적 요소를 특허 명세서에 명확히 반영하였습니다."

## 5. 핵심 특허(Core-Patent) 선정 및 보호 전략

모든 특허가 같은 가치를 지니는 것은 아니다. 기술 포트폴리오 중에서 가장 핵심이 되는 특허를 선정하고, 이를 중점적으로 보호하고 활용하는 전략이 필요하다.

### 5.1 핵심 특허 선정 기준
- 혁신성: 기술의 독창성과 시장 변화 대응 능력
- 시장성: 타겟 시장의 규모 및 성장 가능성
- 확장성: 기존 기술 기반으로 파생 기술 개발 가능성
- "우리는 '시장 규모 1조 원 이상, 기술 수명 5년 이상, 경쟁사 대비 2년 이상의 기술적 우위'를 핵심 특허 선정 기준으로 설정했습니다. 이를 통해 AI 기반 데이터 분석 알고리즘을 우리의 핵심 특허로 선정했습니다."

### 5.2 보호 및 활용 전략
- 주요 글로벌 시장(미국, 유럽, 중국)에 핵심 특허를 선제적으로 출원하고, 라이선싱 및 기술 이전 등을 통해 수익화를 다각화한다.
- "핵심 특허에 대해서는 미국, 유럽, 중국 등 주요 시장에서 동시에 출원을 진행하고 있습니다. 또한, 이를 기반으로 대기업과의 기술 제휴나 라이선싱 계약을 추진하고 있어, 추가적인 수익 창출이 가능할 것으로 예상됩니다."

5.3 기술적 우위성 입증

- 선행 기술과의 차별성을 명확히 정의하고, 구체적인 데이터로 입증하는 것이 중요하다.
- "우리의 기술은 기존 기술과 달리 실시간 데이터 처리 기능을 포함하고 있어, 금융 거래나 보안 시스템에서 즉각적인 대응이 가능합니다. 이는 기존 솔루션 대비 사고 대응 시간을 평균 45% 단축시키는 효과가 있습니다."

## 6. 국제 특허(Globlization Patent) 전략: 세계를 향한 도전

글로벌 시장을 목표로 하는 스타트업에는 국제 특허 전략이 필수다. 하지만 모든 국가에 특허를 출원하는 것은 비현실적이므로, 전략적인 접근이 필요하다.

### 6.1 글로벌 특허 출원 전략

- 우선순위 출원: 미국, 유럽, 중국 등 주요 시장을 중심으로 특허를 출원하여 글로벌 시장 진출을 준비한다.
- 현지화 전략: 국가마다 특허 제도와 심사 기준이 다르다는 점을 고려해야 한다. 각국의 특허 제도에 맞춘 현지 법률 전문가와 협력하여 출원 성공률을 높인다.
- "미국 시장에서는 기술의 혁신성을 강조한 특허를 출원하고, 유럽 시장에서는 기술의 산업 적용 가능성을 중점적으로 기술했습니다. 이를 통해 각 국가의 특허 심사 기준에 최적화된 출원 전략을 수립했습니다."
- "우리는 1차년도에 미국 시장을 중심으로 특허를 출원하고, 2차년도에 유럽과 중국, 3차년도에는 일본과 인도 등 주요 아시아 시장으로 확대할 계획입니다. 이를 통해 글로벌 시장에서의 기술 보호를 점진적으로 강화할 수 있습니다."

6.2 비용 효율적인 해외 출원

- PCT 출원을 통해 초기 비용을 절감하고, 시장 상황에 따라 개별 국가별 출원을 결정한다.
- 해외 출원 지원 제도를 적극 활용해 특허 비용을 효율적으로 관리한다.

## 7. 성공 사례 분석

### 테슬라의 배터리 기술 보호 전략

테슬라는 전기차 배터리 기술을 특허로 보호하는 동시에 일부 기술은 라이선싱하여 시장 확장을 꾀하고 있다. 이를 통해 기술 우위와 수익성을 동시에 확보했다.

### 다이슨(Dyson)의 디지털 모터 특허

다이슨은 청소기의 핵심 부품인 디지털 모터 기술을 특허화하여 모방 제품을 차단하고 시장을 선도했다.

### 농업 스타트업의 글로벌 특허 전략

스마트 농업 기술을 개발한 한 스타트업은 미국, 유럽, 중국에 특허를 출원하여 글로벌 시장에서 기술 리더십을 확보하고, AI 기반 토양 분석 기술을 통해 농업 생산성을 30% 향상시켰다.

## 결론

기술 가치 평가는 스타트업의 기술력과 경제적 가치를 객관적으로 측정하여 투자자 및 이해관계자와의 신뢰를 구축하는 핵심 수단이다. 이를 위해 지식재산권(IP) 전략, 특허 로드맵, 선행 기술 조사, 핵심 특허 선정, 글로벌 특허 전략을 종합적으로 수립하고 실행하는 것이 필수다. 전략적인 IP 관리와 수익화 방안을 통해 스타트업은 지속 가능한 성장을 달성할 수 있다.

기술 가치 평가 결과를 투자자와 이해관계자에게 효과적으로 전달하는 것 역시 중요하다. 단순히 수치를 나열하는 데 그치지 않고, 기술의 혁신성과 시장 잠재력을 스토리텔링 방식으로 설득력 있게 전달해야 한다. 이를 통해 귀사의 기술력과 성장 가능성을 명확히 전달함으로써, 성공적인 투자 유치와 사업 확장의 기반을 마련할 수 있다.

## Q. 초기 스타트업에 가장 필요한 COO의 역할과 역량은 무엇일까?

### 1. 초기 스타트업에서 COO의 중요성

스타트업의 성공은 비전을 실현 가능한 현실로 전환하는 실행력에 달려 있다. 이 과정에서 최고운영책임자(COO)의 역할은 매우 중요하다. COO는 CEO의 비전을 구체적인 실행 전략으로 전환하고, 일상 운영을 총괄하며, 회사 성장의 기반을 구축하는 핵심 인물이다.

### 2. COO가 초기 스타트업에 필요한 이유

- 운영 효율성 극대화: COO는 프로세스를 최적화하고 생산성을 향상시켜 제한된 자원으로 최대의 효과를 얻을 수 있게 한다.
- 전략적 실행: CEO가 큰 그림을 그린다면, COO는 그 비전을 실행 가능한 단계로 나누어 실현한다.
- 팀 구축과 문화 형성: 초기 단계에서 적절한 인재를 영입하고 회사의 DNA를 형성하는 것은 매우 중요하다. COO는 이 과정을 주도한다.
- 리소스 관리: COO는 제한된 자금과 인력을 전략적으로 배분하고 관리하는 역할을 맡는다.
- 확장성 확보: 초기 단계에서 확장 가능한 시스템과 프로세스를 구축해 향후 급성장에 유연하게 대응할 수 있도록 한다.

## 3. COO의 주요 역할과 책임

### 1) 운영 최적화

COO의 가장 기본적인 역할은 회사의 일상적인 운영을 관리하고 최적화하는 것이다. 이는 다음과 같은 활동을 포함한다.

- 업무 프로세스 설계 및 개선
- 자원의 효율적 배분 및 활용
- 핵심 성과 지표(KPI)의 설정과 주기적인 성과 관리
- 지속적인 개선 문화 조성

드롭박스의 초기 COO였던 데니스 우드사이드는 회사의 운영 효율성을 크게 개선했다. 그는 '스쿼드' 모델을 도입하여 작고 독립적인 팀이 특정 제품 영역에 집중할 수 있게 했고, 이를 통해 신속한 의사결정과 혁신을 가능케 했다.

### 2) 전략적 계획 수립 및 실행

COO는 CEO와 긴밀히 협력하여 회사의 전략을 수립하고 이를 실행 가능한 계획으로 변환한다. 여기에는 다음과 같은 활동이 포함된다.

- 시장 분석 및 경쟁 전략 수립
- 사업 확장 계획 개발
- 재무 계획 및 예산 관리
- 성과 지표 설정 및 추적

페이스북의 전설적인 COO 셰릴 샌드버그는 이 역할의 중요성을 잘 보여주는 사례이다. 그녀는 페이스북의 광고 모델을 개발하고 수익화 전략을 실행에 옮겨 회사를 수익성 있는 기업으로 변모시켰다.

3) 팀 구축 및 인재 관리

초기 스타트업에서 적절한 인재를 영입하고 유지하는 것은 매우 중요하다. COO의 역할은 다음과 같다.
- 채용 전략 수립 및 실행
- 성과 관리 시스템 구축
- 직원 교육 및 개발 프로그램 설계
- 회사 문화 및 가치 정립

에어비앤비의 전 COO 벨린다 존슨은 회사의 급격한 성장 과정에서 '소속감'이라는 핵심 가치를 중심으로 강력한 기업 문화를 구축했다. 이는 에어비앤비가 글로벌 기업으로 성장하는 데 큰 역할을 했다.

4) 재무 관리

COO는 종종 최고재무책임자(CFO)와 긴밀히 협력하여 회사의 재무 건전성을 관리한다. 주요 책임은 다음과 같다.
- 예산 수립 및 관리
- 현금 흐름 모니터링
- 투자 유치 전략 수립 지원

- 비용 최적화

우버의 전 COO 바니 하포드는 회사의 재무 구조를 개선하고 수익성을 높이는 데 큰 역할을 했다. 그는 비 핵심 사업 매각, 운영 비용 절감 등을 통해 회사의 재무 상태를 크게 개선했다.

5) 확장성 확보

초기 스타트업이 미래의 급격한 성장에 대비할 수 있도록 하는 것도 COO의 중요한 역할이다. 이를 위해 다음과 같은 활동을 수행한다.

- 확장 가능한 기술 인프라 구축
- 글로벌 확장을 위한 전략 수립
- 파트너십 및 제휴 관계 구축
- 규제 및 법적 리스크 관리

스포티파이의 COO 구스타프 쇠데르스트롬은 회사의 글로벌 확장을 성공적으로 이끌었다. 그는 각 국가별 특성에 맞는 현지화 전략을 수립하고, 동시에 일관된 사용자 경험을 제공할 수 있는 기술 인프라를 구축했다.

## 4. COO에게 필요한 핵심 역량

### 1) 전략적 사고와 실행력

COO는 전략적 관점을 갖고 큰 그림을 그리는 동시에, 이를 구체적이고 실행 가능한 계획으로 전환할 수 있어야 한다. 예를 들어, 아마존의 전 COO 제프 윌키는 회사의 물류 시스템을 혁신적으로 개선하여 당일 배송 서비스를 가능케 했다. 이는 전략적 비전과 실행력이 결합된 좋은 사례이다.

### 2) 뛰어난 리더십과 의사소통 능력

COO는 다양한 부서와 이해관계자들 사이에서 조정자 역할을 해야 한다. 따라서 뛰어난 의사소통 능력과 리더십이 필수적이다. 에어비앤비의 전 COO 벨린다 존슨은 이러한 능력으로 유명했으며, 그녀의 리더십은 회사의 급격한 성장 과정에서 중요한 역할을 했다.

### 3) 분석적 사고와 문제 해결 능력

복잡한 비즈니스 문제를 분석하고 해결책을 찾아내는 능력은 COO에게 매우 중요하다. 구글의 전 COO 머리사 마이어는 데이터 기반의 의사결정으로 유명했으며, 이는 구글의 제품 개발과 사용자 경험 개선에 큰 영향을 미쳤다.

### 4) 변화 관리 능력

스타트업 환경은 빠르게 변화한다. COO는 이러한 변화를 효과적으로 관리하고 조직을 적응시킬 수 있어야 한다. 넷플릭스의 COO 그렉 피터스는 회사가 스트리밍 서비스로 전환하는 과정에서 중요한 역할을 했으며, 이는 그의 뛰어난 변화 관리 능력을 보여주는 사례이다.

5) 재무적 감각

COO는 회사의 재무 상태를 이해하고 이를 바탕으로 의사결정을 할 수 있어야 한다. 우버의 전 COO 바니 하포드는 강력한 재무 관리로 회사의 수익성을 크게 개선했다.

## 결론

초기 스타트업에서 COO의 역할은 매우 중요하다. 그들은 CEO의 비전을 현실로 만드는 핵심 인물이며, 회사의 운영 효율성을 극대화하고 성장의 기반을 다진다. 성공적인 COO는 전략적 사고, 뛰어난 리더십, 분석적 능력, 변화 관리 능력, 그리고 재무적 감각을 갖추어야 한다. 스타트업 창업자들은 초기 단계부터 이러한 역량을 갖춘 COO를 영입하는 것을 고려해야 한다. 적절한 시기에 적합한 COO를 영입하는 것은 스타트업의 성공 가능성을 크게 높일 수 있다. 물론 모든 스타트업이 초기부터 전담 COO를 상시 고용할 여력은 없을 수 있다. 이럴 때는 '프랙셔널(Fractional) COO'와 같은 유연한 인력 활용 방식도 유용한 대안이 된다. 결국 중요한 것은 운영의 전문성을 확보하는 것이다. 비전만으로는 성공적인 기업을 만들 수 없다. 그 비전을 실현할 수 있는 탁월한 실행력이 필요하며, 이것이 바로 COO가 가져다주는 가치인 것이다.

제 8장

# 마일스톤(Milestone)

스타트업에서 마일스톤은 향후 매출 계획과 성과 목표를 설정하고, 이를 달성하기 위한 전략과 실행 계획을 제시하는 핵심 도구다. 마일스톤은 투자자 및 이해관계자에게 사업의 성장 가능성을 구조적으로 제시하고, 실행력에 대한 신뢰를 확보하는 역할을 한다. 이 장에서는 마일스톤 작성 방법과 전략, 구체적인 사례를 다뤄 스타트업의 투자 유치에 실질적으로 기여할 수 있는 내용을 설명한다.

---

*"때로는 '하고 싶은 샷'을 절제하고
'해야 하는 샷'을 선택하는 지혜가 필요하다."
LPGA 고진영의 우승 인터뷰에 담긴
놀라운 삶의 지혜와 통찰이다.*

---

## STEP 08
## 마일스톤 Milestone
사업의 향후 매출 계획과 목표를 설정하고,
이를 달성하기 위한 구체적인 전략과 실행 계획을 제시

1. 향후 매출 계획(Y+3, Y+5): 3년 또는 5년 매출 목표 설정, 매출 성장 전략, 시장 분석과 예측
2. 추정 실적: 과거 실적 분석, 미래 실적 예측, 실적 예측의 근거
3. 투자 유치 계획: 투자 필요성, 투자 단계 및 목표, 투자 유치 전략
4. 연간 운영 방안: 연간 목표 설정, 운영 계획, 예산 및 자원 배분

### 사례
### 향후 매출 계획
❝ 3년 내에 연매출 50억 원, 5년 내에 100억 원을 목표로 설정하고, 신규 시장 진출과 제품 라인업 확장을 통해 성장을 촉진할 것입니다.

### 추정실적
❝ 지난 3년간 연평균 15%의 매출 성장을 기록하였으며, 향후 3년간 매출 50억 원, 70억 원, 100억 원으로 예상됩니다.

### 투자 유치 계획
❝ 우리는 5년 내에 디지털 결제 시장의 2%를 점유할 것을 목표로 하고 있습니다.

### 연간 운영 방안
❝ 첫 해에는 제품 출시와 초기 시장 진입을 목표로 하고, 두 번째 해에는 시장 점유율 확대와 고객 만족도 향상을 목표로 하며, 연간 예산의 30%를 연구 개발에, 20%를 마케팅에, 50%를 운영비용에 할당할 계획입니다.

## 1. 마일스톤의 정의와 중요성

마일스톤은 스타트업이 일정 기간 내에 달성해야 할 핵심 목표와 성과를 의미한다. 제품 개발, 고객 확보, 매출 달성 등 다양한 분야에서 설정이 가능하다. 짐 콜린스는 『좋은 기업을 넘어 위대한 기업으로』에서 "위대한 기업이 되기 위해서는 구체적이고 측정 가능한 목표를 세우고, 이를 달성할 체계적인 계획이 필요하다"고 강조했다.

1) 명확한 목표 제공
   - 기업의 단기, 중기, 장기 목표를 명확히 설정하여 구체적인 성취 경로를 제시한다.
   - SMART 원칙(Specific, Measurable, Achievable, Relevant, Time-bound)을 적용해 현실적이고 측정 가능한 목표를 설정한다.

2) 신뢰 구축
   - 투자자들에게 체계적인 성과 계획을 제시하여 기업의 비전과 실행력을 전달한다.
   - 『제프리 무어의 캐즘 마케팅』에서 언급된 바와 같이, 주류 시장으로 성공적으로 진입하기 위해서는 명확한 마일스톤과 실행 계획이 필수적이다.

3) 리스크 관리
   - 사업 진행 과정에서 발생할 수 있는 리스크를 미리 식별하고, 대응 전략을 마련할 수 있다.

4) 팀 동기부여

- 작은 마일스톤 단위의 성취를 통해 팀원들에게 동기를 부여하고 성취감을 제공한다.

효과적인 마일스톤 설정 방법

1) SMART 기준 적용: 구체적이고(Smart), 측정 가능하고(Measurable), 달성 가능하고(Achievable), 관련성 있고(Relevant), 기한이 있는(Time-bound) 목표를 설정한다.

2) 단기, 중기, 장기 목표 구분: 3개월(단기), 6개월-1년(중기), 1년 이상(장기) 목표로 구분하여 설정한다.

3) 핵심 성과 지표(KPI) 정의: 매출, 사용자 수, 고객 유지율 등 핵심 지표를 선정한다.

4) 데이터 기반 목표 설정: 과거 성과와 시장 동향을 분석하여 현실적이면서도 도전적인 목표를 수립한다.

## 2. 마일스톤 작성 가이드

효과적인 마일스톤 보고서를 작성하려면 다음 요소를 포함해야 한다.

1) 목적 명시: 보고서의 목적을 명확히 제시한다.
2) 달성한 마일스톤 강조: 완료된 마일스톤과 그 의미를 설명한다.
3) 세부 작업 내용: 마일스톤 달성을 위해 수행된 구체적인 작업을 기술한다.
4) 핵심 지표 포함: 관련된 KPI나 주요 메트릭을 제시한다.
5) 향후 계획: 다음 마일스톤과 그에 대한 계획을 설명한다.

### 2.1 스타트업의 성장 마일스톤의 이해

스타트업의 성장 마일스톤은 기업의 발전 단계를 보여주는 핵심 지표다. 일반적으로 스타트업은 아래와 같은 주요 마일스톤을 거치며 성장을 단계별로 표현할 수 있다.

## 아이디어 검증 단계

1. 문제-해결책 적합성(Problem-Solution Fit) 달성
   - 해결하고자 하는 문제 정의
   - 초기 고객 인터뷰 및 시장 조사 완료
   - 최소 기능 제품(MVP) 개발
2. 제품 시장 적합성(Product-Market Fit) 달성
   - 초기 사용자 확보 (예: 100명의 베타 테스터)

- 제품 사용 지표 개선 (예: 월간 활성 사용자 1,000명 달성)

- 고객 피드백을 통한 제품 개선

## 초기 성장 단계

3. 시드(Seed) 투자 유치- 해결하고자 하는 문제 정의

    - 평균적으로 창업 후 2.2년 경과 시점

    - 초기 팀 구성 완료

    - 비즈니스 모델 검증

4. 제품-시장 적합성 달성

    - 시드 투자 후 평균 1.2년 소요

    - 월간 반복 수익(MRR) 목표 달성 (예: $100,000)

    - 핵심 성과 지표(KPI) 개선 (예: 고객 획득 비용 20% 감소)

## 확장 단계

5. 시리즈 B 투자 유치

    - 시리즈 A 투자 후 평균 1.8년 소요[3]

    - 연간 매출 목표 달성 (예: 100억원)

    - 신규 시장 진출 또는 제품 라인 확장

6. 시리즈 C 이상 투자 유치

    - 글로벌 시장 진출

    - 대규모 고객 기반 확보 (예: 월간 활성 사용자 100만명)

    - 수익성 개선 및 지속 가능한 비즈니스 모델 구축

## 성숙 단계

7. 기업공개(IPO) 또는 인수합병(M&A)
   - 안정적인 재무 성과 달성
   - 업계 선도 기업으로 자리매김
   - 장기적인 성장 전략 수립

각 단계의 구체적인 마일스톤은 스타트업의 비즈니스 모델, 산업군, 목표 시장에 따라 달라질 수 있다. 예를 들어, 바이오·의료 분야 스타트업의 경우 초기 단계 투자 유치까지의 소요 기간이 다른 분야에 비해 짧은 경향이 있다.

스타트업은 이러한 마일스톤을 SMART 원칙에 따라 설정하고 추적해야 한다. 또한, 각 마일스톤 달성 시 팀과 함께 성과를 축하하고, 다음 단계를 위한 전략을 수립하는 것이 중요하다.

스타트업의 성장은 반드시 직선적이지 않으며, 각 성장 단계 사이에는 이른바 '죽음의 계곡'이라 불리는 어려운 시기가 존재할 수 있다. TIPS 프로그램 분석에 따르면, 전체 창업팀 중 약 31.6%만이 이러한 난관을 극복하고 다음 성장 단계로 진입한다고 한다. 따라서 스타트업은 각 마일스톤 달성을 위해 끊임없는 노력과 적응이 필요하다.

## 2.1 향후 매출 계획 (Y+3, Y+5)

향후 매출 계획은 스타트업이 달성하고자 하는 수익 목표를 명확히 제시하고, 이를 뒷받침할 실행 전략과 시장 분석을 포함해야 한다.

1) 매출 목표 설정
   - Y+3 목표: "3년 내 연매출 50억 원을 달성한다."
   - Y+5 목표: "5년 내 연매출 100억 원을 달성한다."

| 구분 | Y+3 목표 | Y+5 목표 |
| --- | --- | --- |
| 연매출 | 50억 원 | 300억 원 |
| 영업이익률 | 15% | 20% |
| 시장 점유율 | 10% | 20% |

2) 시장 분석과 예측
   - 시장 성장률: "글로벌 분석 결과, 해당 제품 시장은 연평균 20% 성장할 것으로 예상된다."
   - 경쟁 환경 분석: "경쟁사 대비 가격 경쟁력과 제품 차별화를 바탕으로 초기 시장 점유율을 확보할 예정이다."

3) 매출 성장 전략
   - 신규 시장 진출: "동남아시아와 유럽을 주요 타겟으로 삼아 글로벌 시장을 본격 공략한다."
   - 제품 라인업 확장: "기존 제품을 개선하고 고객 세그먼트별

맞춤형 신제품을 출시한다."
- 디지털 마케팅 강화: "검색 광고, SNS 캠페인 등 디지털 마케팅을 통해 브랜드 인지도를 확장한다."

2.2 추정실적

추정실적은 과거 실적 데이터와 미래 예측을 기반으로 기업의 신뢰도를 높이는 데 기여한다.

1) 과거 실적 분석
- "지난 3년간 연평균 15%의 매출 성장률을 기록했다."
- "초기 고객 확보를 위한 프로모션 전략과 제품 품질 향상이 주요 성공 요인으로 작용했다."

2) 미래 실적 예측
- 1년 차 목표: 매출 50억 원, 영업이익률 15%
- 3년 차 목표: 매출 70억 원, 영업이익률 18%

| 구분 | 1년 차 | 3년 차 | 5년 차 |
| --- | --- | --- | --- |
| 연매출 | 50억 원 | 150억 원 | 500억 원 |
| 영업이익률 | 15% | 18% | 20% |

2.3 투자 유치 계획

유치 계획은 스타트업의 성장 단계에 따라 세분화해야 한다.

1) 투자 필요성
- 총 투자금액: 30억 원.
- 사용 목적은 기술 개발(40%), 마케팅 강화(30%), 운영비용(30%)이다.

2) 단계별 투자 계획

| 투자 단계 | 목표 금액 | 주요 사용처 |
| --- | --- | --- |
| 시드 단계 | 5억 원 | 제품 개발 및 초기 시장 진입 |
| 시리즈 A | 30억 원 | 마케팅 강화 및 인프라 확장 |
| 시리즈 B | 100억 원 | 신규 시장 진출 및 인재 확보 |

3) 투자 유치 전략
- 주요 벤처캐피털(VC)과 네트워킹을 강화한다.
- 구체적인 성과 지표(KPI)를 기반으로 사업의 성장 가능성을 어필한다.
- 투자 설명회를 개최해 사업 비전과 실행 계획을 투명하게 전달한다.

2.4 연간 운영 방안

운영 방안은 마일스톤을 달성하기 위한 연간 실행 계획과 자원 배분 전략을 포함해야 한다.

1) 연간 목표 설정
- 첫 해: 제품 출시 및 초기 시장 확보
- 둘째 해: 시장 점유율 10% 달성
- 셋째 해: 신규 시장으로 진출

2) 운영 계획
- 제품 업데이트 주기: 매월 고객 피드백을 반영하여 제품을 개선한다.
- 마케팅 캠페인: 분기별로 주요 프로모션을 시행한다.

3) 예산 및 자원 배분

| 항목 | 비율 |
| --- | --- |
| 연구개발(R&D) | 30% |
| 마케팅 | 20% |
| 운영비용 | 50% |

## 3. 성공적인 마일스톤 설계의 원칙

### 3.1 SMART 목표 설정

SMART 기준에 맞춰 목표를 명확히 설정한다.

- "2025년 말까지 월간 활성 사용자 수를 5,000명에서 15,000명으로 확대한다."

### 3.2 리스크 관리

사업 진행 과정에서 발생할 수 있는 리스크를 사전에 식별하고, 이에 대한 대응 전략을 수립한다.

- 주요 리스크 유형: 시장 경쟁 심화, 자금 부족, 기술적 장애 요인 등
- 대응 전략: 시장 트렌드 모니터링, 정기적인 자금 조달 계획 검토

### 3.3 작은 승리 전략

큰 목표를 작게 나누어 각 단계별 성과를 축하하고 가시화한다.

- "첫 100명의 고객 확보 → 손익분기점 도달 → 신규 시장 진출."

## 4. 스타트업 사례 연구

### 4.1 에어비앤비

에어비앤비는 초기에 "주간 매출 1,000달러 달성"이라는 구체적인 마일스톤을 설정했다. 이를 위해 창업자들은 직접 호스트를 방문하여 사진을 찍어주는 등 적극적인 노력을 기울였고, 결과적으로 이 목표를 달성했다. 이는 에어비앤비의 성장 궤도를 결정짓는 중요한 전환점이 되었다.

### 4.2 드롭박스

드롭박스는 초기에 "베타 테스트 사용자 100,000명 확보"라는 마일스톤을 설정했다. 이를 위해 창의적인 마케팅 전략을 사용했는데, 제품 데모 영상을 온라인에 공개하여 큰 호응을 얻었다. 이 전략으로 하룻밤 사이에 베타 신청자가 5,000명에서 75,000명으로 증가했다

### 4.3 스포티파이

스포티파이는 "1년 내 유료 구독자 100만 명 확보"라는 야심찬 마일스톤을 설정했다. 이를 위해 무료 서비스와 프리미엄 서비스를 효과적으로 조합한 프리미엄 모델을 도입했다. 결과적으로 이 목표를 초과 달성하며 음악 스트리밍 시장의 선두주자로 자리잡았다.

## 비즈니스 손익 5개년 추정

차근차근 노력하여 시드 4억원 투자 유치 및 7월 TIPS 선정

| 구분 | 항목 | 연도별 총계 (단위: 백만원) | | | | | |
|---|---|---|---|---|---|---|---|
| | | 2024년 | 2025년 | 2026년 | 2027년 | 2028년 | 2029년 |
| 매출 | 매출합계 | 1,500 | 4,600 | 13,000 | 20,500 | 34,500 | 42,000 |
| 지출 | 지출합계 | 1,330 | 2,450 | 5,200 | 8,900 | 16,500 | 19,700 |
| 이익 | 매출·지출 총액 | 170 | 2,150 | 7,700 | 11,600 | 18,000 | 22,300 |
| | 이익율 | 11% | 47% | 60% | 57% | 52% | 53% |

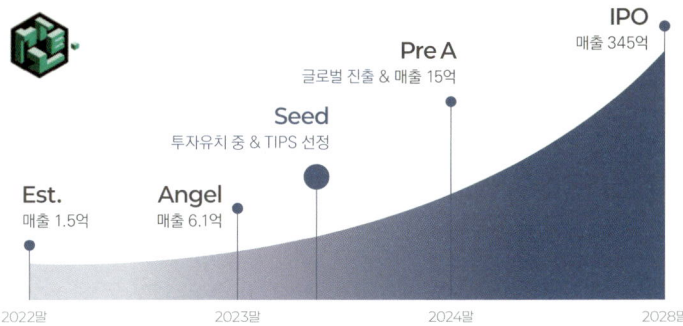

Est. 매출 1.5억 (2022말)
Angel 매출 6.1억 (2023말)
Seed 투자유치 중 & TIPS 선정
Pre A 글로벌 진출 & 매출 15억 (2024말)
IPO 매출 345억 (2028말)

## 비즈니스 마일스톤 예시

1. 첫 제품 또는 서비스 출시:
2. 손익 분기점 도달:
3. 첫 10,000명의 고객 확보:
4. 신규 시장 진출:
5. 매출 10억 원 달성:
6. 주요 투자 라운드 완료:
7. 권위 있는 산업상 수상:
8. 성공적인 마케팅 캠페인 출시:
9. 20명의 직원 팀 구축:
10. 두번째 성공적인 제품 라인 출시:

## 4. 투자자들이 가장 중요하게 여기는 스타트업의 마일스톤

1) 제품-시장 적합성(Product-Market Fit) 달성

제품-시장 적합성은 투자자들이 가장 중요하게 여기는 핵심 마일스톤 중 하나이다. 이는 다음과 같은 지표로 입증된다.

- 높은 사용률과 낮은 이탈률
- 고객이 해당 제품 없이 일상이나 업무를 수행하기 어려울 정도로 의존하는 상태
- 고객 추천 및 사용자 참여도를 통해 입증된 제품의 실질적 가치

2) 견고한 수익 모델 구축

투자자들은 스타트업이 장기적으로 지속 가능한 수익 모델을 보유하고 있는지를 중점적으로 검토한다. 주요 지표는 다음과 같다.

- 월간 반복 수익(MRR) 목표 달성 (예: ₩100,000,000)
- 고객 획득 비용(CAC) 대비 고객 생애 가치(LTV)가 긍정적인 단위 경제 구조
- 수익성을 점진적으로 개선하며, 장기적인 비즈니스 모델의 지속 가능성을 확보

3) 시장 견인력 및 성장 지표

투자자들은 스타트업의 시장 성장성과 확장 가능성을 보여주는 핵심 지표들에 주목한다.

- 고객 획득 수 증가
- 월간 활성 사용자(MAU) 성장
- 매출 증가율
- 고객 유지율 및 확장 수익

4) 핵심 팀 구성

리더십 역량과 핵심 인재 확보는 투자자들이 높이 평가하는 주요 마일스톤 중 하나다.
- 비전을 가진 창업자
- 핵심 경영진 (CTO, CMO 등) 영입
- 다양한 기술 역량과 산업 경험을 갖춘 전문 팀 구성

5) 자금 조달 단계별 목표 달성

각 투자 단계별로 투자자들이 요구하는 명확한 마일스톤이 존재한다.
- 시드 단계: 제품 개념(Proof of Concept) 검증 및 초기 고객 확보
- 시리즈 A: 제품-시장 적합성(Product-Market Fit) 확보 및 반복 가능한 영업 모델 구축
- 시리즈 B 이상: 시장 확장, 수익성 개선, 운영 효율성

투자자들은 이러한 마일스톤을 통해 스타트업의 성장 잠재력과 실행 능력을 평가한다. 따라서 창업자들은 이러한 핵심 마일스톤을 명확히 설정하고 달성해 나가는 것이 중요하다.

## Mlilestones
## 마일스톤

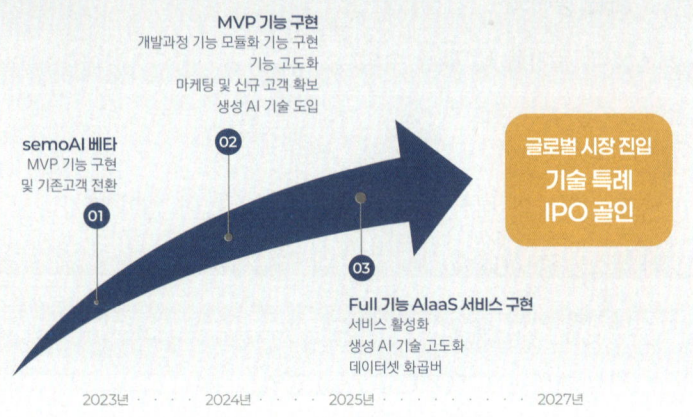

## Sales Growth Target
## 5개년 매출 성장 목표

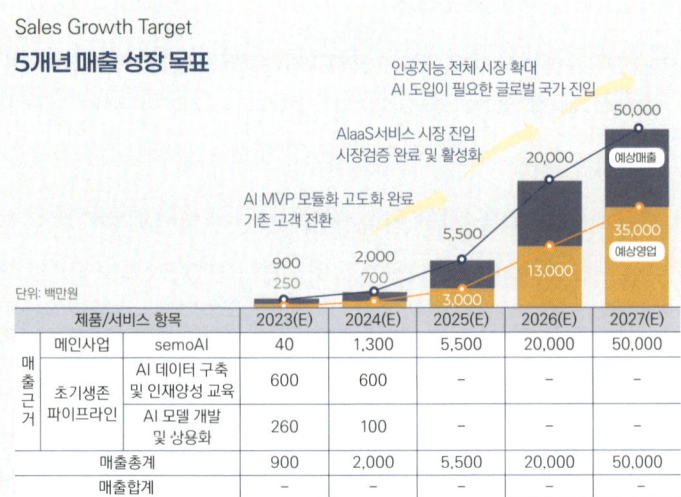

단위: 백만원

| 제품/서비스 항목 | | 2023(E) | 2024(E) | 2025(E) | 2026(E) | 2027(E) |
|---|---|---|---|---|---|---|
| 매출근거 | 메인사업 | semoAI | 40 | 1,300 | 5,500 | 20,000 | 50,000 |
| | 초기생존 파이프라인 | AI 데이터 구축 및 인재양성 교육 | 600 | 600 | - | - | - |
| | | AI 모델 개발 및 상용화 | 260 | 100 | - | - | - |
| 매출총계 | | | 900 | 2,000 | 5,500 | 20,000 | 50,000 |
| 매출합계 | | | - | - | - | - | - |

## Fund Management Plan
## 자금운용계획

| 단위: 백만원 | | SEED<br>타겟시장 진입<br>2023 | TIPS<br>모듈화 기능 구현<br>2024 | 시리즈 A<br>AIaaS시장 진입<br>2025 | 키워드 입력<br>인공지능 전체 시장<br>2026 | 시리즈 B<br>글로벌 시장 진출<br>2027 |
|---|---|---|---|---|---|---|
| 인건비 | | 384 | 500 | 1,000 | 2,500 | 2,500 |
| 운영비 | | 200 | 300 | 400 | 1,000 | 1,000 |
| 고정비 | | 30 | 50 | 100 | 500 | 500 |
| 마케팅 및 기타 | | 36 | 450 | 1,000 | 3,000 | 11,000 |
| 금융비 | | 600 | 300 | - | - | - |
| 인력충원계획<br>(명) | 연구·개발 | 10 | 12 | 24 | 34 | 34 |
| | 생산 | - | - | - | - | - |
| | 관리 | 4 | 5 | 6 | 6 | 6 |

## Exit Plan
## 젠데이터 엑싯 전략

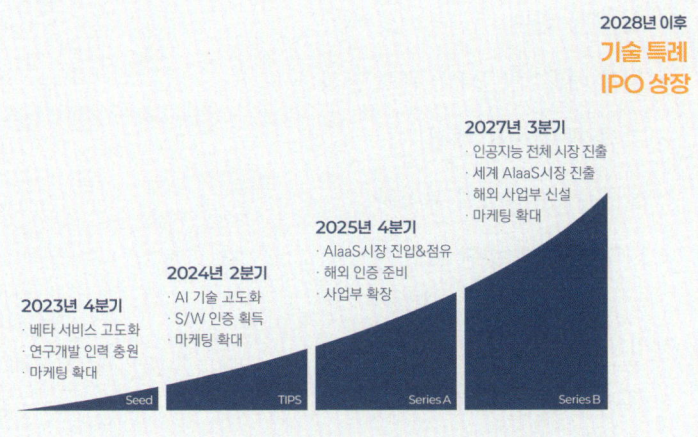

**2023년 4분기** (Seed)
· 베타 서비스 고도화
· 연구개발 인력 충원
· 마케팅 확대

**2024년 2분기** (TIPS)
· AI 기술 고도화
· S/W 인증 획득
· 마케팅 확대

**2025년 4분기** (Series A)
· AIaaS시장 진입&점유
· 해외 인증 준비
· 사업부 확장

**2027년 3분기** (Series B)
· 인공지능 전체 시장 진출
· 세계 AIaaS시장 진출
· 해외 사업부 신설
· 마케팅 확대

**2028년 이후**
기술 특례
IPO 상장

## 6. 산업별 주요 마일스톤

각 산업별로 중요한 마일스톤은 해당 산업의 특성과 요구사항에 따라 다르게 나타난다. 따라서 해당 산업별로 아래 사항에 주의하여 마일스톤을 작성하는 게 중요하다. 주요 산업별 중요 마일스톤을 살펴보면 다음과 같다.

1) 소프트웨어/SaaS 산업
- 최소 기능 제품 출시
- 제품-시장 적합성 달성
- 월간 반복 수익 목표 달성
- 고객 획득 비용 대비 고객 생애 가치 개선
- 주요 기능 업데이트 및 신규 버전 출시

2) 전자상거래 산업
- 첫 제품 판매
- 월간 거래 액(GMV) 목표 달성
- 고객 재 구매율 개선
- 물류/배송 시스템 최적화
- 다양한 결제 수단 도입

3) 바이오/제약 산업
- 특허 출원 및 등록

- 임상시험 단계별 승인(1상, 2상, 3상)
- FDA 승인 획득
- 생산 시설 구축
- 주요 제약회사와의 파트너십 체결

4) 핀테크 산업
- 금융 당국 인허가 획득
- 보안 인증 획득 (ISO 27001 등)
- 사용자 수 목표 달성
- 거래 액 목표 달성
- 주요 금융기관과의 제휴

5) 하드웨어/제조업
- 프로토타입 개발
- 대량 생산 체제 구축
- 품질 관리 시스템 확립
- 주요 유통망 확보
- 생산 원가 절감 목표 달성

산업에 관계없이 대부분의 스타트업에 적용되는 중요한 마일스톤도 있다.

6) 공통 마일스톤
- 초기 자금 조달(시드 투자 유치)
- 핵심 팀 구성 완료
- 첫 번째 유료 고객 확보
- 월간 활성 사용자(MAU) 목표 달성
- 손익분기점 도달

각 산업의 특성에 맞는 마일스톤을 설정하고 달성해 나가는 것이 스타트업의 성공에 중요하다. 투자자들도 이러한 산업별 특성을 고려하여 스타트업의 성과를 평가하므로, 창업자들은 자신의 산업에 맞는 의미 있는 마일스톤을 설정하고 추적해야 한다.

**결론**

마일스톤은 스타트업의 성공을 위한 필수적인 도구이다. 구체적이고 측정 가능한 마일스톤을 설정하고 이를 체계적으로 관리함으로써, 스타트업은 명확한 방향성을 가지고 성장할 수 있다. 또한, 투자자들에게 스타트업의 잠재력과 실행력을 효과적으로 입증할 수 있다. 피터 드러커의 말처럼 "효과적인 경영은 명확한 목표 설정에서 시작된다" 따라서 스타트업 창업자들은 마일스톤 설정과 관리에 충분한 시간과 노력을 투자해야 한다. 이를 통해 스타트업은 더 빠르고 안정적인 성장을 이룰 수 있을 것이다.

## Q. 비즈니스 모델의 변화와 발전을 어떻게 설명할 수 있을까?

비즈니스 모델은 기술 혁신, 시장 환경의 변화, 고객 니즈의 진화 등 다양한 요인에 따라 지속적으로 변화하고 발전해 왔다. 이러한 변화와 발전 과정을 시대별로 살펴보면 다음과 같다.

### 1. 초기 산업화 시대: 대량 생산 중심 모델

1900년대 초반부터 1950년대까지는 대량 생산 체계를 중심으로 한 비즈니스 모델이 주류를 이뤘다. 이 시기에는 다음과 같은 특징이 있었다.

- 표준화된 제품의 대량 생산을 통한 규모의 경제 실현
- 생산 시설 소유가 경쟁 우위의 핵심 요소
- 판매자 중심 시장(Seller's Market) 형성

### 2. 마케팅 시대: 유통과 마케팅 중심 모델

1950년대부터 1990년대까지는 유통과 마케팅이 중요했던 시기였다.

- 글로벌 물류 시스템의 발달로 생산과 판매의 분리
- 브랜드 가치와 마케팅의 중요성 부각
- 구매력 증가에 따른 소비자 선택권 확대

## 3. 인터넷 시대: E-커머스와 정보 중심 모델

1990년대부터 2010년경까지는 인터넷의 등장으로 비즈니스 모델에 큰 변화가 일어났다.
- 온라인 플랫폼을 통한 새로운 유통 채널 등장
- 정보의 흐름과 데이터 분석이 경쟁력의 원천으로 부상
- 구독 모델, 프리미엄 모델 등 새로운 수익 모델 등장

## 4. 디지털 트랜스포메이션 시대: 고객 중심 모델

2010년 이후부터 현재까지는 디지털 기술이 발전하며 비즈니스 모델이 더욱 다각화 되고 있다.
- AI, IoT, 빅데이터 등 첨단 기술을 활용한 개인화 서비스 제공
- 플랫폼 비즈니스 모델의 확산
- 공유 경제, 구독 경제 등 새로운 경제 패러다임 등장

## 5. 미래 전망: 지속 가능성과 생태계 중심 모델

향후 비즈니스 모델은 다음과 같이 발전할 것으로 예상된다.
- 환경, 사회적 가치를 고려한 지속 가능한 비즈니스 모델 부각
- 산업 간 경계를 넘는 생태계 관점의 비즈니스 모델 확산
- AI와 자동화 기술을 활용한 초 개인화 서비스 제공

이러한 비즈니스 모델의 변화와 발전 과정에서 주목할 만한 점은 다음과 같다.

- 고객 중심성 강화: 제품 중심에서 고객 경험 중심으로 비즈니스 모델이 진화하고 있다.
- 기술 혁신의 영향: 새로운 기술의 등장이 비즈니스 모델 혁신의 촉매제 역할을 하고 있다.
- 유연성과 적응력 확보: 시장 변화에 민첩하게 대응하며 지속적으로 모델을 혁신하는 기업이 생존과 성장을 이끈다.
- 가치 창출 방식의 전환: 단순한 제품 판매를 넘어 서비스화, 플랫폼화, 생태계 기반 전략으로 진화하고 있다.
- 데이터의 중요성 증대: 고객 데이터를 기반으로 한 인사이트가 전략 수립과 비즈니스 모델 고도화의 핵심 동력으로 부상하고 있다.

결론적으로, 비즈니스 모델의 변화와 발전은 기술 및 시장의 변화에 능동적으로 대응하며, 기업이 가치를 창출하고 포착하는 방식을 재정의하는 과정이라고 할 수 있다. 앞으로도 기업은 변화하는 환경에 맞춰 비즈니스 모델을 지속적으로 진화시켜야 할 것이다.

제 9장

# 마케팅 전략(Marketing Strategy)

**투자 유치를 위한 마케팅 전략**

　마케팅 전략은 스타트업이 시장에서 성공하기 위해 반드시 갖추어야 할 핵심 요소로, 투자자와 고객에게 기업의 비전을 명확히 전달하고 실행 가능성을 입증하는 역할을 한다. 이 장에서는 마케팅 전략의 중요성과 함께 SWOT 분석, STP 전략, 마케팅 믹스, 경쟁자 분석 등 실질적인 전략 수립에 활용할 수 있는 구체적인 방법론을 다룬다. 각 전략이 실제 상황에서 어떻게 적용되는지를 다양한 사례와 데이터 기반으로 구체적으로 설명한다. 체계적이고 효과적인 마케팅 전략을 수립하면 제품이나 서비스를 성공적으로 시장에 진입시킬 수 있으며, 고객 확보와 브랜드 인지도 향상에도 기여할 수 있다. 이에 따라 이 장에서는 스타트업이 실질적으로 활용할 수 있는 포괄적인 마케팅 전략 수립 방법을 함께 제시한다.

*감동은 받는 것이 아니라*
*하는 것!*

## STEP 09
# 마케팅 전략 Marketing Strategy
사업의 마케팅 계획을 구체적으로 설명하여 제품 또는 서비스가 시장에서 성공할 수 있는 다양한 전략을 제시

### SWOT 분석
- Strengths: AI 기술의 높은 정확도와 사용자 친화적 인터페이스
- Weaknesses: 높은 초기 투자 비용
- Opportunities: 비대면 서비스 수요 증가
- Threats: 신규 경쟁사의 등장

### STP 전략
- Segmentation: 중소기업 시장 세분화
- Targeting: 기술 도입 초기 단계의 중소기업
- Positioning: AI 기반 저비용 고효율 솔루션 제공 업체

### 마케팅 믹스(Marketing Mix)
- Product: 사용자 친화적 인터페이스와 높은 정확도를 자랑하는 AI 기반 데이터 분석 솔루션
- Price: 경쟁사보다 20% 낮은 가격으로 책정
- Place: 온라인 플랫폼과 파트너십을 통한 직접 판매
- Promotion: 소셜 미디어 마케팅과 인플루언서 협업

## 1. 마케팅 전략의 정의와 중요성

마케팅 전략은 기업이 제공하는 제품과 서비스가 어떻게 목표 시장에 도달하고, 그 과정에서 경쟁 우위를 확보하며, 지속 가능한 성장을 이루는지를 체계적으로 설명하는 계획이다. 필립 코틀러는 마케팅 전략을 "시장 세분화, 목표 시장 선정, 그리고 포지셔닝(STP)을 기반으로 기업이 차별화된 가치를 제공하는 전략적 프로세스"라고 정의했다. 특히 스타트업은 자원이 제한적이기 때문에, 명확하고 실행 가능한 전략을 수립하는 것이 더욱 중요하다.

## 2. SWOT 분석: 현재 위치와 미래 전략의 방향 설정

SWOT 분석은 기업의 내부 강점(Strengths)과 약점(Weaknesses), 외부 환경에서의 기회(Opportunities)와 위협(Threats)을 체계적으로 평가하여 전략적 의사결정을 돕는 도구이다. 스타트업은 SWOT 분석을 통해 자사의 현재 위치를 파악하고 미래 전략을 수립할 수 있다. SWOT 분석에서 가장 중요한 것은 약점과 위협을 제대로 분석하는 것이 중요하며, 여기서 잊지 말아야 할 것은 약점과 위협에 대해서 우리가 제대로 인식하고 분석하고 있으며 이를 통해 극복할 수 있는 대비책도 마련되어 있다는 것을 어필해야 한다.

### 2.1 강점(Strengths)
- 경쟁사 대비 우수한 기술력
- 혁신적인 제품 특성
- 열정적이고 재능 있는 팀

예를 들어, AI 기반 데이터 분석 스타트업의 경우 자사의 AI 알고리즘이 경쟁사보다 20% 더 높은 정확도를 보인다고 구체적으로 강점을 명시할 수 있다.

1. 혁신적인 기술력
   - "자사의 솔루션은 경쟁사보다 25% 더 빠른 데이터 처리 속도를 제공합니다."

2. 고객 중심의 UX/UI 디자인

- 사용자 친화적인 인터페이스는 고객 경험을 최적화하며, 재 구매율을 증가시킨다.
- 사례: "스포티파이는 직관적인 디자인으로 2022년 기준 80%의 사용자 만족도를 기록했습니다."

2.2 약점(Weaknesses)

- 제한된 자금
- 브랜드 인지도 부족
- 소규모 고객 기반

약점을 솔직하게 인정할 수 있어야 한다. "현재 초기 투자 단계로 마케팅 예산이 제한적이지만, 이를 극복하기 위해 창의적인 저비용 마케팅 전략을 개발 중입니다."

1. 한정된 초기 자본
   - 기술 개발 및 확장에 필요한 자금 부족은 스타트업의 흔한 문제이다.
   - 대응 전략: 정부 지원 프로그램 및 크라우드 펀딩을 통한 초기 자본 조달

2. 브랜드 인지도 부족
   - 신규 시장에서 브랜드 신뢰도를 구축하는 데 시간이 필요하다.
   - 대응 전략: 유명 전문가와의 파트너십 및 공동 프로모션 활용

2.3 기회(Opportunities)
- 급성장하는 시장 트렌드
- 새로운 기술 도입 가능성
- 파트너십 기회
- "코로나19 이후 원격 의료 서비스에 대한 수요가 급증하고 있어, 우리의 AI 기반 원격 진단 플랫폼이 시장에 진입하기 적절한 시기입니다."

1. 디지털 전환의 가속화
- 코로나19 팬데믹 이후, 원격 근무 및 온라인 솔루션에 대한 수요 급증
  - 데이터: "맥킨지 보고서에 따르면, 2025년까지 디지털 솔루션 시장은 연평균 15% 성장할 것으로 예상됩니다."

2. 정부 규제 변화
- "AI 기술과 클라우드 기술을 장려하는 정책은 스타트업의 성장을 촉진합니다."

2.4 위협(Threats)
- 치열한 경쟁 환경
- 기술 변화의 빠른 속도
- 규제 환경의 변화
- "대형 기술 기업들의 시장 진입으로 경쟁이 심화될 수 있지만, 우리

의 특화된 솔루션과 빠른 의사결정 구조를 통해 이에 대응할 계획입니다."

1. 신규 경쟁사의 등장
   - 낮은 진입 장벽으로 인해 경쟁이 심화되고 있다.
   - 대응 전략: 고객 충성도 강화, 지속적인 기술 혁신으로 차별화
2. 경제 불확실성
   - 투자 시장의 위축은 자본 확보의 어려움을 초래할 수 있다.

SWOT 분석을 수행할 때는 객관성을 유지하고, 정확한 데이터를 기반으로 분석하며, 정기적으로 업데이트하는 것이 중요하다. 또한, 고객의 관점을 항상 염두에 두고 분석을 진행해야 한다.

## SWOT 분석

### 강점(Strength)
- 1세대 브랜드패션 전문몰 시장 개척한 '힙합퍼' 핵심인력의 재결합
- 8,000개 브랜드가 기존 플랫폼에 갖는 불만을 해소하는 기술력 확보
- 패션 마케팅의 핵심 '소빛 스타일링 사진', 시장 대비 0.5% 비용으로 확보 구조 시스템화
- 지원사업 11억원 확보를 통한 대형 입점형 커머스 사전 구축 완료 (빠른 고성장 기반 마련)

### 약점(Weakness)
- 소규모 기업의 영세성
- 자본 및 영업 인력 규모 한계성
- 낮은 기업 인지도

### 기회(Opportunity)
- 글로벌 K-패션에 인기(큐텐 재팬)
- 알리, 테무 C커머스 공습에 보세 패션 큰 타격으로 동대문 도매상 브랜드 전환의지 간절
- 비브랜드의 브랜드화 성공 가능성 입증
- 단독 브랜드화 테스트 브랜드 거래액 2억원 진입

### 위협(Threat)
- 유행에 민감한 업계 특성상 시장 도태에 대한 리스크 존재
- 대형 경쟁사 모방 소요 시간 단 9개월, 기간내 입지 구축 필요
- 경쟁사 활용 시장침투 전략으로 비밀유지 필요, 자금유치 IR활동의 리스크 존재

## 3. STP 전략: 시장에서의 포지셔닝 최적화

STP 전략은 시장 세분화(Segmentation), 목표 시장 선정(Targeting), 포지셔닝(Positioning)의 세 단계로 구성되며, 스타트업이 효율적인 마케팅 전략을 수립하기 위한 핵심 프레임워크이다. 이 전략을 통해 스타트업은 제한된 자원을 효율적으로 활용하고, 명확한 타겟 고객 정의와 차별화된 가치 전달이 가능해진다.

### 3.1 시장 세분화(Segmentation)

시장은 인구통계, 행동, 심리적 특성 등의 기준에 따라 다양한 방식으로 세분화할 수 있다. B2B SaaS 스타트업을 예로 들어보자.

- 기업 규모별: 소기업, 중견기업, 대기업
- 산업별: 금융, 의료, 교육, 제조업 등
- 기술 수용도별: 얼리어답터, 메인스트림, 레이트어답터
- 산업별 세분화: 교육, 헬스케어, 리테일 등 디지털 전환이 활발한 산업군
- 규모별 세분화: 직원 수 50명 이하의 중소기업
- "시장 조사 결과, 중소기업의 70%는 디지털 전환에 대한 니즈를 보이고 있습니다."

### 3.2 목표 시장 선정(Targeting)

세분화된 시장 중에서 가장 매력적이고 성장 가능성이 높은 세그먼트를 목표 시장으로 선정한다.

"우리는 초기에 중소기업 중 기술 혁신에 관심이 높은 제조업체를 주요 타겟으로 설정했습니다. 이들은 비용 절감과 생산성 향상에 대한 니즈가 높아 우리 솔루션의 가치를 빠르게 인식할 수 있습니다."

- 초기 기술 도입 단계의 중소기업을 타겟
- 데이터 기반 접근: "세일즈포스의 사례에서 중소기업 대상 캠페인은 전환율 35%를 기록하며 성공적이었습니다."

3.3 포지셔닝(Positioning)

선정한 타겟 시장 내에서 우리 제품 또는 서비스가 어떤 차별화된 가치를 제공할지를 명확히 정의해야 한다.

"우리는 '중소 제조업체를 위한 AI 기반 스마트 팩토리 솔루션의 선두주자'로 포지셔닝하고 있습니다. 복잡한 기술을 쉽게 도입하고 빠른 ROI를 실현할 수 있다는 점을 강조합니다."

- '효율적인 비용으로 신뢰할 수 있는 AI 기반 솔루션'으로 포지셔닝.
- 차별화 요소: 높은 ROI와 사용자 친화성.

필립 코틀러는 효과적인 포지셔닝에 대해 "경쟁사 대비 고객의 마음 속에서 확실한 위치를 확보해야 한다"고 강조했다.

## 4. Marketing Mix: 4P 전략

마케팅 믹스는 제품(Product), 가격(Price), 유통(Place), 판촉(Promotion)의 네 가지 요소로 구성되며, 이들 간의 유기적인 연계와 스타트업의 여건에 따른 유연한 전략 조정이 필요하다.

### 4.1 제품(Product)

제품이나 서비스의 핵심 가치와 차별점을 명확히 정의한다.

"우리의 AI 기반 예측 정비 솔루션은 기존 시스템 대비 30% 높은 정확도로 장비 고장을 예측하며, 사용자 친화적 인터페이스로 기술에 익숙하지 않은 직원들도 쉽게 사용할 수 있습니다."

- AI 기반 솔루션으로 고객의 데이터를 분석하고, 의사결정을 지원
- 제품 차별화: "ROI를 50% 향상시키는 동반자."

### 4.2 가격(Price)

가격 전략은 시장 진입 단계, 경쟁사 가격, 고객의 가치 인식 등 여러 요소를 종합적으로 고려해 설정해야 한다.

"초기 시장 진입 단계에서는 '프리미엄 가치, 합리적 가격' 전략을 채택했습니다. 경쟁사 대비 15% 낮은 가격으로 책정하되, 3개월 무료 시범 사용 기간을 제공하여 고객이 가치를 직접 경험할 수 있도록 했습니다."

- 침투 가격 전략: 초기 시장 점유율 확대를 위해 경쟁사 대비 20% 낮은 가격으로 책정
- 구독형 모델: 월간 요금제로 가격 접근성을 강화

### 4.3 유통(Place)

제품이나 서비스를 어떤 경로를 통해 고객에게 전달할 것인지에 대한 유통 전략을 수립한다.

"우리는 클라우드 기반 SaaS 모델을 채택하여 고객이 언제 어디서나 쉽게 접근할 수 있도록 했습니다. 또한, 현지 시스템 통합 업체들과 파트너십을 맺어 기술 지원과 구현을 원활히 할 수 있도록 했습니다."

- 온라인 채널 중심: SaaS 모델을 활용하여 글로벌 시장 접근
- 파트너십 강화: IT 유통 업체와의 협력

### 4.4 판촉(Promotion)

마케팅 커뮤니케이션 전략을 통해 브랜드 인지도를 높이고, 효과적으로 고객을 유치해야 한다.

"콘텐츠 마케팅을 핵심 전략으로 삼아 산업별 성공 사례, 기술 트렌드 분석 등의 고품질 콘텐츠를 정기적으로 발행하고 있습니다. 또한, 산업 컨퍼런스 참가와 웨비나 개최를 통해 직접적인 고객 접점을 만들고 있습니다."

- 디지털 광고 캠페인: 구글과 페이스북 광고를 통한 브랜드 노출
- 소셜 미디어 마케팅: 링크드인(LinkedIn), 인스타그램에서 전문가와 소통

## 5. 경쟁자 분석: 경쟁 우위 확보

### 5.1 직접 경쟁자

- 경쟁사 ABC의 강점은 다양한 기능이지만, 높은 가격대가 약점으로 작용
- 대응 방안: 동일한 기능을 더 낮은 비용으로 제공

### 5.2 간접 경쟁자

- XYZ사의 전통적 솔루션은 AI 기반이 아닌 전통 방식에 의존
- 경쟁 우위: 높은 데이터 분석 정확도와 비용 절감

※ 경쟁자 분석 수행 시 주의할 사항

1) 객관성 유지

경쟁사를 평가할 때는 편견 없이 객관적인 시각을 유지해야 한다. 자사의 강점을 과대평가하거나, 경쟁사의 약점을 과소평가하는 실수를 피해야 한다.

- 사례 연구: 넷플릭스는 블록버스터의 몰락을 객관적으로 분석하고, 물리적 매장 모델에서 벗어나 스트리밍 방식으로 전환해 성공했다.

2) 정확한 데이터 수집

분석을 위한 데이터는 신뢰할 수 있는 출처에서 최신의 정확한 정보를 수집해야 한다. 부정확하거나 노후된 정보는 오판을 초래할 수 있으므로 주의가 필요하다.

- 신뢰할 수 있는 데이터 출처: 가트너, 맥킨지 보고서, 경쟁사 재무제표, 업계 뉴스
- 사례 연구: 테슬라는 배터리 시장에서 CATL, LG에너지솔루션 등의 기술 및 생산량 데이터를 면밀히 분석하여 투자 결정을 내렸다.

3) 지속적인 업데이트

경쟁자 분석은 시장 변화에 따라 주기적으로 업데이트되어야 한다. 일회성 분석으로 그치지 않고 지속적인 모니터링이 필요하다.

- 모니터링 도구 활용: 구글 알리미(Google Alerts), 에스이엠러

시(SEMrush), 시밀러웹(SimilarWeb)
- 사례 연구: 아마존은 경쟁사의 가격 및 물류 전략을 실시간 분석하여 지속적인 최적화를 진행했다.

4) 직간접 경쟁자 모두 고려

직접 경쟁자뿐 아니라 간접 경쟁자와 잠재적 경쟁자까지 포함해 전체 경쟁 구도를 분석해야 한다. 시장의 전체적인 경쟁 구도를 파악하는 것이 중요하다.
- 직접 경쟁자: 동일 시장에서 유사한 제품을 판매하는 기업
- 간접 경쟁자: 대체재를 제공하는 기업
- 사례 연구: 스타벅스는 단순히 커피 브랜드만이 아닌 음료 시장 전반의 경쟁자(에너지 드링크, 건강 음료 등)를 분석한다.

5) 과도한 모방 지양

경쟁사의 전략을 그대로 모방하는 것은 지양해야 한다. 경쟁사 분석의 목적은 자사만의 독특한 경쟁 우위를 찾는 것이어야 한다.
- 자사 고유의 강점 개발: 고객 설문조사, 내부 데이터 분석을 통한 차별화 전략 도출
- 사례 연구: 애플은 단순한 사양 경쟁이 아닌 UX, 브랜드 정체성 차별화를 통해 시장 우위를 확보했다.

6) 윤리적 고려

경쟁사 정보를 수집할 때는 반드시 합법적이고 윤리적인 방법을 사용해야 한다. 공개된 정보와 합법적인 방법으로 얻은 데이터만을 활용해야 한다.

- 윤리적 데이터 활용: 업계 보고서, 고객 리뷰, 특허 데이터, 공개된 자료
- 사례 연구: 페이스북은 경쟁사 데이터를 비윤리적으로 수집했다는 논란으로 기업 이미지에 큰 타격을 입었다.

7) 고객 관점 유지

경쟁사 분석에서는 항상 고객 중심의 시각을 유지해야 한다. 고객이 중요하게 여기는 가치와 요구사항을 중심으로 분석을 진행해야 한다.

- 고객 피드백 분석: 경쟁사 제품의 고객 리뷰, 만족도 조사 활용
- 사례 연구: 넷플릭스는 고객의 시청 패턴을 분석하여 맞춤형 콘텐츠 추천을 제공하며 경쟁에서 앞서갔다.

8) 다각도 분석

제품, 가격, 유통, 판촉 등 다양한 요소를 종합적으로 분석하는 다각적 접근이 필요하다. 한 가지 측면에만 집중하면 전체적인 그림을 놓칠 수 있다.

- 4P 프레임워크 활용: 제품(Product), 가격(Price), 유통(Place),

판촉(Promotion)
- 사례 연구: 코카콜라는 글로벌 시장에서 경쟁사의 가격 및 유통 전략을 면밀히 분석하여 경쟁 우위를 유지하고 있다.

9) 실행 가능한 인사이트 도출

단순한 정보 수집을 넘어서, 분석을 바탕으로 실질적인 전략 수립에 활용할 수 있는 인사이트를 도출해야 한다.
- 구체적인 전략 수립: 경쟁사 분석 결과를 기반으로 최적의 시장 진입 전략 개발
- 사례 연구: 우버는 경쟁사인 리프트(Lyft)의 가격 전략을 분석하여 특정 도시에서 차별화된 요금 정책을 실행했다.

## 결론

### 경쟁자 분석을 통한 투자유치 성공 전략

투자자들은 스타트업이 시장을 충분히 이해하고 있으며, 차별화된 경쟁 전략을 보유하고 있는지를 중요하게 평가한다. 따라서 경쟁자 분석을 단순한 정보 수집이 아닌 전략적 의사결정 도구로 활용해야 한다. 유명 리포트 및 사례를 참고하여 철저한 분석을 수행하고, 이를 기반으로 차별화된 전략을 수립하면 투자 유치의 성공 확률을 높일 수 있다.

## 6. 미래 지향적 마케팅 접근법

### 6.1 최신 마케팅의 트랜드

최근의 마케팅은 기술과 소비자 행동 변화에 따라 지속적으로 진화하고 있다. 기업은 이제 전통적인 마케팅 기법에 의존하지 않고, 데이터 분석, 인공지능, 디지털 전환(Digital Transformation, DX) 등을 적극적으로 활용해 마케팅 효과를 극대화하고 있다.

- 초개인화(Hyper-Personalization): 소비자의 데이터와 행동 패턴을 기반으로 개인에게 최적화된 마케팅 메시지와 콘텐츠를 제공한다. 넷플릭스나 아마존의 추천 시스템이 대표적이다.
- 옴니채널 마케팅(Omni-Channel Marketing): 소비자와의 모든 접점에서 일관된 브랜드 경험을 제공한다. 스타벅스의 모바일 앱을 통한 온·오프라인 연계 마케팅이 대표 사례다.
- 지속 가능성 마케팅(Sustainable Marketing): 환경과 사회적 가치를 중시하는 ESG(Environmental, Social, Governance) 중심의 브랜드 전략이다. 파타고니아, 유니레버 등이 지속가능성을 마케팅 핵심으로 삼고 있다.

## 6.2 빠른 성장을 만드는 그로스해킹 전략(Growth Hacking)

그로스해킹은 스타트업처럼 자원이 제한된 환경에서, 데이터를 기반으로 창의적이고 실험적인 접근을 통해 고객을 확보하고, 제품과 서비스를 빠르게 성장하게 하는 마케팅 전략이다. 제품 자체에 성장 동력을 내장해 광고나 홍보에만 의존하지 않는다는 점이 특징이다. 작은 아이디어와 데이터를 기반으로 한 반복적인 실험을 통해 성장을 유도한다는 점이 이 마케팅 전략의 본질이다.

전통적 마케팅과 그로스해킹의 차이

| 항목 | 전통적 마케팅 | 그로스해킹 |
| --- | --- | --- |
| 접근 방법 | 광고와 홍보 중심 | 제품 내 성장 엔진 구축 |
| 비용 | 높은 마케팅 예산 필요 | 저비용 고효율 전략 |
| 데이터 활용 | 제한적 활용 | 데이터 중심의 철저한 분석 및 테스트 |

핵심 원리

- 데이터 기반 실험: 데이터 분석을 통해 가설을 설정하고 빠르게 실험한다.
- 지속적인 최적화: A/B 테스트와 같은 방식을 활용하여 지속적으로 개선점을 발견하고 적용한다.
- 성장 엔진 탑재: 제품이나 서비스 내에 성장 메커니즘을 내장한다.

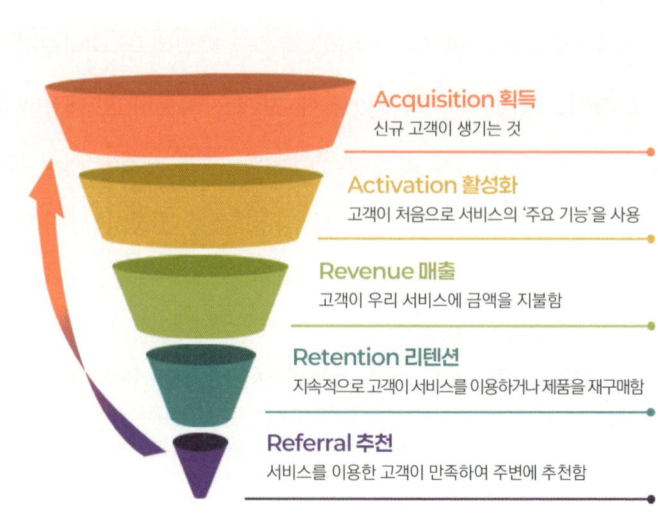

그로스해킹의 대표적 전략

- 바이럴 루프(Viral Loop): 사용자가 자연스럽게 제품이나 서비스를 주변에 공유하도록 유도하는 구조. 드롭박스는 친구를 초대할 때 추가 저장 공간을 제공해 사용자를 폭발적으로 증가시켰다.
- A/B 테스트(A/B Testing): 두 가지 이상의 제품 버전을 통해 고객 반응을 비교하고 최적의 결과를 찾는 실험 방법. 에어비앤비는 숙소 사진의 품질을 개선해 예약률을 3배 증가시켰다.
- 프리미엄 모델(Premium Model): 기본적인 무료로 제공하여 신규 유입을 확대하고, 고급 기능을 제안해 유료 서비스로 전환을

유도하는 방법. 스포티파이는 무료 스트리밍 서비스로 대규모 사용자를 확보한 뒤, 유료 서비스로 전환을 유도했다.

고객 성장 관리의 핵심 지표, AARRR 모델

| 단계(단어) | 목적 | 사례 |
|---|---|---|
| 획득(Acquisition) | 고객 유입 증가 | SEO, SNS 광고 |
| 활성화(Activation) | 서비스 첫 사용 촉진 | 쉬운 가입 프로세스 |
| 유지(Retention) | 고객 재방문 유도 | 리워드 및 알림 |
| 수익화(Revenue) | 지속 가능한 매출 창출 | 구독 모델, 인앱 결제 |
| 추천(Referral) | 고객의 자발적 홍보 유도 | 친구 초대 보상 |

실전 사례에서 배우는 그로스해킹의 교훈

그로스해킹 전략이 실제로 어떻게 적용되고 성과를 냈는지 대표적 사례로 살펴보자.

- 에어비앤비: 크레이그리스트(Craigslist)와 숙소 데이터를 자동 연동하여 초기 트래픽과 사용자 확보를 급증시켰다.
- 링크드인: 이메일 오픈 시간 데이터를 분석하여 최적의 발송 시간대를 설정하고, 이메일 효율성을 획기적으로 높였다.
- 인스타그램: 위치 기반 서비스에서 사진 공유 중심 서비스로 빠르게 피벗(pivot)하여 시장을 선도했다.

스타트업이 그로스해킹에 주목해야 하는 이유

- 적은 예산으로 큰 효과 창출: 광고비가 부족한 스타트업에 이상적.
- 빠른 실패를 통한 신속한 학습: 린(Lean) 스타트업 방식과 완벽히 결합.
- 고객 중심의 지속적 제품 개선: 고객의 실제 목소리를 듣고 빠르게 반영하여 시장적합성(Product-Market Fit)을 빠르게 찾아간다.

전략적 제언 및 실행 가이드

스타트업 창업자가 그로스해킹을 효과적으로 IR 피치덱에 포함하려면 다음 질문에 구체적으로 답할 수 있어야 한다.

- 우리 제품이나 서비스에 바이럴 루프를 적용할 가능성은 어디에 있는가?
- 고객의 전환율을 높이기 위한 A/B 테스트 항목은 무엇인가?
- 고객의 초기 무료 사용에서 유료 전환을 촉진할 수 있는 프리미엄 기능은 무엇인가?

이러한 내용을 IR 자료에 명확하게 제시함으로써 투자자에게 스타트업의 성장 가능성과 데이터 기반 의사결정 능력을 효과적으로 전달할 수 있다.

### 6.3 퍼포먼스 마케팅(Performance Marketing)

퍼포먼스 마케팅은 광고의 성과를 데이터 기반으로 철저히 분석하고 최적화하여 ROI를 극대화하는 전략이다.

#### 개념과 중요성

퍼포먼스 마케팅의 핵심은 '측정 가능한 성과'에 있다. 광고주가 지출한 예산 대비 정확한 결과를 분석하여 효과적으로 집행할 수 있다는 점에서 전통적인 광고 방식과 차별화된다.

#### 퍼포먼스 마케팅의 전략적 접근

- 정교한 목표 설정과 KPI 측정: 캠페인 초기에 명확한 목표와 KPI를 설정하여 전환율, 클릭률, CPA(Cost Per Acquisition), ROAS(Return On Ad Spend) 등을 세밀하게 관리한다.
- 실시간 데이터 분석과 최적화: 광고 캠페인을 지속적으로 모니터링하고 성과를 분석하여, 즉각적으로 전략을 수정하고 효율성을 극대화한다.
- 다양한 매체 활용: 검색 광고, 소셜미디어 광고, 네이티브 광고 등 다양한 채널을 전략적으로 활용하여 각 채널의 특성에 맞게 메시지와 타겟팅을 맞춤화한다.

#### 흥미로운 사례

- 쿠팡은 빅데이터 분석과 AI 기술을 활용해 고객의 구매 패턴을 예측하여 맞춤형 광고를 제공함으로써 고객 전환율을 크게 높였다.

- 아마존은 정밀한 타겟팅과 알고리즘 기반의 광고 자동화를 통해 퍼포먼스 마케팅에서 압도적인 성과를 기록하고 있다.

성과 극대화 팁
- A/B 테스트를 활용해 지속적으로 광고의 성과를 개선한다.
- 실시간 성과 데이터를 기반으로 광고 지출을 유연하게 조정하여 예산의 낭비를 방지한다.

### 6.4 인플루언서 마케팅(Influencer Marketing)

인플루언서 마케팅은 영향력 있는 개인을 통해 소비자의 신뢰와 관심을 끌어 브랜드 메시지를 효과적으로 전달하는 전략이다.

왜 인플루언서 마케팅인가?

전통적인 광고보다 소비자의 저항감을 줄이고, 보다 자연스럽게 제품이나 서비스를 소개할 수 있어 소비자와 브랜드 간의 신뢰를 빠르게 형성할 수 있다.

효과적인 인플루언서 마케팅 전략
- 인플루언서 선정의 중요성: 브랜드 가치와 일치하고, 팔로워와의 진정한 소통이 가능한 인플루언서를 선별하는 것이 성공의 첫걸음이다.
- 스토리텔링 중심의 콘텐츠 제작: 인플루언서가 자신의 경험과 감정을 녹인 스토리텔링 콘텐츠는 소비자의 깊은 공감을 이끌어낸다.

- 성과 관리와 ROI 측정: 각 캠페인의 효과를 철저히 분석하여 인플루언서의 ROI를 지속적으로 평가하고 관리한다.

성공 사례

- 배달의민족은 유명 유튜버와 협업하여 독창적이고 유쾌한 콘텐츠를 제작, 브랜드 이미지를 효과적으로 확산했다.
- 아모레퍼시픽은 뷰티 인플루언서와의 협업을 통해 제품 사용법과 실제 효과를 소비자에게 진정성 있게 전달함으로써 브랜드 신뢰도를 높였다.

인플루언서 마케팅 성공 포인트

- 인플루언서의 독창성을 최대한 존중하고 콘텐츠 제작에 자율성을 부여한다.
- 다양한 크기의 마이크로 인플루언서를 활용하여 비용 대비 효과를 극대화한다.

## 6.5 생성형 AI를 활용한 콘텐츠 마케팅 2.0

콘텐츠 마케팅 2.0은 생성형 AI를 활용해 맞춤형 콘텐츠를 신속하게 제작하고, 고객에게 초개인화된 경험을 제공하는 전략이다.

### 생성형 AI의 강력한 영향력

생성형 AI는 텍스트, 이미지, 비디오 등 다양한 형태의 콘텐츠를 자동으로 생성할 수 있어 마케팅 콘텐츠 제작 비용과 시간을 획기적으로 줄일 수 있다. 또한 소비자 개개인의 데이터를 분석해 맞춤형 콘텐츠를 실시간으로 제공할 수 있는 점이 큰 강점이다.

### 콘텐츠 마케팅 2.0의 주요 전략

- 맞춤형 콘텐츠 자동화: AI 기반 알고리즘이 소비자의 취향과 행동 패턴을 분석하여 맞춤형 콘텐츠를 실시간으로 제공한다.
- 다양한 미디어 형식 활용: AI 기술을 활용해 비디오, 팟캐스트, 이미지 등 다양한 형태의 콘텐츠를 제작하여 소비자와의 소통 방식을 다변화한다.
- 실시간 대응 및 개인화: AI 기반 챗봇을 통해 소비자의 문의에 즉각적으로 응답하고 개별 맞춤형 메시지를 제공한다.

### 성공 사례

- 넷플릭스는 AI를 이용해 사용자의 시청 패턴과 선호도를 정확히 분석하여 추천 콘텐츠를 개인 맞춤화하고 있다. 이로 인해 고객 만족도와 구독 유지율을 높이고 있다.

- 코카콜라(Coca-Cola)는 생성형 AI를 활용해 개인화된 마케팅 메시지를 제작하고 있으며, 고객 참여율을 증가시키고 브랜드 충성도를 강화하고 있다.

콘텐츠 마케팅 2.0의 도전 과제와 극복 방안
- 데이터 프라이버시 문제: AI 기술은 많은 데이터를 필요로 하므로, 프라이버시 문제에 민감할 수 있다. 이에 따라 GDPR과 같은 데이터 보호 규정을 철저히 준수하며 투명성을 확보하는 것이 중요하다.
- 콘텐츠의 진정성 유지: AI 생성 콘텐츠가 소비자에게 신뢰를 얻기 위해서는 인간적이고 진정성 있는 접근이 필수적이다. 이를 위해 AI 콘텐츠와 인간 콘텐츠 제작자의 협력적 역할을 명확히 설정해야 한다.

미래의 콘텐츠 마케팅 방향성

미래의 콘텐츠 마케팅은 생성형 AI 기술이 발전함에 따라 더욱 개인화되고, 소비자의 경험을 중심으로 한 실시간 대응 콘텐츠가 주류를 이룰 것이다. 이에 따라 기업은 기술과 인간의 창의성을 결합한 콘텐츠 전략을 구축하는 것이 필요하다.

**결론**

미래의 마케팅은 데이터와 기술 중심으로 진화할 것이다. 성공적인 스타트업은 그로스 해킹을 통한 빠른 성장, 퍼포먼스 마케팅을 통한 효율적 자원 배분, 인플루언서 마케팅을 통한 신뢰 구축, 생성형 AI를 활용한 콘텐츠 초개인화를 전략적으로 융합하여 활용할 필요가 있다.

기업은 이러한 미래 지향적 접근법을 통해 경쟁력을 확보하고, 소비자와의 지속적이고 깊이 있는 관계를 구축하여 장기적 성장을 실현할 수 있을 것이다.

## 7. 디지털 마케팅 전략

현대 마케팅에서 디지털 전략은 선택이 아닌 필수이다. 특히 자원이 제한된 스타트업에게 디지털 마케팅은 적은 비용으로 높은 효과를 낼 수 있는 핵심 전략이다.

SEO/SEM 최적화

- 검색 엔진 최적화(SEO)와 검색 엔진 마케팅(SEM)을 통해 온라인 가시성을 높인다.
- "주요 키워드에 대한 검색 결과 상위 노출을 위해 기술 블로그를 운영하고 있으며, 산업 특화 키워드에 대한 구글 애즈 캠페인을 실행 중입니다."
- '중소기업용 AI 솔루션' 등의 키워드를 중심으로 상위 노출을 확보한다.

콘텐츠 마케팅

- 가치 있는 콘텐츠를 제작하여 잠재 고객의 신뢰를 얻고 전문성을 입증한다.
- 고객 성공 사례를 통해 브랜드에 대한 신뢰를 구축한다.
- "주간 뉴스레터, 월간 산업 보고서, 분기별 웨비나 등 다양한 형태의 콘텐츠를 정기적으로 제작하여 고객과의 접점을 유지하고 있습니다."

소셜미디어 마케팅

- 소셜 플랫폼별 특성을 반영한 맞춤형 전략을 수립한다.
- "링크드인을 주요 채널로 활용하여 산업 전문가들과 네트워킹하고 있으며, 유튜브를 통해 제품 데모와 교육 콘텐츠를 제공하고 있습니다."

이메일 캠페인

- 타겟 고객군별로 맞춤형 이메일을 설계하여 발송한다.

## 8. 고객 획득 및 유지 전략

고객 확보와 유지는 스타트업의 지속 성장과 안정적 매출 확보를 위한 핵심 전략이다. 초기 고객 유치 못지않게 기존 고객과의 관계를 유지하고 장기적인 충성도를 구축하는 것 역시 중요하다. 이를 통해 고객 생애 가치를 극대화하며, 투자자들에게 예측 가능한 수익 모델을 증명할 수 있다.

### 8.1 고객 획득 전략(Customer Acquisition Strategy)

고객 획득은 잠재 고객을 실제 구매 고객으로 전환하는 과정이다. 이를 위해 다양한 채널과 전술을 활용하여 고객의 관심을 유도하고 전환율을 극대화해야 한다.

무료 체험 제공 (Freetrial Model 활용)

- 목적: 잠재 고객이 제품의 가치를 체험하도록 유도하여 구매 가능성을 높임.
- 사례: "드롭박스는 무료 저장 공간을 제공하는 프리미엄 모델로 시장 점유율을 빠르게 확대했습니다."
- 구체적 전략: 30일간 무료 체험을 제공하고, 사용자 데이터를 바탕으로 개인화된 추천 솔루션을 제안.

추천 프로그램(Referral Program)

- 전략: 기존 고객이 신규 고객을 추천하면 보상을 제공하여 자연스러운 바이럴 효과를 창출.

- 사례: "페이팔은 추천 보상 프로그램을 통해 가입자를 700만 명 이상 확보하며 폭발적인 성장을 이뤘습니다."
- 구현 방안: 추천 고객과 추천을 받은 고객 모두에게 혜택(예: 무료 체험, 할인 등)을 제공한다.

디지털 광고 캠페인

- SEO/SEM: 검색 엔진에서 타겟 키워드로 상위 노출을 확보. 예: "소규모 기업용 AI 분석 도구".
- 리타겟팅 광고: 웹사이트 방문 이력이 있는 고객에게 맞춤형 광고를 제공.
- 사례: "아마존은 리타겟팅 광고를 활용해 장바구니에 물건을 남긴 고객의 구매 전환율을 20% 이상 증가시켰습니다."

파트너십 및 협업

- 전략: 주요 유통업체, 업계 인플루언서, 기업과의 협업을 통해 브랜드 신뢰도와 노출도를 강화.
- 구체적 실행: 관련 산업 전시회에 참여하여 제품 시연과 네트워크 확장을 병행.

## 8.2 고객 유지 전략 (Customer Retention Strategy)

고객 유지 전략은 기존 고객의 이탈을 방지하고, 장기적인 사용을 유도하는 핵심 과정이다. 고객 유지 활동은 신규 고객 유치보다 비용이 덜 들며, 반복 수익 창출에 더욱 효과적이다.

로열티 프로그램(Loyalty Program)
- 목적: 구매 빈도와 고객 충성도를 증가시키는 데 초점.
- 사례: "스타벅스는 포인트 적립 프로그램으로 고객 유지율을 20% 이상 향상시켰습니다."
- 구체적 계획: 일정 금액 이상 구매 고객에게 추가 혜택(예: 무료 추가 서비스)을 제공.

고객 맞춤형 커뮤니케이션
- 전략: 고객 행동 데이터를 기반으로 한 맞춤형 이메일, SMS 캠페인 전개.
- 구체적 실행: 기존 고객의 구매 이력을 분석하여 맞춤형 추천 제품 또는 혜택 제안.
- 사례: "넷플릭스는 사용자 시청 데이터를 기반으로 개인화된 추천을 제공하여 높은 고객 유지율을 기록했습니다."

NPS(Net Promoter Score) 프로그램
- 목적: 고객 만족도를 정기적으로 측정하여 문제를 조기에 발견

하고 개선.
- 구체적 실행: 3개월마다 고객 설문조사를 실시해 피드백을 수집하고, 이를 바탕으로 개선 사항 실행.

커뮤니티 구축
- 목적: 고객 간의 네트워크를 활성화하여 자발적인 참여와 충성도를 강화.
- 구체적 실행: 고객 간 경험을 공유할 수 있는 온라인 포럼 및 오프라인 이벤트 개최.

## 9. 성과 측정 및 최적화

마케팅 전략이 성공적으로 작동하고 있는지 확인하기 위해, 성과를 측정하고 그 결과를 바탕으로 지속적으로 개선하는 과정이 필요하다. 투자자들은 이러한 데이터를 통해 회사의 성장 가능성과 신뢰성을 평가한다.

### 9.1 KPI(Key Performance Indicators) 설정

마케팅 활동의 효과를 지속적으로 측정하고 개선하는 것이 중요하며, 성과 측정을 위해 명확한 지표를 설정하는 것이 필수적이다. 아래는 스타트업이 주로 사용하는 KPI이다.

"웹사이트 트래픽, 리드 생성 수, 고객 획득 비용(CAC), 고객 생애 가치(LTV) 등을 핵심 KPI로 설정하고 월별로 모니터링하고 있습니다."

| KPI | 정의 | 목표 |
| --- | --- | --- |
| CAC (Customer Acquisition Cost) | 고객 1명을 유치하는 데 소요된 비용 | 평균 CAC를 $100 이하로 유지 |
| CLV (Customer Lifetime Value) | 고객 1명이 평생 동안 발생시키는 수익 | CLV를 CAC의 3배 이상 달성 |
| CR (Conversion Rate) | 웹사이트 방문자가 실제 구매로 전환되는 비율(전환율) | 전환율 15% 이상 |
| NPS (Net Promoter Score) | 고객의 추천 의향을 측정하는 지표 | NPS 70 이상 유지 |

## 9.2 데이터 분석(Data-Driven Insights)

마케팅 활동의 ROI를 측정하고 인사이트를 도출한다.

"구글 애널리틱스와 CRM 데이터를 통합 분석하여 각 마케팅 채널의 성과를 평가하고, 가장 효과적인 고객 획득 경로를 지속적으로 최적화하고 있습니다."

고객 행동 분석
- 목적: 고객의 구매 여정에서 주요 접점을 파악하여 개선점 도출
- 도구: 구글 애널리틱스, 믹스패널(Mixpanel) 등을 활용해 방문, 클릭, 구매 데이터를 추적
- 사례: 쇼피파이(Shopify)는 데이터 분석을 통해 고객 이탈률을 낮추고 전환율을 25% 개선했습니다.

클러스터 분석(Segment Analysis)
- 고객 데이터를 세분화하여 각 그룹에 맞춤형 마케팅 전략을 적용
- 구체적 실행: 연령, 지역, 구매 패턴별로 세분화된 프로모션 제공

채널별 ROI 측정
- 각 마케팅 채널의 투자 대비 수익을 분석하여, 효율이 낮은 채널에 대한 지출을 최소화한다.
- 예시: 이메일 캠페인의 ROI가 소셜 미디어보다 2배 높은 경우, 이메일 중심으로 예산을 재배치

## 9.3 A/B 테스트와 최적화

A/B 테스트

- 목적: 다양한 전략의 효과를 실험적으로 비교하여 최적의 방안을 도출
- 구체적 실행: 광고 문구(A/B 버전) 또는 CTA(Call to Action) 버튼 색상을 비교해 전환율을 분석한다.
- 사례: 허브스팟(HubSpot)은 A/B 테스트를 통해 CTA 버튼 디자인 변경 후 클릭률을 21% 증가시켰습니다.

지속적 개선(Continuous Improvement)

- 방법: 테스트 결과를 바탕으로 주기적으로 콘텐츠, 광고 캠페인, 가격 전략을 조정
- 구체적 실행: 매월 성과를 점검하고, 가장 성과가 좋은 캠페인에 리소스를 집중

## 9.4 사례 연구: 성공적인 스타트업 마케팅 전략

드롭박스: 바이럴 마케팅의 힘

"드롭박스는 초기에 제한된 마케팅 예산을 가지고 있었지만, 혁신적인 바이럴 마케팅 전략으로 폭발적인 성장을 이뤄냈습니다. 그들의 '친구 추천' 프로그램은 사용자에게 추가 저장 공간을 제공하는 인센티브를 통해 자연스러운 입소문을 만들어냈습니다. 이 전략으로 드롭박스는 15개월 만에 사용자 수를 400만 명으로 늘렸습니다."

- 핵심 교훈: 고객에게 실질적인 가치를 제공하는 바이럴 마케팅 전략은 제한된 예산으로도 폭발적인 성장을 이끌어낼 수 있다.

에어비앤비: 콘텐츠 마케팅과 지역화 전략

"에어비앤비는 '현지인처럼 살아보기'라는 컨셉을 중심으로 강력한 콘텐츠 마케팅 전략을 펼쳤습니다. 그들의 'Made Possible by Hosts' 캠페인은 호스트와 게스트의 실제 이야기를 통해 브랜드의 가치를 효과적으로 전달했습니다. 또한, 각 지역의 특성을 반영한 맞춤형 마케팅 전략으로 글로벌 시장에서 성공을 거두었습니다."

- 핵심 교훈: 강력한 브랜드 스토리텔링과 지역화 전략은 글로벌 시장에서의 성공을 위한 핵심 요소이다.

슬랙: 제품 주도 성장 전략

"슬랙은 '제품 주도 성장(Product-Led Growth)' 전략을 통해 빠르게 시장을 장악했습니다. 사용자 경험에 초점을 맞춘 직관적인 인터페이스와 무료 버전 제공으로 초기 사용자 기반을 빠르게 확보했습니다. 또한, 워드오브마우스 마케팅을 통해 기업 내 자연스러운 확산을 유도했습니다."

- 핵심 교훈: 뛰어난 제품 경험과 프리미엄 모델은 B2B SaaS 스타트업의 강력한 성장 엔진이 될 수 있다.

## 10. 글로벌 진출 전략 및 해외 마케팅

### 10.1 글로벌 진출 가능성과 국가 선정

스타트업이 글로벌 시장에 진출하려면 단순한 확장 계획이 아니라 실제 실행 가능한 전략이 필요하다. 진출하려는 국가를 선정할 때는 시장 규모, 규제 환경, 문화적 적합성, 경쟁 강도 등을 종합적으로 고려해야 한다.

- 시장 조사: 글로벌 리서치 기업인 스태티스타, 맥킨지, BCG의 보고서를 참고하여 목표 시장의 성장 가능성을 분석한다.
- 사례 연구: 쿠팡(Coupang)은 미국, 일본, 동남아 등 여러 해외 시장을 분석한 후 한국과 가장 유사한 소비 패턴을 가진 일본 시장 진출을 결정했다.
- 실행 가능성 테스트: 먼저 파일럿 프로젝트를 운영해 보거나 현지 파트너를 통해 소규모 테스트 마켓을 실행한 뒤 점진적으로 확장한다.

### 10.2 글로벌 진출을 위한 기반 구축

해외 시장에 진출하기 전, 기업이 가진 인프라가 글로벌 시장을 감당할 수 있는지 평가해야 한다. 물류, 고객 지원, 법률적 요건, 문화적 장벽 등을 철저히 준비하는 것이 중요하다.

- 현지 법규 및 인증 요건 충족: 각 국가별로 요구하는 인증 및 규제

를 확인하고, 이를 충족하기 위한 전략을 마련한다.

예시: 유럽 진출을 고려하는 스타트업은 CE 인증을 확보해야 한다.
- 물류 및 공급망 최적화: 현지 배송 네트워크 및 물류 파트너십을 확보하는 것이 중요하다.

사례 연구: 아마존은 해외 진출 시마다 물류 센터를 먼저 구축해 배송 경쟁력을 극대화했다.
- 로컬라이제이션(Localization) 전략: 단순한 번역이 아니라 현지 소비자의 니즈를 반영한 제품/서비스 맞춤화가 필요하다.

사례 연구: 넷플릭스는 각 국가별 인기 콘텐츠를 분석해 현지화된 자체 제작 콘텐츠를 제공하는 전략을 사용했다.

## 10.3 창업기업 추천서와의 연계

스타트업이 투자자에게 제출하는 창업기업 추천서에서 밝힌 목표와 글로벌 진출 전략이 일관성을 유지해야 한다. 초기 계획과 실제 실행 단계에서의 괴리를 최소화하는 것이 투자자의 신뢰를 얻는 핵심 요소다.

- 비즈니스 모델과 글로벌 확장 전략 정합성 확보

  예를 들어, B2B SaaS 기업이 글로벌 확장을 목표로 한다면, 다국어 지원 및 글로벌 고객 지원 체계가 마련되어 있어야 한다.
- 추천서 내용 반영 사례

  에어비앤비는 초기 창업 지원서에서 '전 세계적인 공유 경제 활성화'를 목표로 설정했고, 이후 로컬 호스트 네트워크를 구축하며 글로벌 성공을 거두었다. 또한, 쇼피파이는 글로벌 전자상거래 시장을 목표로 설정했고, 다국어 지원 및 글로벌 결제 시스템을 미리 준비해 진출을 원활히 했다.

## 10.4 해외 마케팅 전략 수립

해외 마케팅은 단순한 광고 캠페인이 아니라 브랜드 인지도를 높이고 현지 소비자의 신뢰를 얻는 과정이다. 이를 위해 다음과 같은 전략이 필요하다.

디지털 마케팅 최적화

- 검색 엔진 최적화(SEO) 및 검색 광고: 글로벌 시장에서는 구글 SEO뿐만 아니라 현지 검색 엔진(예: 중국의 바이두, 러시아의 얀덱스) 최적화가 필수적이다.
- 사례 연구: TikTok은 동남아 및 유럽 시장에서 현지화된 콘텐츠 전략을 활용하여 빠르게 성장했다.

소셜 미디어 및 인플루언서 마케팅

- 로컬 인플루언서 협업: 각 시장의 문화와 트렌드를 이해하는 인플루언서를 활용하면 브랜드 신뢰도를 빠르게 확보할 수 있다.
- 사례 연구: 다니엘 웰링턴(Daniel Wellington)은 글로벌 시장 확장 시 인플루언서 마케팅을 핵심 전략으로 활용하여 큰 성과를 거두었다.

현지 파트너십 구축

- 현지 유통사 및 브랜드와 협력: 직접 진출이 어려운 경우 현지 파트너사와의 협력을 통해 시장에 진입하는 전략도 효과적이다.
- 사례 연구: 스타벅스는 한국, 중국, 일본 시장에서 현지 기업과의 조인트 벤처(Joint Venture) 방식으로 진출하여 성공을 거두었다.

## 10.5 글로벌 확장을 위한 실질적 로드맵

성공적인 글로벌 확장을 위해서는 단순한 시장 선택을 넘어, 철저한 사전 준비와 현지화 전략이 수반되어야 한다. 또한 해외 마케팅 전략과 실행 방안을 미리 구체화하여 지속적인 시장 점유율을 확대하는 것이 중요하다. 유명 리포트 및 사례를 활용하여 전략을 세우고, 실질적인 실행 가능성을 높이는 것이 글로벌 시장에서 살아남는 핵심 요인이다.

## 글로벌 진출 전략 / 해외 마케팅

① 실제로 글로벌 진출이 가능하고 진출할 국가만 설정
② 진출을 위한 기반이 이미 마련되어 있으면 가점사항
③ 창업기업 추천서에 기재한 내용과 연결되어야 함
④ 글로벌 진출 전략을 토대로 해외마케팅 내용 작성

### 사례

단계별 마케팅으로 초기 국내시장 진입과 함께 네트워킹을 통한 글로벌 진출 확장 전략 구사

**2027-29 북미 시장 진출** `글로벌`
- 글로벌 엑셀러레이터로 도약
- 27년 북미 진출 준비를 위한 AI 알고리즘을 현지화
- 28년 미국 지사 설립 및 현지 전문가 영입으로 시장 적응력 강화 및 매출 실현
- 29년 글로벌 정식 출시 및 글로벌 시장 점유율 10% 목표

**2026 동남아 등 초기 확장** `글로벌`
- 싱가포르 중심 투자 네크워킹 확장
- 동남아 시장(싱가포르 중심) 및 일본, 중국, 인도 진출
- 현지 액셀러레이터와 협력하여 포트폴리오 스타트업 대상 확대
- 한국 스타트업 데이터를 공유해 투자 네트워크 확장

**초기 국내 마케팅 전략 2026** `국내`
- 정기 데모데이 개최로 투자자 유입
- 판교, 서울 창업허브와 협력 입주사 할인 제공으로 초기 고객을 확보
- 성공사례 홍보와 데모데이를 통해 투자자 확보 및 시장 인지도 견인

**초기 국내시장 진입 2025** `국내`
- 정기 데모데이 개최로 투자자 유입
- 2023년 MVP 테스트(10개사), 2024년 PoC(138개사, 정확도 85%)를 완료하며 유료화 가능성을 확인함
- 2025년엔 정부 창업지원과 연계해 1,000개 스타트업 유료 구독을 목표로 함

**결론**

실질적이고 차별화된 전략

스타트업이 성공적으로 투자 유치를 이루기 위해서는 철저하고 구체적인 마케팅 전략이 필수적이다. 효과적인 마케팅 전략은 단순한 고객 확보를 넘어 지속 가능한 성장을 이끌며, 투자자에게는 높은 ROI를 보장하는 신뢰의 근거가 된다.

## Q. 밸류에이션이 높으면 좋을까?

**1. 밸류에이션의 양면성**

　스타트업 창업자들의 꿈은 대부분 비슷하다. 혁신적인 아이디어로 시장을 선도하고, 막대한 투자금을 유치하여 유니콘 기업으로 성장하는 것. 그러나 이 과정에서 많은 창업자들이 간과하는 중요한 요소가 있다. 바로 '적정 밸류에이션'이다.

높은 밸류에이션의 유혹
　투자 유치 과정에서 창업자들은 종종 높은 밸류에이션에 현혹된다. 높은 밸류에이션은 마치 자신의 사업 가치를 인정받은 것 같은 착각을 불러일으키고, 단기적으로는 더 많은 자금을 적은 지분 희석으로 조달할 수 있게 해준다. 그러나 이는 양날의 검과 같다.

현실과 괴리된 밸류에이션의 위험성
　과도하게 부풀려진 밸류에이션은 장기적으로 스타트업에 독이 될 수 있다. 2021년 소프트뱅크의 비전펀드가 투자한 인도의 호텔 체인 OYO의 사례를 살펴보자. OYO는 한때 100억 달러 이상의 밸류에이션을 받았지만, 실적 부진과 과대 평가 논란으로 2023년 IPO 당시 70억 달러 수준으로 크게 하락했다. 이는 높은 밸류에이션이 항상 좋은 것만은 아니라는 점을 잘 보여준다.

## 2. 지속 가능한 성장을 위한 밸류에이션 전략

### 현실적인 사업계획 수립

투자자들은 단순히 높은 숫자에 현혹되지 않는다. 그들은 스타트업의 현재 실적, 시장 잠재력, 그리고 경영진의 능력을 종합적으로 평가한다. 따라서 창업자는 현실적이고 달성 가능한 사업계획을 제시해야 한다. 예를 들어, 2019년 위워크(WeWork)의 실패한 IPO 사례를 보면, 과도하게 낙관적인 전망과 현실과 동떨어진 밸류에이션이 어떤 결과를 초래하는지 알 수 있다. 위워크는 470억 달러의 밸류에이션을 주장했지만, 시장은 이를 받아들이지 않았고 결국 IPO는 철회되었다.

### 단계별 성장에 맞는 밸류에이션

스타트업의 성장 단계에 따라 적절한 밸류에이션 전략을 세우는 것이 중요하다. 시드 단계에서는 보수적인 접근이, 시리즈 A 이후에는 실적을 바탕으로 한 점진적 상승이 바람직하다.

| 투자 단계 | 밸류에이션 전략 | 주요 고려사항 |
| --- | --- | --- |
| 시드 | 보수적 접근 | 아이디어의 잠재력, 팀의 역량 |
| 시리즈 A | 실적 기반 상승 | 초기 고객 확보, 제품-시장 적합성 |
| 시리즈 B+ | 성장성 반영 | 스케일업 가능성, 시장 점유율 |

## 3. 투자자와의 신뢰 구축

### 투명성과 일관성

투자자들은 스타트업의 성장 가능성뿐만 아니라 경영진의 신뢰성도 중요하게 여긴다. 따라서 투자 유치 과정에서 투명하고 일관된 커뮤니케이션이 필수적이다.

### 장기적인 파트너십 구축

투자 유치는 단순한 자금 조달이 아닌 장기적 파트너십의 시작이다. 예를 들어, 테슬라의 일론 머스크는 초기 투자자들과 긴밀한 관계를 유지하며 회사의 비전을 공유했고, 이는 테슬라가 어려운 시기를 극복하고 성장하는 데 큰 도움이 되었다.

## 4. 밸류에이션 협상의 기술

### 데이터 기반 접근

밸류에이션 협상 시 감정적 접근보다는 데이터에 기반한 논리적 접근이 중요하다. 업계 평균, 경쟁사 사례, 그리고 자사의 KPI를 활용하여 밸류에이션의 근거를 마련해야 한다.

### 유연한 구조 설계

고정된 밸류에이션에 집착하기보다는 성과에 따른 조정 가능한 구조를 제안할 수 있다. 예를 들어, 마일스톤 기반의 트랜치 투자나 전환사채 등의 구조를 활용하면 초기 밸류에이션에 대한 부담을 줄이면서도 성과에 따른 보상을 받을 수 있다. 그러나 대세는 아시다시피 상환전환 우선주(RCPS)로 진행되고 있다.

## 5. 후속 투자와 출구 전략 고려

### 미래를 위한 준비

높은 밸류에이션은 단기적으로는 매력적일 수 있지만, 후속 투자나 M&A, IPO 등의 출구 전략 실행 시 걸림돌이 될 수 있다. 따라서 현재의 투자 유치뿐만 아니라 미래의 자금 조달 계획도 함께 고려해야 한다.

### 유명 벤처캐피털의 접근법

실리콘밸리의 유명 VC인 앤드리슨 호로위츠는 "고성장 스타트업의 밸류에이션은 미래 가치의 현재 할인율"이라고 설명한다. 이는 현재의 실적보다는 미래의 성장 가능성에 무게를 두되, 그 성장이 실현 가능해야 한다는 점을 강조한다.

## 결론

### 밸류에이션은 수단이지 목적이 아니다

스타트업 창업자들은 높은 밸류에이션 그 자체를 목표로 삼지 말아야 한다. 밸류에이션은 단순히 회사의 가치를 나타내는 숫자가 아니라, 투자자와의 관계, 미래 성장 전략, 그리고 시장에서의 평판을 모두 포함하는 복합적인 개념이다. 진정한 성공은 지속 가능한 비즈니스 모델을 구축하고, 실질적인 가치를 창출하며, 고객과 투자자 모두에게 신뢰받는 기업이 되는 것이다. 밸류에이션은 이러한 성공의 결과물이어야 하며, 그 자체가 목적이 되어서는 안 된다. 스타트업 창업자들은 단기적인 유혹에 빠지지 않고, 장기적인 안목으로 회사의 가치를 키워나가야 한다. 현실적인 사업계획, 투명한 커뮤니케이션, 그리고 지속적인 성과 창출을 통해 진정한 의미의 높은 밸류에이션을 달성할 수 있을 것이다. 이것이 바로 성공적인 스타트업이 걸어가야 할 길이다.

제 10장

# 실행 계획(Execution Plan)

**스타트업 실행 계획 전략의 핵심**

스타트업의 성공은 훌륭한 아이디어에서 시작되지만, 그 아이디어를 현실로 만드는 것은 바로 실행 계획이다. 투자자들은 여러분의 비전 뿐만 아니라 그 비전을 실현할 수 있는 구체적인 방법에도 큰 관심을 가진다. 따라서 실행 계획은 투자 유치 전략에서 핵심 요소로 작용한다. 스타트업이 투자 유치에 성공하려면, 사업 실행 가능성을 입증할 수 있는 명확한 실행 계획이 반드시 필요하다. 이 섹션은 투자자에게 스타트업의 전략적 비전과 실질적 실행 가능성을 보여주는 부분으로, 다음의 4가지 축으로 구성된다. 구체적인 행동 계획(Action Plan), 조직 내 명확한 역할과 책임(Roles and Responsibilities, R&R), 자사 기술 및 제품에 대한 이해, 핵심 고객 타겟팅 및 커뮤니케이션 전략으로 구성된다.

**실행 계획의 중요성**

피터 드러커는 그의 저서 『피터 드러커의 자기경영노트(The Effective Executive)』에서 이렇게 말했다. "효과적인 경영자는 목표를 달성하기 위한 명확한 실행 계획을 수립하고, 각 구성원의 역할과 책임을 명확히 정의하여 조직 내 혼선을 방지해야 합니다. 구체적인 행동 계획은 성과를 측정하고 개선하는 데 중요한 역할을 합니다." 이 말은 스타트업 환경에서 더욱 중요하다. 한정된 자원과 시간 안에서 최대의 효과를 내야 하는 스타트업에게 실행 계획은 생존과 성장을 좌우하는 로드맵이 된다.

"그 길을 아는 것과 그 길을 걷는 것은
분명히 다르다."
- 『매트릭스』 모피어스의 대사 중에서

## STEP 10
## 실행 계획 Execution Plan
목표를 달성하기 위한 구체적인 행동 계획, 조직 구성원의 역할 및 책임 (R&R), 자사 기술 및 제품 이해, 핵심 고객 타게팅 및 미팅 전략을 제시

### 행동 계획 수립 사례
1단계 제품 개발 완료 2026년 1분기
2단계 시장 테스트 및 피드백 수집 2026년 2분기
3단계 제품 출시 및 마케팅 캠페인 실행 2026년 3분기

### 조직 구성원에게 업무 R&R 공유 사례
CEO 전략적 방향 설정 및 주요 의사결정
CTO 기술 개발 및 관리
CMO 마케팅 전략 수립 및 실행

### 자사 기술, 자사 제품 이해 사례
신규 직원 온보딩 프로그램에서 자사 기술과 제품에 대한 심층 교육을 실시하고, 분기별 기술 업데이트 세미나를 통해 모든 직원들이 최신 정보를 공유받도록 한다.

### 핵심 고객 타겟팅 및 미팅 전략 수립 사례
핵심 고객은 중소기업의 마케팅 담당자로, 데이터 분석 솔루션에 대한 니즈가 크다. 주요 업종별로 세분화된 마케팅 캠페인을 진행하여, 각 업종의 특성에 맞춘 메시지를 전달한다.

## 1. 구체적인 행동 계획 수립

성공적인 실행을 위해서는 단계별 행동 계획과 명확한 타임라인이 필요하다. 각 단계별로 필요한 자원을 적절히 배분해 목표를 달성할 수 있도록 설계해야 한다. 이는 단순한 작업 목록이 아니라, 목표 달성을 위한 전략적 접근 방식이다.

### 1.1 단계별 계획과 사례

| 단계 | 활동 | 목표 및 세부 계획 | 타임라인 | 자원 할당 | 성공 기준 |
|---|---|---|---|---|---|
| 1단계 | 제품 MVP 개발 | 알고리즘 최적화, 데이터 전처리 강화 | 2026년 1분기 | AI 개발자 5명, 예산 10억 원 | 알고리즘 정확도 85% 이상 |
| 2단계 | 사용자 경험 강화 및 피드백 수집 | UI/UX 개선 및 베타 테스트 | 2026년 2분기 | UX 디자이너 3명, 예산 3억 원 | 사용자 만족도 80% 이상 |
| 3단계 | 초기 시장 진입 및 마케팅 실행 | 초기 고객 유치, 파트너십 확보 | 2026년 3분기 | 마케팅팀 5명, 예산 8억 원 | 고객 전환율 20% 이상 |
| 4단계 | 글로벌 확장 전략 실행 | 글로벌 시장 진출, 제품 최적화 | 2026년 4분기 | 글로벌팀 3명, 예산 15억 원 | 해외 매출 비중 20% 이상 |

각 단계에는 명확한 목표와 기대 결과가 있어야 한다. 예를 들어, 제품 개발 단계에서는 핵심 기능 구현, 사용자 인터페이스(UI) 디자인, 초기 버그 수정 등과 같은 세부 목표를 설정할 수 있다.

1.2 타임라인 제공

행동 계획에는 반드시 구체적인 일정이 포함되어야 하며, 이는 팀원들에게 명확한 목표와 기한을 제시하고 진행 상황을 체계적으로 관리하는 데 기여한다. 다음은 타임라인 수립의 예시다.

예시

- 제품 개발 완료: 2026년 1분기 (3월 31일까지)
- 베타 테스트 시작: 2026년 4월 15일
- 피드백 수집 및 분석: 2026년 5월 1일 - 6월 15일
- 최종 제품 출시: 2026년 7월 1일
- 마케팅 캠페인 런칭: 2026년 7월 15일

1.3 자원 할당

각 단계에 필요한 자원을 명확히 정의하고 적절히 할당하는 것이 중요하며, 이는 인력, 예산, 기술 자원 등을 모두 포함한다. 다음은 각 단계 수립의 예시다.

예시

- 제품 개발 단계:

  개발팀 5명, UI/UX 디자이너 2명, 프로젝트 매니저 1명, 예산 5억 원
- 시장 테스트 단계: 마케팅 전문가 2명, 데이터 분석가 1명, 예산 2억 원
- 제품 출시 및 마케팅 단계: 마케팅팀 3명, 고객 지원팀 2명, 예산 3억 원

1.4 핵심 포인트

1. 리스크 관리: 각 단계의 주요 리스크를 식별하고 완화 전략을 포함해야 함.
2. 지속적 개선: 각 단계 종료 후 성과를 분석하고 개선사항을 반영하여 다음 단계를 최적화함.

## 2. 조직 구성원에게 업무 R&R 공유

### 2.1 역할과 책임 분담

조직 내 각 구성원의 역할 및 책임을 정의하여, 업무 혼선을 방지하고 구성원의 책임감을 높이며 성과 평가 기준을 설정한다.

### 2.2 조직도 및 역할 분담

스타트업의 조직도는 유연하고 효율적이어야 한다. 각 팀원의 역할을 명확히 규정하되, 상황에 따라 탄력적으로 조정할 수 있는 유연성도 함께 갖추어야 한다.

| 역할 | 주요 책임 | 권한 및 범위 | 성과 측정 기준 |
| --- | --- | --- | --- |
| CEO | 전략적 방향 설정, 주요 의사결정 | 최종 의사결정권 | 매출 성장률, 투자 유치 금액 |
| CTO | 기술 개발 및 제품 혁신 관리 | 기술팀 총괄 | 기술 개발 완료율, 제품 성능 |
| CMO | 마케팅 및 브랜드 전략 수립 | 마케팅팀 관리 및 예산 집행권 | 고객 유입 및 전환율 |
| CFO | 재무 전략 및 자금 관리 | 재무팀 총괄 | 예산 준수율, 현금 흐름 |

기술기업의 경우 추가 조직

- 프로덕트 매니저(Product Manager): 제품 로드맵 관리 및 개발 우선순위 설정
- UX 디자이너(UX Designer): 사용자 경험 설계 및 개선
- 풀스택 개발자(Full-stack Developer): 핵심 기능 개발 및 유지보수

## 2.3 책임과 권한의 명확화

각 역할에 대한 구체적인 책임과 권한을 문서화하는 것이 중요하다. 이를 보다 체계적으로 관리하기 위해 RACI(Responsible, Accountable, Consulted, Informed) 매트릭스를 활용할 수 있다.

예시

- 프로덕트 매니저는 제품 기능 우선순위 결정에 대한 최종 책임(Accountable)을 갖는다.
- 개발자는 할당된 기능 개발에 대해 책임(Responsible)을 진다.
- UX 디자이너는 새로운 기능 설계 시 반드시 상담(Consulted)되어야 한다.
- CEO는 주요 제품 결정사항에 대해 항상 정보를 제공받아야(Informed) 한다.

## 2.4 성과 측정 기준

명확한 성과 측정 기준을 설정하는 것은 팀원들의 동기 부여와 성과 관리에 중요하다. OKR(Objectives and Key Results) 방식은 명확한 목표와 측정 가능한 성과를 설정하는 데 효과적이다.

예시

- Objective: 2024년 3분기 내 월간 활성 사용자(MAU) 10만 명 달성
- Key Result 1: 매월 신규 가입자 수 20% 증가
- Key Result 2: 사용자 유지율 85% 달성

- Key Result 3: 앱스토어 평점 4.5 이상 유지

2.5 성과 관리

1. 명확한 보고 체계: 보고 라인을 통해 빠르고 일관된 의사결정을 보장함
2. 분기별 성과 리뷰: 각 구성원의 성과를 정량적으로 평가하고, 개선 방향을 제시함

## 3. 자사 기술 및 제품 이해

스타트업의 모든 구성원이 자사의 기술과 제품에 대한 깊은 이해를 갖추는 것은 효과적인 내부 커뮤니케이션과 문제 해결을 가능하게 하며, 시장 경쟁에서의 우위를 확보하는 데 핵심적인 요소다. 조직 전체가 기술 및 제품에 대한 깊은 이해를 가지고 있어야 시장 경쟁에서 우위를 확보할 수 있기 때문이다.

### 3.1 교육 및 학습 전략

| 교육 프로그램 | 대상 | 목적 | 빈도 | 책임자 | 성과 평가 방법 |
|---|---|---|---|---|---|
| 신규 직원 | 신입사원 | 자사 기술 및 제품 이해, 기업 문화 공유 | 입사 후 1개월 내 | HR팀 | 교육 이수율, 테스트 결과 |
| 온보딩 | 전체 직원 | 최신 기술 트렌드 및 혁신 공유 | 분기별 | CTO | 참석률, 활용도 |
| 전사 워크숍 | 전 직원 | 팀워크 강화, 혁신 아이디어 도출 | 연 1회 | CTO, HR팀 | 아이디어 채택률 |

### 3.2 기술 및 제품 교육

정기적인 교육 세션을 통해 전 직원이 최신 기술 동향과 제품 업데이트를 이해하고 공유할 수 있도록 해야 한다.

예시

- 주간 기술 세미나: 개발팀이 진행 중인 기술 개발 내용 공유
- 월간 제품 리뷰: 새로운 기능 및 로드맵 공유
- 분기별 시장 동향 분석: 경쟁사 제품 및 기술 동향 분석

3.3 지속적인 학습 및 업데이트

기술과 시장 환경이 빠르게 변하는 만큼, 지속적인 학습 문화를 조성하여 팀의 기술 경쟁력을 유지해야 한다.

예시
- 온라인 학습 플랫폼 구독 지원
- 관련 컨퍼런스 및 워크샵 참가 지원
- 내부 지식 공유 플랫폼 운영

3.4 기술 및 제품 문서화

체계적인 문서화는 지식의 체계적 공유와 업무 효율성 향상에 필수적이다.

예시
- 기술 스택 문서: 사용 중인 기술과 그 선택 이유 설명
- API 문서: 외부 개발자를 위한 상세한 API 가이드
- 제품 매뉴얼: 사용자를 위한 상세한 기능 설명 및 사용 가이드

3.5 핵심 포인트
- 지속적 업데이트: 신기술과 시장 트렌드를 반영해 전 직원이 최신 정보를 공유받도록 함.
- 문서화 체계: 제품 및 기술 관련 문서를 체계적으로 관리하고, 필요시 쉽게 접근 가능하도록 함.

## 4. 핵심 고객 타겟팅 및 미팅 전략

성공적인 스타트업은 고객을 깊이 이해하고, 그들의 니즈에 맞는 솔루션을 제공한다. 이를 위해서는 핵심 고객을 명확히 정의하고, 고객의 니즈에 맞는 타겟팅 및 커뮤니케이션 전략을 수립해야 한다.

### 4.1 고객 타겟팅 및 미팅 계획

| 단계 | 핵심 고객 | 타겟팅 전략 | 미팅 방식 | 성공 기준 |
|---|---|---|---|---|
| 1단계 | 중소기업 마케팅 담당자 | 업종별 맞춤 메시지 전달 | 월 1회 정기 미팅 | 고객 전환율 30% 이상 |
| 2단계 | 대형 마케팅 에이전시 | 공동 마케팅 캠페인 제안 | 분기별 파트너십 미팅 | 파트너십 체결률 40% 이상 |
| 3단계 | 잠재적 투자자 | 투자 리스크 최소화 방안 제시 | 데모데이 및 1:1 미팅 | 투자자 만족도 90% 이상 |
| 4단계 | 글로벌 진출 파트너 | 현지 시장 맞춤형 솔루션 제공 | 연 2회 글로벌 미팅 | 해외 매출 비중 20% 이상 |

### 4.2 핵심 고객 정의

고객 세그먼트를 명확히 정의하고, 각 세그먼트의 특성과 니즈를 정밀하게 분석해야 한다.

예시

- 주요 타겟: 25-40세 도시 거주 전문직 여성
- 특성: 건강에 관심이 많고, 시간 효율성을 중요시함
- 주요 니즈: 편리하고 건강한 식사 솔루션

### 4.3 고객 타겟팅 전략

정의된 고객 세그먼트에 효과적으로 도달하기 위한 맞춤형 전략을 수립해야 한다.

예시

- 인플루언서 마케팅: 건강 및 라이프스타일 인플루언서와의 협업
- 콘텐츠 마케팅: 건강식 레시피 및 영양 정보 제공 블로그 운영
- 타겟 광고: 소셜 미디어 및 검색 엔진에서의 정교한 타겟팅

### 4.4 미팅 및 커뮤니케이션 계획

고객과의 효과적인 커뮤니케이션은 제품 개선과 고객 유지에 핵심적인 역할을 한다.

예시

- 정기적인 사용자 피드백 세션 진행
- 24/7 고객 지원 채널 운영
- 월간 뉴스레터를 통한 제품 업데이트 및 건강 정보 제공

### 4.5 실행 계획의 유연성 확보

짐 콜린스는 『좋은 기업을 넘어 위대한 기업으로』에서 이렇게 말했다. "위대한 기업으로 성장하기 위해서는 구체적인 목표와 실행 계획이 필요합니다. 이는 조직 구성원이 각자의 역할을 명확히 이해하고, 목표 달성을 위해 효과적으로 협력할 수 있도록 도와줍니다. 성공적인

실행 계획은 명확한 커뮤니케이션과 지속적인 피드백 시스템을 기반으로 합니다." 이 말은 실행 계획이 고정된 것이 아니라 지속적으로 개선되고 조정되어야 함을 시사한다. 스타트업 환경에서는 더욱 그렇다.

4.6 정기적인 계획 검토 및 조정

시장 변화와 내부 역량의 변동에 따라 실행 계획을 정기적으로 검토하고 유연하게 조정해야 한다.

예시

- 주간 스프린트 리뷰: 단기 목표 달성 여부 확인 및 조정
- 월간 전략 미팅: 중기 목표 진행 상황 검토 및 리소스 재할당
- 분기별 전략 검토: 장기 목표 및 전반적인 방향성 재검토

4.7 피드백 루프 구축

존 코터는 『기업이 원하는 변화의 리더(Leading Change)』에서 이렇게 말했다. "변화를 이끌기 위해서는 명확한 실행 계획과 단계별 전략이 필수적입니다. 변화 관리의 핵심은 각 단계에서 필요한 자원과 인력을 적절히 배치하고, 조직 내 모든 구성원이 변화의 비전을 공유하도록 하는 것입니다." 이를 위해 효과적인 피드백 시스템을 구축해야 한다.

예시

- 익명 피드백 채널 운영: 팀원들이 자유롭게 의견을 제시할 수 있는 플랫폼

- 360도 피드백: 상사, 동료, 부하직원으로부터의 종합적인 피드백 수집
- 고객 피드백 통합: 고객의 의견을 실시간으로 제품 개발 및 마케팅 전략에 반영

4.8 핵심 포인트

- 고객 관계 강화: 정기적인 미팅과 피드백 반영으로 고객 신뢰를 구축함.
- 성과 기반 전략 수정: 각 단계별 성과를 평가하여 타겟팅 전략을 지속적으로 개선함.

## 5. 초기 시장 진입 및 시장 확장 전략

### 5.1 구체적인 시장 진입 전략

스타트업이 성공적으로 시장에 진입하려면 철저한 시장 조사와 실행 가능한 전략이 반드시 필요하다. 초기 시장 진입 전략을 수립할 때 고려해야 할 주요 요소는 다음과 같다.

- 니치 마켓(Targeted Niche Market) 공략: 대기업이 간과하는 틈새시장에 집중하여 경쟁력을 확보한다.
    - 사례 연구: 달러 쉐이브 클럽은 기존 면도기 시장에서 구독 모델을 통해 틈새시장을 공략하여 빠르게 성장했다.
- 최소 기능 제품 출시 및 시장 반응 테스트: 초기 제품을 빠르게 출시하고 고객 피드백을 반영하여 지속적으로 개선한다.
    - 사례 연구: 에어비앤비는 공동 창업자가 샌프란시스코에서 직접 고객을 모집하며 초기 시장을 테스트했다.
- 전략적 파트너십 및 얼리어답터 확보: 업계 내 중요한 파트너와 협력하여 초기 사용자층을 확보하고 브랜드 신뢰도를 형성한다.
    - 사례 연구: 테슬라는 고급 자동차 시장에서 먼저 진입한 후, 점진적으로 보급형 모델을 확장했다.
- 로컬라이제이션(Localization) 전략: 특정 지역 고객의 문화 및 소비 패턴을 반영하여 진입 전략을 최적화한다.
    - 사례 연구: 우버는 각국의 규제 및 소비자 특성을 반영하여 현지화 전략을 적극 활용했다.

## 5.2 시장 진입을 위한 명확한 근거 제시

성공적인 시장 진입을 위해서는 구체적인 데이터와 분석을 통해 타겟 시장이 적절하다는 근거를 마련해야 한다.

- 시장 조사 데이터 활용: 스태티스타, 맥킨지, BCG 등 유명 보고서를 활용하여 타겟 시장의 성장 가능성을 분석한다.
  - 예시: SaaS 기반 B2B 솔루션 기업이라면 Gartner Magic Quadrant 보고서를 참고하여 시장 규모와 트렌드를 분석할 수 있다.
- Pain Point 해결: 고객의 핵심 문제를 해결하는 방식으로 제품 및 서비스를 설계해야 한다.
  - 사례 연구: 슬랙은 이메일의 비효율성을 개선하는 협업 도구로 등장하여 빠르게 시장을 장악했다.
- 법적·기술적 장벽 분석: 해당 시장에서의 규제, 특허, 인증 요건 등을 철저히 검토해야 한다.
  - 사례 연구: 틱톡은 중국 시장에서 출발했지만, 각국의 데이터 보호법을 준수하며 글로벌 확장을 성공적으로 수행했다.

## 5.3 스타트업의 강점 활용 전략

스타트업은 제품/서비스의 강점을 최대한 활용하여 시장에 차별화된 가치를 제공해야 한다.

- 기술적 우위 확보: 스타트업이 보유한 독창적인 기술이나 알고리

즘을 활용하여 경쟁에서 우위를 점한다.
- 사례 연구: 딥마인드(DeepMind)는 AI 기술력을 바탕으로 구글에 인수되며 시장에서의 입지를 확립했다.
- UX 최적화: 제품 및 서비스가 직관적이고 사용하기 쉬운 것이 강점이 될 수 있다.
- 사례 연구: 애플은 혁신적인 UX/UI 디자인을 통해 프리미엄 시장을 장악했다.
- 브랜드 정체성 및 커뮤니티 구축: 초기 사용자를 중심으로 강력한 커뮤니티를 형성하여 충성도를 높인다.
- 사례 연구: 글로시에(Glossier)는 고객 중심의 SNS 마케팅을 통해 뷰티 시장에서 빠르게 성장했다.

5.4 확보한 타겟 시장을 기반으로 해외 시장까지 확장

초기 시장에서 성공적으로 입지를 다진 뒤, 글로벌 시장으로의 확장 전략을 마련해야 한다.
- 단계적 확장 전략(Phased Expansion)
  1단계: 국내 시장에서 안정적인 사용자층 확보
  2단계: 유사한 소비 패턴을 가진 국가부터 공략
  (예: 미국 스타트업 → 캐나다, 영국)
  3단계: 현지화 전략을 통해 글로벌 시장 확장
  - 사례 연구: 넷플릭스는 미국에서 시작하여, 언어별 맞춤 콘텐

츠를 제작하며 글로벌 스트리밍 시장을 장악했다.
- 현지 파트너십 및 법적 요건 대응: 해외 시장 진출 시 현지 기업과 협력하여 규제 대응을 원활하게 한다.
  - 사례 연구: 스타벅스는 아시아 시장 진출 시 현지 기업과의 조인트 벤처를 적극 활용했다.

5.5 시장 진입 및 확장을 위한 실행 가능한 로드맵

성공적으로 시장에 진입하기 위해서는 철저한 전략 수립과 실행이 필요하다. 초기 시장을 발판으로 점진적인 확장을 거쳐 글로벌 시장으로 진출하는 것이 핵심이다. 유명 사례와 데이터를 기반으로 전략을 정교화하고 실행 가능성을 높이면, 투자유치에도 긍정적인 영향을 미칠 수 있다.

## 결론

'실행 계획' 섹션은 스타트업의 실행 가능성을 증명하는 핵심 섹션으로, 투자자들에게 신뢰를 제공하는 중요한 역할을 한다. 명확한 단계별 계획, 조직 내 책임 분담, 기술 및 제품 이해도 증진, 고객 타겟팅 전략의 조화를 통해 지속 가능한 성장을 이루는 데 초점을 맞춘다.

또한 시장 변화에 유연하게 대응하고, 각 단계에서 성과를 분석해 지속적인 개선을 가능하게 함으로써 장기적인 성공을 보장한다.

참고: 피터 드러커의 『피터 드러커의 자기경영노트』, 짐 콜린스의 『좋은 기업을 넘어 위대한 기업으로』, 존 코터의 『기업이 원하는 변화의 리더』는 구체적인 실행 계획과 조직 관리의 중요성을 강조한 유명 사례로, 이를 기반으로 작성된 이 전략은 스타트업의 성장 동력으로 작용한다.

## Q. 투자자들의 100가지 질문과 해설

액셀러레이터, 벤처캐피털 등 투자자들이 물어볼 수 있는 100가지 질문에 대해 설명하고자 한다. 이 모든 질문에 대해 정답을 미리 준비할 필요는 없다. 이는 지금까지 수천 번의 심사와 평가를 통해 주로 나오는 질문들을 모은 것이며, 스타트업 대표나 팀이 피칭 시 무엇을 준비해야 하는지를 가늠해보는 가이드로 이해하면 유용하다. 심사역이나 멘토라면, 이 정도 수준의 내용을 기본적으로 스타트업에게 질문한다고 생각하고 참고하면 좋다.

1. 문제 정의: 시장에서 해결하고자 하는 문제는 무엇인가?

규모와 심각성을 분석해, 해결할 가치가 있는지를 평가한다. 문제 정의가 명확할수록 사업의 방향성이 분명해지고, 이를 해결하려는 팀의 열정과 실행 의지도 더욱 부각된다. 성공적인 스타트업은 큰 시장에서 긴급한 문제를 해결하는 경우가 많다.

2. 솔루션: 제안하는 솔루션은 무엇인가?

스타트업의 솔루션이 문제를 어떻게 해결하는지 설명하는 것은 매우 중요하다. 그 솔루션이 실현 가능하고, 혁신적이며, 기존의 문제를 더 효과적으로 해결할 수 있어야 한다. 여기서 핵심은 솔루션이 문제와 정확하게 일치하며, 고객의 필요에 실질적으로 부응하는지 여부이다.

3. 핵심 가치 제안: 고객에게 제공하는 주요 가치는 무엇인가?

스타트업이 고객에게 제공하는 가치는 그 비즈니스 모델의 핵심이다. 고객이 그 제품이나 서비스를 통해 무엇을 얻게 되는지, 그리고 그 가치가 기존 시장에서 부족했던 점을 얼마나 잘 해결하는지 설명해야 한다. 가치는 단순한 기능 이상으로, 고객의 경험과 혜택에 대한 명확한 설명이 필요하다.

4. 타겟 시장: 목표로 하는 시장 및 고객 세그먼트는 무엇인가?

목표 시장과 고객 세그먼트는 비즈니스 성공의 중요한 요소이다. 스타트업은 명확한 타겟팅을 통해 자원을 효율적으로 사용할 수 있으며, 이를 통해 성장 가능성을 높일 수 있다. 구체적인 고객 프로필과 그들의 니즈를 정확히 파악하고 있다는 점을 강조해야 한다.

5. 시장 규모: 전체 잠재적 확장 가능한 시장(TAM), 본격적인 경쟁을 하는 유효한 시장(SAM), 바로 진입 가능한 시장(SOM)의 크기는 얼마나 되는가?

시장 규모는 비즈니스가 성장할 수 있는 잠재력을 의미한다. TAM, SAM, SOM은 각각 전체 시장, 그중 스타트업이 실제로 공략할 수 있는 시장, 그리고 당장 접근 가능한 시장을 나타낸다. 시장 규모가 클수록 성공 가능성이 높아지며, 투자자들은 이를 통해 스타트업의 확장성을 평가한다.

6. 경쟁 분석: 주요 경쟁자는 누구이며, 그들의 강점과 약점은 무엇인가?

경쟁자 분석을 통해 스타트업은 자신의 포지셔닝을 명확히 할 수 있다. 경쟁사의 강점과 약점을 분석하여, 시장에서 자신만의 경쟁 우위를 어떻게 확보할 수 있을지 설명해야 한다. 이를 통해 투자자는 스타트업이 치열한 시장에서 경쟁력을 유지할 수 있을지 판단한다.

7. 차별화 요소: 경쟁사 대비 자사의 차별화 요소는 무엇인가?

차별화 요소는 투자 결정에 중요한 기준이다. 스타트업이 경쟁자들과 비교하여 어떤 부분에서 우위에 있는지 명확히 제시해야 하며, 기술적, 가격적, 서비스적 차별화를 강조할 필요가 있다. 차별화된 요소가 고객에게 얼마나 큰 가치를 제공하는지 구체적으로 설명하는 것이 중요하다.

8. 수익 모델: 수익을 창출하는 방식은 무엇인가?

스타트업의 수익 모델은 장기적인 사업 지속성을 결정짓는다. 수익 모델이 단순하면서도 안정적이고, 지속 가능한 구조여야 한다. 투자자들은 스타트업이 어떻게 돈을 벌고, 이를 통해 향후 얼마나 확장 가능성이 있는지를 중점적으로 평가한다.

9. 가격 전략: 제품 또는 서비스의 가격 책정 전략은 무엇인가?

가격 전략은 시장 진입과 확장에 중요한 역할을 한다. 가격 책정이 경쟁사와 비교하여 합리적이면서도 고객에게 매력적이어야 하며, 이윤을 창출할 수 있는지 설명해야 한다. 스타트업이 가격을 설정한 이유와 그 전략이 시장에서 얼마나 유효할지 검토된다.

**10. 고객 획득 전략: 고객을 어떻게 유치할 것인가?**

고객을 유치하는 전략은 초기 성장의 핵심이다. 스타트업이 고객을 어떻게 유입시킬 것인지, 이를 위한 마케팅 및 영업 전략이 무엇인지 명확히 설명해야 한다. 고객 획득 비용(CAC)과 그에 따른 수익성을 고려한 전략이 중요하며, 지속 가능한 고객 유치 방안을 제시해야 한다.

**11. 고객 유지 전략: 고객을 어떻게 유지하고 충성도를 높일 것인가?**

고객 유지 전략은 장기적인 수익성과 직결된다. 고객 이탈을 방지하고 충성도를 높이기 위한 전략을 제시하며, 이를 통해 반복 수익 창출이 가능한지를 설명해야 한다. 고객 서비스, 로열티 프로그램, UX 개선 등이 주요 수단이 될 수 있다.

**12. 유통 채널: 제품 또는 서비스를 고객에게 전달하는 방법은 무엇인가?**

유통 채널은 고객이 제품이나 서비스를 어떻게 접하게 되는지를 설명한다. 직접 판매, 온라인 플랫폼, 대리점 등 다양한 경로를 통해 고객 접근성이 높은지를 강조해야 한다. 효과적인 유통 전략은 사업 확장을 위한 핵심 기반이 된다.

13. 파트너십 및 제휴: 비즈니스 성장에 도움이 될 파트너십은 무엇인가?

　파트너십은 사업 확장과 시장 진입의 핵심 동력이 될 수 있다. 전략적 제휴를 통해 신뢰도와 경쟁력을 확보하고, 빠른 성장 가능성을 높일 수 있다. 투자자는 파트너십을 통해 기업의 시장 내 영향력과 네트워크 역량을 평가한다.

14. 핵심 활동: 비즈니스 모델을 실행하기 위해 필요한 주요 활동은 무엇인가?

　비즈니스 모델 실행에 필수적인 핵심 활동을 명확히 정의해야 한다. 제품 개발, 마케팅, 고객 지원 등 주요 활동이 사업 성과에 어떻게 기여하는지를 구체적으로 설명해야 한다.

15. 핵심 자원: 필요한 인력, 기술, 자금 등 핵심 자원은 무엇인가?

　스타트업 성공에 필요한 핵심 자원을 구체적으로 제시해야 한다. 인력, 기술, 자금 등 운영에 필수적인 자원을 어떻게 확보할지 설명하고, 이를 통해 안정적 사업 운영 기반이 마련되었는지를 보여줘야 한다.

16. 비용 구조: 주요 비용 요소는 무엇이며, 비용 절감 방안은 무엇인가?

　사업의 비용 구조를 명확히 이해하는 것은 필수적이다. 주요 비용 항목을 식별하고, 효율적 관리 방안과 절감 전략을 함께 제시해야 한다. 이를 통해 스타트업이 자금을 얼마나 효율적으로 사용할 수 있는지 평가한다.

17. 수익 예측: 수익 예측 및 주요 가정은 무엇인가?

   수익 예측은 스타트업의 성장 잠재력을 보여주는 핵심 지표다. 매출, 이익 등의 예측이 현실적인지, 그 가정이 타당한지 평가되며, 이를 통해 투자자들은 스타트업이 목표한 성과를 달성할 수 있는 가능성을 판단한다.

18. 고객 세분화: 고객을 세분화하여 각 세그먼트별 니즈를 파악하는 방법은 무엇인가?

   고객 세분화는 맞춤형 마케팅과 판매 전략의 기반이 된다. 각 세그먼트의 특성에 따라 차별화된 접근 방식을 사용할 수 있으며, 이를 통해 더 높은 고객 만족도를 달성할 수 있다. 스타트업이 얼마나 고객의 다양한 니즈를 깊이 이해하고 있는지 평가된다.

19. 고객 페르소나(Persona): 이상적인 고객의 페르소나는 무엇인가?

   이상적인 고객 페르소나는 제품 또는 서비스가 누구에게 가장 적합한지를 정의하는 데 중요하다. 페르소나는 마케팅, 제품 개발 및 고객 지원 전략의 중요한 기초가 되며, 이를 통해 스타트업이 이상적인 고객에게 어떻게 접근할지 명확히 설명할 수 있어야 한다.

20. 제품/시장 적합성: 제품이 시장에 적합한지 어떻게 확인할 것인가?

   제품이 시장에서 얼마나 적합한지 확인하는 것은 성공적인 비즈니스의 필수 조건이다. 초기 사용자 테스트, 피드백 수집, 시장 조사 등을 통해 제품이 시장의 요구에 부합하는지 확인하고, 이를 바탕으로 전략을 수립해야 한다.

21. 기술 로드맵: 기술 개발 계획 및 일정은 어떻게 되는가?

스타트업의 기술 로드맵은 비즈니스 성장을 위한 중요한 지표이다. 기술 개발의 단계별 목표와 그 일정이 명확히 설정되어 있어야 하며, 기술적 진보를 통해 경쟁에서 앞서 나갈 수 있는지를 평가할 수 있다. 로드맵은 기술 개발의 진척도와 실현 가능성을 판단하는 근거가 되며, 이를 통해 투자자들은 해당 스타트업이 기술적으로 얼마나 준비되어 있는지 확인하게 된다.

22. 제품 개발: 제품 개발 과정과 주요 단계는 무엇인가?

제품 개발 프로세스는 스타트업의 실행력과 조직력을 보여준다. 제품의 초기 개념화부터 출시까지의 주요 단계와 각 단계에서의 목표가 무엇인지 설명해야 하며, 개발 과정에서 어떠한 문제를 예상하고 있는지, 그리고 이를 어떻게 해결할 것인지 구체적으로 계획을 세워야 한다. 이를 통해 스타트업의 제품 개발 능력과 실현 가능성을 평가할 수 있다.

23. 최소 기능 제품: 최소 기능 제품을 통해 시장 검증을 어떻게 할 것인가?

최소 기능 제품은 스타트업이 시장에 빠르게 진입하여 제품의 수요를 검증하는 데 중요한 역할을 한다. 최소 기능 제품을 통해 고객 피드백을 받고, 이를 바탕으로 제품을 개선하는 방식은 위험을 줄이고 성공 가능성을 높이는 전략이다. 투자자들은 이 과정을 통해 스타트업이 시장의 반응에 신속하게 대응할 수 있는지를 평가한다.

24. 스케일업 전략: 비즈니스를 확장하는 전략은 무엇인가?

어떻게 성장할 것인지 구체적으로 제시하는 것이 필요하다. 여기에는 시장 진입 전략, 글로벌 확장, 신규 서비스 추가 등이 포함될 수 있다. 스타트업이 초기 성공을 기반으로 빠르게 규모를 키울 수 있는지, 확장 전략이 현실적이며 충분한 자원이 뒷받침되는지 평가하는 기준이 된다.

25. 피벗 전략: 시장 반응이 좋지 않을 경우 어떻게 피벗할 것인가?

스타트업이 초기 전략이 실패할 경우, 어떻게 사업 방향을 전환할 것인지에 대한 계획은 매우 중요하다. 피벗은 새로운 기회를 모색하거나 기존 문제를 다른 방식으로 해결하는 과정이다. 시장에서의 반응에 유연하게 대처할 수 있는 능력은 스타트업의 성공에 중요한 요소이며, 투자자들은 이를 통해 리스크 관리 능력을 확인한다.

26. 브랜드 전략: 브랜드 인지도 및 이미지를 어떻게 구축할 것인가?

강력한 브랜드는 고객의 신뢰를 얻고, 장기적인 성공을 보장하는 요소이다. 스타트업은 브랜드 정체성을 어떻게 설정하고, 이를 통해 어떤 이미지를 전달할지 명확히 계획해야 한다. 또한, 고객과의 정서적 연결을 강화하는 전략을 제시하는 것이 중요하며, 이를 통해 시장에서 브랜드의 차별성을 부각할 수 있다.

### 27. 마케팅 계획: 마케팅 전략 및 계획은 무엇인가?

마케팅 계획은 제품 또는 서비스가 타겟 고객에게 도달하는 방식을 결정한다. 효과적인 마케팅은 브랜드 인지도를 높이고, 고객 유입을 극대화하는 데 필수적이다. 다양한 마케팅 채널과 방법을 고려하여 구체적인 예산 및 실행 계획을 세우고, 이를 통해 얼마나 효율적으로 고객을 확보할 수 있는지를 설명해야 한다.

### 28. 디지털 마케팅: 디지털 채널을 통한 마케팅 전략은 무엇인가?

디지털 마케팅은 현대 비즈니스에서 매우 중요한 역할을 한다. 소셜 미디어, 검색 광고, 이메일 캠페인 등을 통한 디지털 마케팅 전략을 명확히 제시해야 하며, 특히 디지털 채널을 통해 어떻게 고객을 확보하고 유지할 것인지 설명할 필요가 있다. 투자자들은 스타트업의 디지털 마케팅 역량을 통해 타겟 고객과의 연결 가능성을 평가한다.

### 29. 소셜 미디어 전략: 소셜 미디어를 통한 고객과의 소통 전략은 무엇인가?

소셜 미디어는 고객과의 직접적인 소통을 가능하게 하는 중요한 도구이다. 스타트업이 소셜 미디어를 어떻게 활용해 고객과 상호작용하고, 브랜드 충성도를 높일 것인지 설명해야 한다. 소셜 미디어 전략은 고객 참여를 유도하고, 브랜드 인지도를 확산하는 데 핵심적인 역할을 하므로, 구체적인 계획이 중요하다.

30. SEO(Search Engine Optimization)/SEM(Search Engine Marketing 전략: 검색 엔진 최적화 및 마케팅 전략은 무엇인가?

검색 엔진 최적화(SEO)와 검색 엔진 마케팅(SEM)은 디지털 마케팅에서 필수적인 요소이다. 스타트업이 어떻게 검색 노출을 최적화하고, 이를 통해 더 많은 고객을 유입할 것인지 설명해야 한다. SEO와 SEM 전략을 통해 온라인 트래픽을 효과적으로 확보할 수 있는지 평가하며, 이는 비용 대비 효율성을 높이는 데 중요한 역할을 한다.

31. 콘텐츠 마케팅: 콘텐츠를 통한 고객 유치 및 유지 전략은 무엇인가?

콘텐츠 마케팅은 고객에게 유용한 정보를 제공하면서 자연스럽게 브랜드를 노출하는 방식이다. 블로그, 동영상, 소셜 미디어 포스트 등의 콘텐츠를 통해 고객의 관심을 끌고, 이를 통해 장기적으로 브랜드와 고객 간의 신뢰를 구축하는 방법을 설명해야 한다. 이를 통해 고객 유지와 충성도를 높이는 전략을 보여줄 수 있다.

32. 이메일 마케팅: 이메일 캠페인을 통한 고객 참여 유도 전략은 무엇인가?

이메일 마케팅은 고객과 지속적인 관계를 유지하는 데 중요한 도구이다. 스타트업은 이메일 캠페인을 통해 고객에게 맞춤형 정보를 제공하고,

이를 통해 고객의 참여를 유도하는 전략을 설명해야 한다. 특히, 개인화된 이메일을 통해 고객의 재참여를 높이는 방법에 중점을 두어야 한다.

33. PR 전략: 미디어 및 공공 관계 전략은 무엇인가?

PR 전략은 회사의 이미지와 신뢰성을 높이는 중요한 방법이다. 미디어와의 관계를 어떻게 구축할 것인지, 회사의 스토리를 대중과 어떻게 공유할 것인지에 대한 구체적인 계획을 제시해야 한다. PR 전략은 브랜드 인지도를 높이고, 투자자나 고객의 관심을 끌어내는 데 매우 효과적이다.

34. 네트워킹: 업계 네트워킹 및 커뮤니티 참여 전략은 무엇인가?

네트워킹은 비즈니스 성장에 중요한 역할을 한다. 스타트업은 업계 내 주요 인사들과의 관계를 어떻게 구축할 것인지, 커뮤니티에서 어떤 활동을 통해 인지도를 높일 것인지 설명해야 한다. 효과적인 네트워킹을 통해 비즈니스 기회를 창출하고, 유망한 파트너십을 형성할 수 있다.

35. 자금 조달 전략: 초기 자금을 조달하는 방법은 무엇인가?

초기 자금 조달은 스타트업의 첫 단계에서 매우 중요한 요소이다. 자금 조달을 위해 엔젤 투자, 벤처 캐피털, 크라우드펀딩 등의 다양한 경로를 고려할 수 있으며, 각 경로에 맞는 전략을 설명해야 한다. 자금을 효율적으로 조달하고 이를 비즈니스에 활용할 계획이 중요하게 평가된다.

36. 투자 유치 계획: 투자자를 유치하기 위한 전략은 무엇인가?

투자 유치 전략은 비즈니스의 성장 잠재력을 보여주는 중요한 요소이다. 스타트업이 어떻게 투자자에게 매력적으로 보일 수 있을지, 투자 유치 후 자금을 어떻게 활용할 계획인지 구체적으로 설명해야 한다. 투자자와의 관계 구축과 효과적인 프레젠테이션 전략도 중요한 부분이다.

37. 재무 계획: 재무 목표 및 계획은 무엇인가?

재무 계획은 비즈니스의 건강 상태를 나타내는 중요한 지표이다. 매출, 비용, 수익에 대한 구체적인 계획을 제시하고, 이를 통해 재정적 안정성과 지속 가능한 성장을 보여줄 필요가 있다. 투자자들은 스타트업이 어떻게 자금을 관리하고, 수익성을 높일 것인지 평가하게 된다.

38. 리스크 관리: 주요 리스크 요인 및 관리 방안은 무엇인가?

리스크 관리는 스타트업의 성공에 중요한 역할을 한다. 비즈니스 모델, 시장, 기술적 리스크 등 다양한 리스크를 식별하고, 이를 어떻게 관리하고 해결할 것인지 구체적으로 설명해야 한다. 리스크 관리 전략을 통해 스타트업이 예상치 못한 문제에도 유연하게 대응할 수 있음을 보여줘야 한다.

39. 법적 고려사항: 법적 요건 및 규제 대응 방안은 무엇인가?

법적 문제는 비즈니스 운영에서 필수적으로 고려해야 한다. 스타트업이 사업을 운영하는 데 있어 어떤 규제와 법적 요건을 충족해야 하는지, 이를 준수하기 위한 방안이 마련되어 있는지 설명해야 한다. 또한, 법적 리스크가 발생할 경우 이에 대한 대응 방안도 구체적으로 제시해야 한다.

40. 특허 및 지적 재산권: 특허 및 지적 재산권 보호 전략은 무엇인가?

지적 재산권은 스타트업의 핵심 자산 중 하나다. 제품이나 기술에 대한 특허와 지식 재산을 어떻게 보호할 것인지에 대한 설명이 필요하며, 이는 경쟁사로부터의 방어 수단이 될 수 있다. 나아가, 지적 재산권 보호 전략은 기술적 우위를 지속적으로 유지할 수 있는지를 평가하는 기준이 된다.

41. 팀 구성: 핵심 팀원 및 조직 구조는 어떻게 구성할 것인가?

스타트업의 팀 구성은 그 성공 가능성을 크게 좌우한다. 각 핵심 팀원이 어떤 역할을 맡고 있는지, 그들이 가진 경험과 역량이 비즈니스에 어떻게 기여할 수 있는지 설명해야 한다. 팀원 간 협력과 조직 구조가 사업 성장에 어떻게 기여하는지 명확히 보여주는 것이 중요하다. 이를 통해 투자자는 팀이 비즈니스의 핵심 과제를 성공적으로 해결할 수 있는지를 평가한다.

42. 문화 및 가치: 조직 문화와 가치관은 무엇인가?

　조직 문화와 가치관은 팀의 단합과 장기적인 성과에 중요한 영향을 미친다. 스타트업은 어떠한 가치관을 바탕으로 운영되며, 이러한 문화가 어떻게 팀의 협업과 의사결정에 영향을 미치는지 설명해야 한다. 강력한 문화와 일관된 가치관은 팀의 지속적인 성장과 혁신을 가능하게 하며, 투자자들은 이를 통해 스타트업의 내부 결속력을 평가할 수 있다.

43. 성과 관리: 팀 및 개인의 성과를 어떻게 관리할 것인가?

　성과 관리는 스타트업의 목표 달성 여부를 판단하는 중요한 기준이다. 팀원과 개인의 성과를 평가하고 피드백하는 체계적인 방식을 설명해야 하며, 성과를 측정하는 구체적인 방법도 제시해야 한다. 이를 통해 팀이 효율적으로 업무를 수행하고 목표를 달성할 수 있는지 여부를 확인할 수 있다.

44. HR 전략: 인재 유치 및 유지 전략은 무엇인가?

　인재 유치는 스타트업의 경쟁력을 강화하는 중요한 요소이다. 필요한 핵심 인재를 어떻게 확보하고, 그들이 회사에 장기적으로 머물며 기여할 수 있도록 만들 것인지 설명해야 한다. 인재 유지 전략에는 스톡 옵션, 경쟁력 있는 급여 체계, 유연한 근무 환경 등이 포함될 수 있으며, 이를 통해 투자자들은 스타트업이 인적 자원을 관리하는 능력을 평가한다.

45. 고객 서비스 전략: 고객 서비스를 어떻게 제공할 것인가?

고객 서비스는 스타트업이 고객과의 신뢰를 구축하는 데 필수적인 요소이다. 스타트업이 어떻게 고객의 피드백을 수용하고 문제를 신속하게 해결할 것인지 설명해야 하며, 이를 통해 고객 만족도를 높일 수 있는지 평가된다. 효과적인 고객 서비스 전략은 고객 유지와 반복 구매로 이어지기 때문에 매우 중요하다.

46. 데이터 분석: 데이터 분석을 통해 인사이트를 도출하는 방법은 무엇인가?

데이터 분석은 의사결정을 위한 핵심 도구다. 스타트업은 데이터를 어떻게 수집하고 분석하며, 이를 바탕으로 어떤 전략을 수립하는지를 명확히 설명할 수 있어야 한다. 고객 행동과 시장 동향을 데이터로 파악하고, 이를 기반으로 지속적인 개선과 성장을 추구하는 것이 중요하다.

47. 고객 피드백: 고객 피드백을 수집하고 반영하는 방법은 무엇인가?

고객의 의견을 반영하는 것은 제품 및 서비스의 품질을 개선하는 데 매우 중요하다. 스타트업이 고객 피드백을 어떻게 수집하고, 이를 기반으로 제품 또는 서비스를 개선할 것인지 구체적으로 설명해야 하며, 이 과정에서 고객의 요구를 정확히 반영할 수 있는 체계를 갖추고 있는지 평가받게 된다.

48. 확장 가능성: 비즈니스 모델의 확장 가능성은 무엇인가?

　스타트업의 비즈니스 모델이 얼마나 확장 가능하고, 다른 시장으로 진출할 수 있는지를 설명해야 한다. 확장 가능성이 높은 모델일수록 투자 매력이 커진다. 비즈니스가 다른 지역, 제품군, 고객층으로 어떻게 성장할 수 있을지 구체적인 전략을 제시해야 한다. 이를 통해 투자자는 스타트업이 장기적인 성장을 이룰 수 있는지 평가한다.

49. 사회적 책임: 사회적 책임을 다하기 위한 전략은 무엇인가?

　스타트업이 단순한 수익 창출을 넘어 사회적 책임을 다할 수 있는 전략을 제시하는 것은 중요하다. 사회적, 환경적 문제를 해결하는 데 기여하는 방안을 마련하고, 이를 통해 긍정적인 사회적 영향을 미칠 수 있다는 점을 강조해야 한다. 사회적 책임을 다하는 회사는 고객과 투자자들로부터 더 큰 신뢰를 받을 수 있다.

50. 지속 가능성: 비즈니스의 지속 가능성을 어떻게 확보할 것인가?

　지속 가능성은 장기적인 성공을 보장하는 중요한 요소이다. 스타트업이 환경적으로 지속 가능한 방식으로 운영되는지, 자원을 어떻게 효율적으로 사용할 것인지에 대한 전략을 제시해야 한다. 이는 단순한 이익 창출을 넘어, 기업이 환경적 책임을 다할 수 있는지 여부를 평가하는 기준이 된다.

51. 제품 포트폴리오: 제품 라인업과 그 구성은 무엇인가?

　스타트업이 제공하는 제품이나 서비스의 포트폴리오가 다양하고 전략적으로 구성되어 있는지 설명해야 한다. 이를 통해 투자자는 스타트업이 여러 시장에서 성공할 가능성을 판단하게 된다. 제품 간의 상호보완성과 확장 가능성 등을 강조하여 장기적인 성장을 위한 준비가 되어 있는지 평가받는다.

52. 시장 진입 전략: 초기 시장 진입 전략은 무엇인가?

　초기 시장에 성공적으로 진입하는 것은 스타트업의 성공에 매우 중요한 단계이다. 어떤 시장을 먼저 공략할 것인지, 이를 위해 어떠한 마케팅 및 영업 전략을 사용할 것인지 구체적으로 설명해야 한다. 시장 진입 전략이 효과적일수록, 투자자들은 스타트업이 빠르게 시장에서 자리를 잡을 수 있을 것으로 기대한다.

53. 채널 파트너 전략: 채널 파트너를 어떻게 활용할 것인가?

　스타트업이 채널 파트너를 활용하여 제품 또는 서비스를 고객에게 전달하는 전략을 설명해야 한다. 파트너십을 통해 시장 진입이 쉬워질 수 있으며, 이를 통해 빠르게 고객을 확보할 수 있다. 채널 파트너 전략은 유통망을 확장하고, 더 많은 고객에게 도달할 수 있는 방법을 제공하므로 중요한 요소로 평가된다.

## 54. 고객 생애 가치(LTV): 고객 생애 가치를 어떻게 극대화할 것인가?

고객 생애 가치(Life Time Value, LTV)는 고객이 평생 동안 회사에 기여할 수 있는 수익을 의미한다. 스타트업이 고객의 생애 가치를 극대화하기 위해 어떤 전략을 사용할 것인지 설명해야 하며, 이를 통해 장기적으로 안정적인 수익을 창출할 수 있는지 평가한다. 고객의 반복 구매와 충성도 프로그램 등이 이에 포함될 수 있다.

## 55. 구독 모델: 구독 기반 비즈니스 모델을 도입할 것인가?

구독 모델은 지속적인 수익을 창출할 수 있는 방식이다. 스타트업이 구독 기반의 비즈니스 모델을 도입할 계획이 있는지, 이를 통해 어떻게 고객의 유지율을 높일 것인지 설명해야 한다. 구독 모델은 고객 이탈을 방지하고 장기적인 수익을 보장하는 방식으로 인식되며, 투자자에게 안정성을 어필할 수 있다.

## 56. 결제 시스템: 결제 시스템의 구성과 선택 기준은 무엇인가?

결제 시스템은 고객 편의성과 직결된 요소다. 스타트업이 어떤 결제 시스템을 도입할 것인지, 그 선택 기준이 무엇인지 설명해야 한다. 간편하고 안전한 결제 시스템을 통해 고객의 결제 경험을 개선하고, 결제 과정에서 발생할 수 있는 문제를 최소화하는 것이 중요하다.

57. 로열티 프로그램: 고객 로열티 프로그램을 어떻게 설계할 것인가?

고객 충성도를 높이는 로열티 프로그램은 장기적인 고객 유지를 위해 중요하다. 스타트업이 어떻게 고객 로열티를 강화할 것인지, 포인트 적립, 할인 혜택 등 구체적인 방안을 제시해야 한다. 이를 통해 고객 이탈을 방지하고 반복 구매를 촉진하는 전략을 설명할 수 있다.

58. 재고 관리: 재고 관리를 어떻게 효율화할 것인가?

재고 관리는 비용 절감과 직접적으로 연결된 중요한 요소이다. 타트업이 재고를 어떻게 효율적으로 관리하며, 초과 재고를 어떻게 방지할 계획인지 설명해야 한다. 효과적인 재고 관리를 통해 운영 비용을 최소화하고, 자본을 더 효율적으로 사용할 수 있다는 점을 강조해야 한다.

59. 배송 및 물류: 배송 및 물류 시스템은 어떻게 구축할 것인가?

배송과 물류는 고객 경험에 직접적인 영향을 미치는 핵심 요소다. 스타트업이 고객에게 제품을 빠르고 안전하게 전달하기 위해 어떤 시스템을 사용할지, 물류 운영을 어떻게 최적화할지 구체적으로 설명해야 한다. 신속하고 효율적인 배송은 고객 만족도를 높이는 중요한 요소이다.

60. 고객 서비스 채널: 다양한 고객 서비스 채널은 어떻게 운영할 것인가?

고객 서비스 채널은 고객과의 소통을 유지하는 중요한 수단이다. 스타트업이 어떤 방식으로 고객과 소통할 것인지, 다양한 채널(전화, 이메일, 채팅 등)을 어떻게 운영할 것인지 설명해야 한다. 이를 통해 고객 요구를 얼마나 빠르게 처리하고 만족도를 높일 수 있는지 평가된다.

61. 모바일 전략: 모바일 사용자 경험을 어떻게 최적화할 것인가?

모바일은 현대 소비자 경험의 핵심이다. 스타트업이 모바일 환경에서 사용자 경험을 어떻게 최적화할 것인지 설명해야 한다. 이는 웹사이트나 앱의 사용자 인터페이스(UI)와 사용자 경험(UX), 반응 속도, 그리고 고객이 편리하게 사용할 수 있는지에 대한 전반적인 접근을 포함한다. 모바일 최적화는 특히 모바일을 통한 접근성이 높은 서비스에서 필수적이다.

62. 테크 스택: 기술 스택의 선택과 활용은 어떻게 할 것인가?

스타트업이 사용하고 있는 기술 스택(프로그래밍 언어, 프레임워크, 데이터베이스 등)을 선택한 이유와 이를 어떻게 활용할 것인지 설명해야 한다. 투자자들은 해당 기술이 최신 기술인지, 유지 관리가 용이한지, 성장 가능성을 고려한 선택인지 평가한다. 적절한 테크 스택은 확장성과 성능의 안정성을 보장하기 때문에 중요한 요소이다.

63. API 전략: API를 통한 서비스 확장 전략은 무엇인가?

API(응용 프로그래밍 인터페이스)는 다른 플랫폼과의 연동을 통해 서비스의 확장성을 높일 수 있는 중요한 도구이다. 스타트업이 API를 활용하여 다른 서비스와의 통합을 어떻게 계획하고 있는지 설명해야 하며, 이를 통해 고객과 파트너에게 어떤 추가 가치를 제공할 수 있는지 강조해야 한다. API는 데이터 공유 및 비즈니스 확장의 핵심이다.

64. 애널리틱스: KPI를 어떻게 설정하고 추적할 것인가?

KPI는 비즈니스 성과를 정량적으로 측정하는 주요 기준이다. 스타트업은 어떤 KPI를 설정하고 이를 어떻게 추적할 계획인지 명확히 설명해야 하며, 이 지표들이 비즈니스 목표 달성과 어떻게 연관되는지 제시해야 한다. 투자자들은 이 지표를 통해 스타트업의 성과를 측정하고, 사업이 올바른 방향으로 진행되고 있는지 확인할 수 있다.

65. A/B 테스트: 제품 및 마케팅 전략의 A/B 테스트 계획은 무엇인가?

A/B 테스트는 제품 및 마케팅의 효율성을 검증하는 중요한 방법이다. 서로 다른 두 버전의 고객 반응을 비교해 더 효과적인 전략을 선택하는 과정이다. 스타트업이 어떤 요소들을 A/B 테스트할 것인지, 그 결과를 바탕으로 어떻게 최적화를 진행할 것인지 설명해야 한다.

66. 커뮤니티 빌딩: 고객 커뮤니티를 어떻게 구축할 것인가?

고객 커뮤니티를 구축하는 것은 브랜드 충성도를 높이고 고객의 참여를 유도하는 좋은 방법이다. 스타트업이 어떻게 커뮤니티를 형성하고 관리할 것인지, 이를 통해 고객과의 지속적인 상호작용을 강화할 계획인지 설명해야 한다. 커뮤니티는 사용자 피드백을 얻는 통로이자 장기적인 고객 유지 수단이 될 수 있다.

67. UX: UX 개선 전략은 무엇인가?

　UX은 제품이나 서비스를 이용하는 고객의 만족도와 직결된다. 스타트업은 UX 개선을 위해 어떤 전략을 쓰는지, 사용자가 편리하고 만족스럽게 이용할 수 있도록 어떤 기능이나 디자인을 적용했는지 설명해야 한다. UX는 사용자 유지와 전환율을 높이는 데 중요한 역할을 하기 때문에, 투자자들도 이 부분을 주의 깊게 평가한다.

68. UI: UI 디자인 원칙과 전략은 무엇인가?

　UI는 사용자와 제품이 상호작용하는 방식의 핵심이다. 스타트업은 UI 디자인이 어떻게 구성되어 있으며, 사용자 친화적인지, 직관적인지 설명해야 한다. 뛰어난 UI는 사용자의 이해도를 높이고 사용 편의성을 증대시켜, 고객 만족도와 유지율을 높이는 데 기여한다.

69. 고객 온보딩: 고객 온보딩 프로세스를 어떻게 설계할 것인가?

　고객이 제품이나 서비스에 처음 접할 때의 경험을 뜻하는 온보딩 프로세스는 중요한 요소이다. 스타트업은 새로운 고객이 서비스에 적응하고, 빠르게 가치를 경험할 수 있도록 온보딩 과정을 어떻게 설계할 것인지 설명해야 한다. 온보딩에서 긍정적인 경험을 제공하면 고객의 만족도와 충성도가 자연스럽게 향상된다.

70. 챗봇 및 AI 활용: 챗봇 및 AI를 어떻게 고객 서비스에 활용할 것인가?

챗봇과 AI는 고객 서비스 효율을 높이고 운영 비용을 절감하는 핵심 기술이다. 스타트업이 어떻게 AI와 챗봇을 활용해 24시간 고객 서비스를 제공하고, 고객 문의를 빠르게 처리할 것인지 설명해야 한다. AI를 통한 자동화는 고객 경험을 향상시키고, 더 많은 고객을 지원할 수 있게 해준다.

71. 리퍼럴 프로그램: 리퍼럴 프로그램을 어떻게 설계할 것인가?

리퍼럴 프로그램은 기존 고객이 새로운 고객을 소개하도록 유도하는 전략이다. 스타트업은 고객이 자연스럽게 서비스를 추천하고, 이를 통해 신규 고객을 유치하는 구조를 설계해야 한다. 성공적인 리퍼럴 프로그램은 적은 마케팅 비용으로 큰 성과를 낼 수 있으며, 고객 신뢰와 서비스 품질을 보여주는 지표가 된다.

72. 연구 및 개발(R&D): R&D 전략 및 투자 계획은 무엇인가?

R&D는 스타트업이 경쟁에서 앞서 나가기 위해 필수적인 요소이다. 스타트업이 R&D에 어느 정도 투자하고 있으며, 이를 통해 제품과 서비스를 어떻게 고도화할 계획인지 설명해야 한다. R&D는 장기적인 혁신과 경쟁 우위를 확보하는 중요한 역할을 하기 때문에, 투자자들은 이를 통해 기술적 성장 가능성을 평가하게 된다.

73. 사내 혁신 프로그램: 사내 혁신을 촉진하기 위한 프로그램은 무엇인가?

사내 혁신 프로그램은 회사 내부에서 혁신을 장려하고, 새로운 아이디어가 창출되도록 지원하는 전략이다. 스타트업이 이러한 프로그램을 어떻게 설계하고 운영할 계획인지 설명해야 하며, 이를 통해 내부 인재가 지속적으로 아이디어를 창출하고 성장할 수 있도록 돕는 시스템을 강조해야 한다. 이는 회사의 장기적인 혁신성을 보장하는 방법 중 하나이다.

74. 글로벌 확장: 글로벌 시장 진출 전략은 무엇인가?

글로벌 확장은 스타트업이 국제적으로 성장할 수 있는 가능성을 의미한다. 스타트업은 글로벌 시장에 어떻게 진출할 계획인지, 이를 위해 어떤 전략을 사용할 것인지 설명해야 한다. 현지화 전략, 법적 요건 대응, 글로벌 파트너십 등의 구체적 계획을 제시해 국제 시장 경쟁력을 확보할 수 있는지를 평가받는다.

75. 현지화 전략: 제품 및 마케팅의 현지화 전략은 무엇인가?

해외를 공략한다면, 진출하고자 하는 국가에 맞춰 현지화 전략을 필수적으로 수립해야 한다. 각 나라나 지역의 문화, 언어, 소비자 행동에 맞춰 제품과 마케팅 전략을 조정하는 방법을 설명해야 한다. 이를 통해 투자자는 스타트업이 현지 시장 요구에 대응하고, 현지 소비자에게 성공적으로 접근할 수 있을지를 판단하게 된다.

76. 고객 여정 맵핑: 고객 여정을 어떻게 맵핑할 것인가?

고객 여정 맵핑은 고객이 제품이나 서비스를 처음 접한 순간부터 반복 구매나 추천에 이르기까지의 여정을 시각화하는 기법이다. 이를 통해 고객이 어떤 경로를 통해 유입되고, 어떤 과정에서 문제를 겪는지 파악하여 개선할 수 있다. 고객 여정 맵핑은 서비스 개선과 고객 만족도 향상에 중요한 도구이다.

77. 리텐션 매트릭스: 고객 리텐션을 측정하는 매트릭스는 무엇인가?

고객 리텐션은 고객이 서비스를 계속 이용하는 비율을 의미한다. 리텐션 매트릭스는 고객 유지율을 측정하는 도구로, 이탈 방지 및 재구매 유도 전략을 점검할 수 있다. 스타트업이 리텐션을 얼마나 잘 관리하고 있는지, 이를 통해 장기적인 수익성을 유지할 수 있는지 평가하게 된다.

78. 고객 세그먼트별 전략: 각 고객 세그먼트별 맞춤 전략은 무엇인가?

고객 세그먼트는 서로 다른 특성과 요구를 가진 집단을 의미하며, 스타트업은 각 세그먼트에 맞춘 맞춤형 전략을 제시해야 한다. 세그먼트별 마케팅, 기능, 가격 정책 등을 어떻게 차별화할 것인지 설명하고, 이를 통해 다양한 고객 니즈에 대응할 수 있는지를 평가받게 된다.

79. 지속적 개선 프로세스: 지속적인 개선 프로세스를 어떻게 구현할 것인가?

스타트업이 지속적으로 제품과 서비스를 개선하기 위한 프로세스를 구축하는 방법을 설명해야 한다. 지속적인 개선은 고객의 요구와 시장의 변화를 신속하게 반영하는 능력을 의미하며, 이를 통해 비즈니스가 꾸준히 성장하고 경쟁력을 유지할 수 있다. 프로세스가 얼마나 체계적으로 구축되었으며 실행 가능성이 있는지도 평가 대상이다.

80. 경쟁 우위 유지: 경쟁 우위를 어떻게 유지할 것인가?

경쟁 우위를 지속적으로 유지하는 것은 스타트업의 장기적인 성공을 결정짓는다. 스타트업은 어떻게 경쟁사보다 앞서 나갈 것인지, 혁신을 통해 시장에서 독보적인 위치를 확보할 전략을 설명해야 한다. 경쟁 우위를 유지할 수 있는 기술·운영·서비스 측면의 차별화 요소를 명확히 제시하는 것이 중요하다.

81. 제품 수명 주기 관리: 제품 수명 주기를 어떻게 관리할 것인가?

제품 수명 주기(PLC)는 제품이 시장에서 도입, 성장, 성숙, 쇠퇴 단계를 거치는 과정을 의미한다. 스타트업은 각 단계에서 어떻게 제품을 관리하고, 필요 시 새로운 기능을 추가하거나 개선할 계획인지 설명해야 한다. 제품 수명 주기를 효과적으로 관리함으로써, 제품의 수익성을 최대화하고 장기적인 성공을 보장할 수 있다.

82. 공급망 관리: 공급망 관리 전략은 무엇인가?

　공급망 관리는 스타트업이 제품을 적시에, 적절한 품질로 제공할 수 있도록 보장하는 핵심적인 요소이다. 스타트업은 공급망의 각 단계에서 발생할 수 있는 문제를 어떻게 관리하고, 이를 효율적으로 운영할 것인지 설명해야 한다. 특히 재고 관리, 원자재 조달, 생산, 배송 등 전체 프로세스를 최적화하여 비용을 절감하고 품질을 유지하는 전략을 제시해야 한다.

83. 위기 관리: 비즈니스 위기 상황에 대비한 전략은 무엇인가?

　스타트업은 예상치 못한 위기 상황에 어떻게 대응할 것인지 명확한 계획을 제시해야 한다. 이는 재정적, 운영적, 기술적 문제를 포함한 다양한 리스크를 관리하는 방안을 설명하는 것으로, 위기 상황 속에서도 사업이 지속될 수 있도록 유연한 대응 체계를 마련하는 것이 중요하다. 이를 통해 투자자들은 스타트업이 위험 요소에 어떻게 대처하고, 빠르게 회복할 수 있는지를 평가한다.

84. 내부 커뮤니케이션: 내부 커뮤니케이션 전략은 무엇인가?

　스타트업 내부의 소통은 팀의 효율성을 결정짓는 중요한 요소이다. 팀 구성원이 서로 긴밀하게 소통하고 협력할 수 있도록 내부 커뮤니케이션 프로세스를 어떻게 설계하고 있는지 설명해야 한다. 이를 통해 내부 문제를 빠르게 해결하고, 투명한 소통을 통해 팀을 하나로 결속할 수 있는지가 평가 기준이 된다.

85. 직원 교육 및 개발: 직원 교육 및 개발 계획은 무엇인가?

스타트업이 팀원들의 역량을 향상시키고, 지속적인 성장을 지원하기 위해 어떤 교육 프로그램을 제공할 것인지 설명해야 한다. 이는 스타트업이 기술 발전과 시장 변화에 효과적으로 대응할 수 있도록 팀 역량을 강화하는 교육 계획을 포함한다. 장기적인 교육과 개발 계획은 인재 유치와 유지에도 중요한 요소로 평가받을 수 있다.

86. 성과 평가 시스템: 성과 평가 시스템은 어떻게 설계할 것인가?

성과 평가 시스템은 팀원들의 목표 달성 여부를 측정하고, 성과를 보상하는 체계를 의미한다. 스타트업은 공정하고 투명한 평가 기준을 어떻게 설정할 것인지, 이를 통해 팀원들이 동기부여를 받고 업무 효율을 높일 수 있는 방법을 설명해야 한다. 효과적인 성과 평가 시스템은 직원의 성장을 촉진하고 조직 전체의 성과를 향상시킬 수 있다.

87. 회사의 비전 및 미션: 회사의 비전과 미션은 무엇인가?

비전과 미션은 스타트업의 장기적인 목표와 핵심 가치를 나타낸다. 회사가 어떤 방향으로 나아가고자 하며, 어떤 가치를 추구하는지 명확히 설명해야 한다. 비전과 미션은 팀을 하나로 결속시키고, 투자자와 고객에게 장기적인 신뢰를 형성하는 핵심 요소다. 이를 통해 스타트업이 목표에 대해 얼마나 명확한 계획을 가지고 있는지 평가할 수 있다.

88. 사회 공헌 활동: 사회 공헌 활동 계획은 무엇인가?

　기업의 사회적 책임(CSR)은 현대 비즈니스에서 중요한 요소로 자리 잡고 있다. 스타트업이 사회적으로 어떻게 기여할 계획인지, 구체적인 사회 공헌 활동이 있는지 설명해야 한다. 이는 환경 보호, 지역 사회 지원, 공정 거래 등 다양한 방면에서 진행될 수 있으며, 투자자들은 이를 통해 스타트업의 윤리성과 사회적 책임감을 평가한다.

89. 녹색 경영: 환경 친화적인 경영 전략은 무엇인가?

　친환경적 비즈니스 운영은 투자자 관심도가 높은 평가 요소다. 스타트업이 환경에 미치는 영향을 최소화하고, 지속 가능한 운영 방식을 채택할 계획인지 설명해야 한다. 에너지 효율성, 재생 가능 자원 활용, 탄소 배출 감소 등의 구체적인 계획을 통해 스타트업이 환경적 책임을 다하고 있음을 강조할 수 있다.

90. 제품 품질 관리: 제품 품질을 어떻게 유지할 것인가?

　제품 품질은 고객의 만족도와 스타트업의 명성을 결정짓는 중요한 요소이다. 스타트업이 품질을 유지하고, 개선하기 위한 구체적인 전략을 제시해야 한다. 생산 과정에서의 품질 관리, 고객 피드백 반영, 품질 보증 체계 등을 통해 스타트업이 고객에게 일관된 고품질 제품을 제공할 수 있는지 평가된다.

91. 고객 만족도 조사: 고객 만족도를 어떻게 조사하고 개선할 것인가?

고객 만족도 조사는 제품이나 서비스가 고객 기대를 얼마나 충족시키는지를 파악하는 핵심 방법이다. 스타트업은 고객 만족도를 측정하기 위한 체계적인 조사 방법을 설명하고, 조사 결과를 바탕으로 제품이나 서비스를 어떻게 개선할 계획인지 제시해야 한다. 이를 통해 고객과의 장기적인 관계를 유지하고, 만족도를 높이는 전략을 평가할 수 있다.

92. 지속 가능성 보고서: 지속 가능성 보고서를 어떻게 작성할 것인가?

지속 가능성 보고서는 기업이 환경, 사회, 경제적 지속 가능성을 위해 어떤 노력을 하고 있는지 기록하는 문서이다. 스타트업은 이러한 보고서를 통해 자사의 지속 가능한 경영 방침과 구체적인 성과를 설명할 수 있다. 이를 통해 투자자들은 기업이 장기적으로 환경적, 사회적 책임을 다하고 있는지 확인할 수 있다.

93. 공유 경제 모델: 공유 경제 모델을 도입할 것인가?

공유 경제는 자원을 효율적으로 사용하고 비용을 절감할 수 있는 비즈니스 모델이다. 스타트업이 이러한 공유 경제 모델을 도입할 계획이 있는지, 이를 통해 어떻게 수익을 창출하고 사회적 가치를 제공할 것인지 설명해야 한다. 공유 경제 모델은 접근성을 높이고 운영 비용을 절감할 수 있는 장점이 있다.

94. 임팩트 투자 유치: 임팩트 투자를 유치하기 위한 전략은 무엇인가?

임팩트 투자는 사회적 또는 환경적 가치를 창출하는 사업에 투자하는 형태이다. 스타트업이 이러한 임팩트 투자자들을 유치하기 위해 어떤 전략을 사용할 것인지, 그리고 이를 통해 어떻게 긍정적인 사회적, 환경적 영향을 미칠 계획인지 설명해야 한다. 임팩트 투자 전략은 기업의 윤리성과 사회적 책임을 강조하는 데 도움이 된다.

95. 다양성 및 포용성: 다양성과 포용성을 촉진하기 위한 전략은 무엇인가?

다양성과 포용성은 현대 기업 운영에서 중요한 가치로 평가된다. 스타트업이 팀 구성에서 다양한 인종, 성별, 배경을 가진 사람들을 어떻게 포함시킬 것인지, 이를 통해 더 창의적이고 혁신적인 조직 문화를 만들 계획인지 설명해야 한다. 다양성과 포용성은 조직 문화의 성숙도를 높이고 혁신을 촉진하는 요소로 평가된다.

96. 거버넌스 구조: 회사의 거버넌스 구조는 어떻게 설계할 것인가?

회사의 거버넌스 구조는 경영진과 이사회, 주주 간의 관계를 정의하는 중요한 요소이다. 스타트업이 어떠한 거버넌스 구조를 채택하고 있으며, 이를 통해 경영의 투명성과 책임성을 어떻게 보장할 것인지 설명해야 한다. 효율적이고 투명한 거버넌스는 투자자들에게 신뢰를 주고, 기업이 장기적으로 안정적으로 운영될 수 있다는 신호를 준다.

97. 법률 자문: 법률 자문을 어떻게 활용할 것인가?

  법적 문제는 비즈니스 운영에서 자주 발생할 수 있는 리스크이다. 스타트업이 법률 자문을 어떤 방식으로 활용하고, 관련 규제와 법적 요구사항을 어떻게 충족할 것인지 구체적으로 설명해야 한다. 이를 통해 투자자들은 스타트업이 법적 리스크를 최소화하고, 안정적으로 사업을 운영할 수 있는지 평가할 수 있다.

98. 지적 자산 관리: 지적 자산을 어떻게 관리할 것인가?

  지적 자산은 스타트업의 핵심 자산으로, 이를 체계적으로 보호하고 전략적으로 활용하는 것이 매우 중요하다. 특히, 특허, 상표, 저작권 등을 어떻게 관리하고, 이를 통해 경쟁 우위를 확보할 것인지 설명해야 한다. 지적 자산의 효율적인 관리는 기업의 기술적 혁신과 장기적인 성공에 중요한 역할을 한다.

99. 사이버 보안 전략: 사이버 보안 전략은 무엇인가?

  사이버 보안은 디지털 시대 스타트업에게 필수 요소다. 스타트업이 고객의 데이터와 자산을 어떻게 보호할 계획인지, 보안 위협에 대비한 구체적인 전략을 제시해야 한다. 사이버 보안은 특히 고객 신뢰를 유지하는 데 중요한 역할을 하며, 이를 통해 스타트업의 안정성과 신뢰성을 평가받을 수 있다.

100. 위험 평가: 사업의 위험 요소를 어떻게 평가할 것인가?

    스타트업이 직면할 수 있는 다양한 위험 요소를 식별하고, 이를 어떻게 평가할 것인지 설명해야 한다. 재무, 운영, 시장 리스크를 고려해 이를 최소화할 수 있는 구체적 대응 방안을 제시해야 한다. 위험 평가와 관리 능력은 투자자들이 스타트업의 안정성과 장기적인 성공 가능성을 판단하는 데 중요한 요소이다.

제 11장

# 팀 & 비전(Team & Vision)

스타트업의 성공은 혁신적인 아이디어만으로 이루어지지 않는다. 투자자들의 마음을 사로잡고 지속 가능한 성장을 이루기 위해서는 강력한 팀과 명확한 비전이 필수적이다. 이 장에서는 팀 & 비전 섹션의 중요성을 살펴보고, 효과적인 작성 방법을 상세히 알아보겠다.

---

영화 『기생충』을 보면
봉준호 감독의 별명이 왜 '봉테일'인지 알 수 있다.
디테일 하나도 허투루 두지 않기에.
그리고 그보다도 베테랑과 신인을 가리지 않고
배우의 최대 능력을 끌어내는 점이 부럽다.

---

## STEP 11
## 팀 & 비전 Team & Vision
사업의 성공을 이끌 핵심 팀원들을 소개하고,
기업의 장기적인 비전과 이념을 제시

### 작성 시 주의사항

#### 구체성과 명확성
- 구체적인 사실과 수치 활용:
  추상적인 표현은 피하고 구체적인 사실과 수치를 활용합니다.
- 역할과 계획 명확히 설명:
  각 팀원의 역할과 비전 달성 계획을 명확히 설명합니다.

#### 일관성 유지
- 사업 모델과 일치:
  팀의 역량과 비전이 사업 모델과 일치하는지 확인합니다.
- 전체 톤과 스타일 일관성:
  전체 사업계획서의 톤과 스타일을 일관되게 유지합니다.

#### 차별화 포인트 강조
- 경쟁사와의 차별화:
  팀과 비전이 경쟁사와 어떻게 차별화되는지 부각시킵니다.
- 독특한 경험과 혁신적 접근 방식 강조:
  독특한 경험이나 혁신적인 접근 방식을 강조합니다.

## 1. 정의 및 중요성

'팀 & 비전' 섹션은 IR에서 투자자들에게 가장 중요한 영역 중 하나이다. 이 섹션에서는 기업의 성공 가능성을 뒷받침하는 핵심 팀원들의 역량과 기업의 장기적 비전을 명확히 제시해야 한다. 투자자들은 이를 통해 팀의 역량과 사업의 미래 방향성을 파악하고, 투자 결정을 내리는 데 중요한 근거로 삼는다.

**내외부 보유 자원: 보통 (내부)역량이라고 표현함**
**인력, 기술, 자금, 판매 등의 내외부 보유자원에 해당**

- 학력, 전공자인가?
- 관련 경력자인가?
- 분야별 구성되어 있는가?

- 기술자가 있는가?
- 자체 개발 가능한가?
- 외부에서 개발, 이전 가능한가?
- 지식재산권으로 확보할 수 있는가?

- 최소 6개월 치 운영자금이 있는가?
- 자금 조달 능력이 있는가?

- 마케터, 영업인력이 있는가?
- 관련 경험이 있는가?
- 외부 도움을 받을 수 있는가?

## 2. 팀 소개

팀 소개는 투자자에게 스타트업의 역량을 가장 직관적으로 보여주는 핵심 세션이므로 각 멤버의 배경, 현재 역할, 책임을 명확하고 구체적으로 설명해야 한다. 학력, 경력, 주요 성과를 간결하게 제시하되, 사업과의 연관성을 강조해야 한다.

### 2.1 핵심 멤버 소개

구체적으로 작성할 요소

스타트업 성공의 80%는 팀의 역량에서 온다고 평가받을 정도로 중요한 요소이다. 팀 섹션에서는 창업자와 핵심 멤버들의 전문성과 경험을 강조하며 아래를 명확히 제시해야 한다.

- 직책 및 역할: 각 멤버가 회사에서 어떤 역할을 맡고 있으며, 어떻게 기여하고 있는지 명확히 설명.
- 학력 및 경력: 이전에 수행했던 주요 프로젝트, 관련 업계 경력, 혹은 성공적인 창업 경험을 구체적으로 명시.
- 성과: 학문적 배경(예: Ph.D., MBA)과, 논문 발표나 특허 등 구체적 성과를 포함하여 수치화해 제시.

예시

- John Doe, CEO: 20년간 기술 스타트업을 창업 및 성공적으로 매각한 경험 보유. AI 분야의 글로벌 전문가로서 기업 비전 설정에 강점.

- Jane Smith, CTO: 머신러닝 분야에서 15개의 특허를 보유한 기술 리더. 데이터 기반 솔루션 개발의 선두주자로 인정받음.
- Emily White, CFO: 10년간 금융 분석 및 초기 단계 스타트업 투자 유치 주도. 5개 기업의 시리즈 A 라운드를 성공적으로 클로징.

2.2 팀의 전문성 및 역량 강조

핵심 질문

- 팀이 이 비즈니스를 성공적으로 추진할 수 있는 기술적, 경험적 역량을 보유했는가?
- 경쟁사와 비교했을 때 팀의 차별화된 강점은 무엇인가?

작성 전략

- 구체적인 사례와 수치를 활용.
  "Jane Smith는 머신러닝 알고리즘 개발을 통해 X사의 연간 운영 비용을 30% 절감한 바 있습니다."
- 각 멤버가 회사의 성공에 미치는 영향력을 강조.

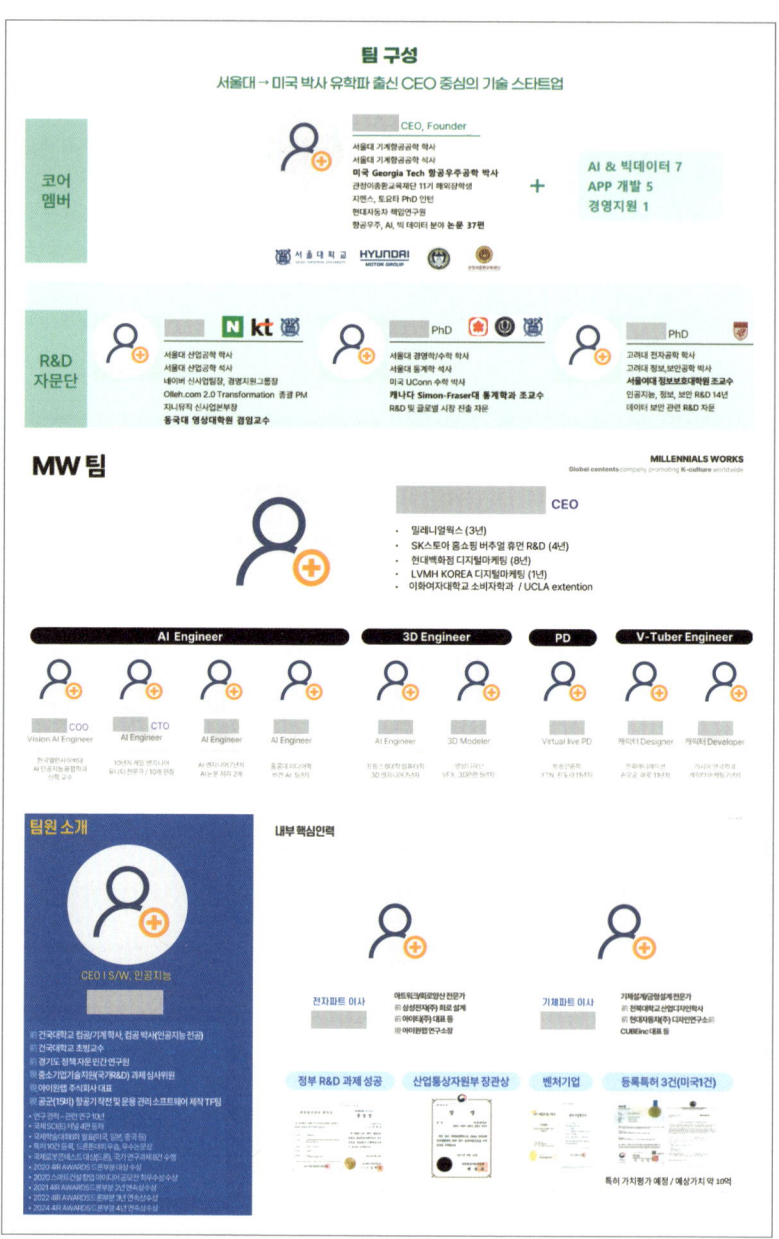

## 3. 팀워크와 시너지

팀의 협력적 강점을 강조하며, 멤버들이 서로 보완적인 역량을 어떻게 활용하는지 서술한다.

### 3.1 협업 방식과 실질적 성과

효과적인 팀워크는 스타트업의 성공을 가속화하는 동력이다. IR 자료에서는 팀의 상호 보완적 역량과 협력 구조를 강조하여 조직의 효율성을 부각할 필요가 있다.

예시

- "우리 팀은 지난 2년간 X 프로젝트를 통해 15개 기업과의 파트너십을 체결했으며, 각 팀원은 기획, 기술, 마케팅에서 상호보완적 역할을 수행했습니다."
- "우리 팀은 5년 이상의 협업 경험을 바탕으로, 기술 개발과 시장 진출에서 명확한 목표 설정과 실행력을 보유하고 있습니다."

### 3.2 조직 문화

조직의 핵심 가치와 문화가 어떻게 팀의 효율성을 높이는지 설명한다.
- "팀원 간 열린 커뮤니케이션과 유연한 문제 해결 접근 방식을 통해 복잡한 문제를 신속히 해결했습니다."

## 4. 비전 (Vision)

### 4.1 기업 비전 제시

기업 비전은 장기적 목표와 이를 통해 창출할 가치를 담고 있어야 한다. 비전은 투자자들에게 회사가 지향하는 미래를 보여주는 핵심 요소이다.

핵심 질문
- 회사는 어떤 문제를 해결하며, 이를 통해 어떤 가치를 창출할 것인가?
- 이 비전이 구체적으로 달성될 때 시장과 사회에 어떤 변화를 가져올 것인가?

작성 전략
- 장기적 목표 명확화: "5년 내 전 세계 중소기업 50%가 당사의 SaaS 솔루션을 활용하여 의사결정을 개선할 것입니다."
- 비전 실현으로 인한 결과: "우리의 비전은 개인화된 멘탈 케어 서비스를 통해 전 세계인의 정신 건강을 개선하는 것입니다."

### 4.2 기업 이념과 핵심 가치

기업 이념은 조직이 추구하는 철학과 가치를 기반으로 조직 문화를 정의한다.
- 핵심 가치: 혁신, 지속 가능성, 협력 등 회사 운영의 중심이 되는 가치.
- 사회적 임팩트: 회사의 활동이 사회에 어떻게 긍정적 영향을 미칠지를 설명.

예시

- "우리는 혁신, 협력, 지속 가능성을 핵심 가치로 삼아, 사회적 문제를 해결하고 고객의 성공을 지원하는 데 집중합니다."
- "우리는 기술의 접근성을 확대하여 모든 계층의 사람들이 교육과 헬스케어에 공평하게 접근할 수 있도록 기여할 것입니다."

4.3 미래 목표 및 계획

장기적인 목표와 이를 달성하기 위한 구체적인 계획을 설명한다. 이는 비전의 실현 가능성을 보여주는 중요한 요소이다.

예시

- "5년 내에 글로벌 시장에서 AI 기반 데이터 분석 솔루션의 선두주자로 자리매김할 계획입니다. 이를 위해 연간 R&D 투자를 매출의 20% 수준으로 유지하고, 글로벌 인재 영입을 통해 기술력을 지속적으로 강화할 것입니다."

4.4 작성 시 주의사항

구체성과 명확성

- 구체적인 사실과 수치 활용: 추상적인 표현을 피하고, 구체적인 사실과 수치를 활용한다. 예를 들어, "많은 경험"이라고 하기보다는 "10년간 5개의 성공적인 스타트업 운영 경험"과 같이 구체적으로 표현한다.
- 역할과 계획 명확히 설명: 각 팀원의 역할과 비전 달성 계획을 구

체적으로 서술한다. 이는 투자자들에게 팀의 구조와 운영 방식을 이해시키는 데 도움이 된다.

일관성 유지

- 사업 모델과 일치: 팀의 역량과 비전이 사업 모델과 일치하는지 확인한다. 예를 들어, AI 기반 헬스케어 솔루션을 개발하는 스타트업이라면, 팀원들의 AI 기술 및 의료 분야 경험이 강조되어야 한다.
- 전체 톤과 스타일 일관성: 전체 사업계획서의 톤과 스타일을 일관되게 유지한다. 이는 문서의 전문성과 신뢰성을 높이는 데 중요하다.

차별화 포인트 강조

- 경쟁사와의 차별화: 팀과 비전이 경쟁사와 어떤 점에서 차별화되는지 강조한다. 예를 들어, 특허 기술, 독특한 시장 접근 방식, 혁신적인 비즈니스 모델 등을 강조할 수 있다.
- 독특한 경험과 혁신적 접근 방식 강조: 팀원들의 독특한 경험이나 회사의 혁신적인 접근 방식을 강조한다. 이는 투자자들에게 스타트업의 잠재력을 보여주는 중요한 요소이다.

## 5. 팀과 비전의 차별화 포인트

경쟁사 대비 팀과 비전이 어떻게 차별화되는지 강조한다.

5.1 팀의 독특한 역량

- 경쟁사에서는 볼 수 없는 경험, 기술, 혹은 접근 방식을 구체적으로 설명.
- "우리 팀은 전임 CTO가 설립한 연구소에서 나온 최신 AI 기술을 독점적으로 활용하고 있습니다."

5.2 비전의 독창성

- "우리의 비전은 고객의 일상적 문제를 해결하는 데 초점이 맞춰져 있으며, 시장 내 유사 솔루션 대비 50% 더 경제적입니다."

## 6. 사례 연구

사례 1: 테크 스타트업 'InnovateTech'

InnovateTech는 AI 기반 데이터 분석 솔루션을 개발하는 스타트업이다. 그들의 'Team & Vision' 섹션은 다음과 같이 구성되었다.

팀

- "John Doe, CEO: 20년간의 기술 스타트업 경험과 전략적 비전 설정에 강점을 가진 리더. 실리콘밸리에서 2개의 성공적인 exit 경험 보유."
- "Jane Smith, CTO: AI 및 머신러닝 분야에서 15건의 특허를 보유하고 있으며, 스탠포드 대학에서 컴퓨터 과학 박사 학위 취득."
- "Mike Johnson, COO: 글로벌 기업에서 10년간 운영 총괄 경험. 효율적인 프로세스 구축 및 팀 관리 전문가."

비전

- "우리의 비전은 AI 기술을 통해 모든 기업이 데이터 기반 의사결정을 내릴 수 있도록 지원하는 것입니다. 5년 내에 글로벌 시장에서 AI 기반 데이터 분석 솔루션의 선두 주자로 자리매김하여, 기업의 생산성을 50% 이상 향상시키는 것이 목표입니다."
- InnovateTech는 팀원들의 구체적인 경험과 성과를 제시하고, 명확한 비전과 목표를 설정함으로써 투자자들의 신뢰를 얻는데 성공했다.

사례 2: 지속 가능한 농업 기술 비영리단체 'GreenHarvest'

GreenHarvest는 지속 가능한 농업 기술을 개발하고 보급하는 비영리단체이다. 그들의 '팀 & 비전' 섹션은 다음과 같다.

팀

- "Emily White, CEO: 지속 가능한 농업 기술 개발에 15년 이상의 경험을 가진 전문가. UN 식량농업기구(FAO)에서 5년간 자문위원으로 활동."
- "Michael Brown, Program Director: 글로벌 농업 프로그램 운영에서 다년간의 경험을 가진 리더. 아프리카와 동남아시아에서 성공적인 농업 기술 교육 프로그램 수행."

비전

- "우리의 비전은 지속 가능한 농업 기술을 통해 전 세계 빈곤 지역의 식량 안보를 강화하는 것입니다. 5년 내에 10만 명 이상의 농업 종사자에게 지속 가능한 농업 기술을 제공하여, 농작물 생산성을 30% 이상 향상시키고 환경 영향을 최소화하는 것이 목표입니다."
- GreenHarvest는 팀원들의 전문성과 경험을 강조하고, 구체적이고 측정 가능한 목표를 제시함으로써 후원자들과 파트너들의 지지를 얻는데 성공했다.

## 7. 작성 팁 및 주의사항

팀과 비전은 투자자들에게 "우리가 이길 수 있다"는 확신을 심어줘야 한다. 이를 위해 팀의 전문성과 비전 실현 가능성을 입증, 장기적인 시장 기회를 데이터 기반으로 제시, 실행 가능하고 구체적인 로드맵으로 신뢰 형성을 이뤄내야 한다.

구체성과 명확성
- 팀원의 주요 성과는 수치화하여 구체적으로 표현
- 예: "20개의 특허 보유" 또는 "3년간 매출 200% 성장 이끌어냄."

일관성
- 비전과 사업 모델이 논리적으로 일치하도록 작성

차별화 강조
- 경쟁사와의 차별점을 명확히 드러내고, 독특한 접근 방식을 기술

**결론**

'팀 & 비전' 섹션은 투자자에게 사업의 실현 가능성을 전달하는 데 핵심적인 역할을 한다. 구체적인 데이터를 기반으로 팀의 역량과 비전을 입증하고, 조직이 창출할 가치를 설득력 있게 전달해야 한다. 이 과정을 통해 투자자들에게 신뢰와 확신을 심어주는 것이 중요하다.

| 항목 | 세부 내용 |
| --- | --- |
| 팀 소개 | 핵심 멤버의 경력, 학력, 주요 성과 기술 |
| 비전 | 장기적 목표, 핵심 가치, 이념 제시 |
| 차별화 포인트 | 경쟁사와 차별화된 점과 팀워크의 강점 강조 |

## Q. 공동창업자 지분은 어떻게 나눌까?

공동창업자라고 해서 모두 똑같이 자본을 대고, R&R을 같이 갈 수는 없다.

기업이 어려울 때는 지분을 똑같이 나눠도 문제가 없지만, 사업이 잘 될수록 갈등이 생기기 마련이다. 반대로 지분을 너무 적게 나눈다면 동기부여가 되지 않을 것이다.

따라서 가장 먼저 해야 할 일은, 실질적인 리더가 누구인지를 명확히 정하는 것이다. 리더는 팀 내에서 가장 큰 리스크를 감수하는 사람이며, 위기 상황에서 결단을 내리고 최종적으로 책임지는 역할을 맡는다. 이런 리더에게는 합리적인 수준의 권한과 책임이 동시에 부여되어야 하며, 이를 위해서는 지분 구조가 뒷받침되어야 한다. 특히, 총회의 특별결의를 통과시키기 위해서는 통상적으로 3분의 2 이상의 동의를 받아야 하므로, 실질적인 리더가 이 기준을 만족하는 지분율을 확보하는 것이 중요하다. 액셀러레이터와 벤처캐피털 입장에서도 안정적인 의사결정 구조를 위해 창업 초기에는 리더가 전체 지분의 80% 이상을 보유하고 있기를 선호하는 경우가 많다. (참고로 팁스의 경우, 운영사의 투자가 이뤄진 이후에도 창업자가 최소 60% 이상의 지분을 유지해야 지원을 받을 수 있다.)

그 다음으로는 과거 및 미래의 기여도에 따라 지분을 정해야 한다.

누가 아이디어와 사업계획을 작성했는지, 자본금을 누가 많이 냈는지. 그리고, 앞으로 누가 대표를 하는 게 회사에 더 바람직한지 등. 이러한 역할을 정리하지 않고 사업을 시작하면 정리 없이 시작하면, 돈만 내고 주주라는 이유로 책임을 회피하거나 남탓만 하는 경우가 나타날 수 있다. CTO나 COO가 될 분들에게는 실적에 따라 스톡옵션을 부여하는 등, 장기적인 동기부여 방안을 마련하는 것이 좋다.

마지막으로, 반드시 '주주간 계약서'를 작성해야 한다. 공동창업자가 퇴사할 경우를 대비해, 계약서에 퇴사 및 지분 정산에 대한 규정을 미리 마련해두어야 한다. 필자도 깔끔하게 정리한 사례가 있었다. 주주간의 계약이 필요한 일은 의외로 생길 수 있다. 사이가 틀어진 공동창업자가 악의적으로 행동할 가능성도 염두에 두어야 하기에, (4%이상이면 자료요구권도 있음) 퇴사 시 최우선으로 현재 이사진에 콜옵션이 있도록 설계하는 등의 조치가 필요하다.

스타트업은 결국, 마음이 맞는 사람들끼리 끝까지 가는 여정이다. 하지만 현실은 그렇지 않은 경우가 더 많다. 그렇기 때문에 미션, 비전, 가치관이 중요하다고 필자가 항상 강조하는 것이다. 페이스메이커스 홈페이지를 다시 확인하고, 어떤 마음으로 일하는지를 떠올려보라. 우리가 무엇을 위해, 어떤 목표로, 어떻게 일해야 하는지에 대해 스스로 철학을 정리해 보는 시간이 되기를 바란다.

제 12장

# 엑싯 플랜(Exit Plan)

스타트업 생태계에서 엑싯 플랜은 스타트업이 투자자들에게 제시하는 최종적인 투자 회수 전략이자 투자자와 창업자 모두에게 중요한 청사진이다. 이는 단순히 투자금을 회수하는 방법을 넘어서, 기업의 성장 비전과 투자 매력을 효과적으로 전달하는 전략적 수단으로 사용된다. 특히 IPO, M&A, SPAC 상장 등 다양한 엑싯 전략은 시장 상황과 기업 특성에 따라 맞춤형 접근이 필요하다. 이 장에서는 엑싯 플랜의 필요성과 작성법, 그리고 성공적인 사례를 구체적으로 다루어 스타트업과 투자자 모두에게 명확한 방향을 제시한다.

---

*드라마 「미생」의 대사처럼*
*우린 '삶'이라 쓰고 '버티기'라 읽으며 살아간다.*
*하지만 그 '버티기'가 켜켜이 쌓여가면*
*세상에 흔적을 남기는 것이리라.*
*자! 현실에 지지 않기로 약속!*

---

## STEP 12
## 엑싯 플랜 Exit Plan
사업을 통해 투자자들이 어떻게 투자 수익을 실현할 수 있는지에 대한 전략을 설명

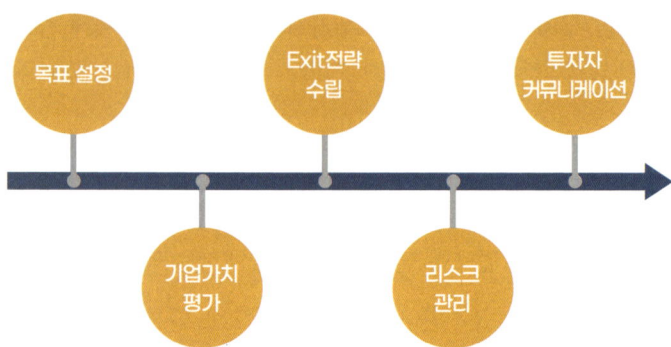

## 1. 엑싯 플랜의 정의와 중요성

엑싯 플랜은 투자자 관점에서 본 기업의 "투자 회수 시나리오"를 의미한다. 스타트업은 자금 유치를 위해 투자자들에게 매력적인 Exit 전략을 제공해야 한다. 엑싯 플랜이 부실하게 설계되면 투자 유치 실패로 이어질 수 있으며, 반대로 체계적이고 현실성 있는 엑싯 플랜은 투자자들의 신뢰를 강화하고 자금 조달 가능성을 높인다. 이는 단순히 회사를 '팔아치우는' 계획이 아니라, 회사의 가치를 극대화하고 모든 이해관계자들에게 최상의 결과를 가져다주는 전략적 접근법이다.

1.1 엑싯 플랜의 주요 목적:
- 투자자들에게 투자금 회수 경로 제시
- 회사의 장기적 비전과 목표 설정
- 기업 가치 극대화를 위한 전략적 방향 설정
- 창업자와 직원들의 동기 부여

유명 벤처캐피탈리스트 제이콥 오로즈(Jacob Orosz)는 그의 저서 『The Art of the Exit』에서 이렇게 말했다. "성공적인 엑싯은 우연히 일어나지 않습니다. 이는 철저한 계획, 전략적 실행, 그리고 때로는 운이 결합된 결과입니다."

1.2 엑싯 전략이 필요한 이유

1. 투자 수익 실현의 확실성 제공:
   - 투자자들은 초기 자금을 투입하는 대가로 높은 수익률을 기대한다. 엑싯 플랜은 그 기대를 충족시키는 설계이다.
   - 예시: "5년 내 10배 이상의 투자 수익률 실현"이라는 목표는 투자자들에게 명확한 기준점을 제공한다.
2. 시장 경쟁력 증명:
   - 기업의 기술력, 사업 모델, 시장 성장성을 입증하는 근거로 활용된다.
   - 예시: "SPAC 합병은 신속한 상장과 자금 조달 가능성을 통해 성장 속도를 가속화할 수 있습니다."
3. 위험 요소 관리:
   - 법적 규제, 시장 변동성 등 투자 리스크를 사전에 분석하고 대처 방안을 제시한다.

엑싯 플랜 구성요소
- 목표 설정: 엑싯 시점과 수익률 목표 명확화.
- 기업가치 평가: 현재와 미래 기업가치 추정.
- 엑싯 전략 선택: IPO, M&A, SPAC 등 세부 계획.
- 리스크 관리: 잠재적 위험 요인과 대응책 마련.
- 투자자 커뮤니케이션: 정기적인 정보 공유와 피드백 반영.

## 2. 엑싯 플랜 작성의 주요 단계

### 2.1 목표 설정

스타트업의 엑싯 목표는 기업 성장 단계와 시장 상황에 따라 달라질 수 있다. 목표 설정 과정은 투자자들에게 기업의 장기적인 비전을 제시하며, 이를 통해 신뢰를 얻을 수 있다.

Exit 목표 예시

- IPO 목표: "5년 내 코스닥 상장, 기업가치 500억 원 달성."
- M&A 목표: "3년 내 전략적 인수를 통해 최소 150억 원의 Exit 실현."
- SPAC 상장 목표: "2년 내 SPAC 합병으로 글로벌 시장 진출."

엑싯 시나리오 비교

| 전략 | 장점 | 단점 | 성공 사례 |
| --- | --- | --- | --- |
| IPO | 높은 기업가치 실현, 자금 조달 용이 | 시장 변동성 리스크, 높은 준비 비용 | 카카오, 쿠팡 |
| M&A | 신속한 엑싯 가능, 기술·시장 확장 | 인수자 탐색 어려움, 기업가치 과소 평가 위험 | 카림, 비트댑 |
| SPAC | 상장 절차 간소화, 신속한 자금 조달 | SPAC과의 목표 불일치 위험 | 니콜라, 그랩 |

## 2.2 기업가치 평가

엑싯 플랜의 핵심은 투자자에게 기업 가치를 정확히 전달하는 데 있다. 이를 위해 현재 기업 가치와 미래 성장 가능성을 근거로 투자 매력을 극대화해야 한다.

### 현재 기업 가치 평가 방법

1. DCF(Discounted Cash Flow): 미래 현금 흐름을 할인하여 현재 가치를 계산.
2. Comparable Analysis: 유사 기업의 평가를 바탕으로 현재 기업가치를 산정.
3. Market Potential Based Evaluation: 시장 성장성과 점유율을 반영한 평가.

### 미래 기업가치 예측

- 시장 성장성: "AI 음성 인식 시장은 연평균 25% 성장하며, 2028년 100억 달러에 이를 것으로 예상."
- 기술 혁신성: "당사의 독자적인 AI 알고리즘은 경쟁사 대비 30% 빠른 처리 속도를 제공."
- 고객 확보율: "5년 내 활성 사용자 수를 현재의 5배로 증가시켜 고객 기반 확대."

기업 가치 극대화 전략
- 핵심 기술 및 지적재산권 확보
- 안정적인 수익 모델 구축
- 시장 점유율 확대
- 효율적인 비용 구조 유지

유명 벤처캐피탈리스트 마크 앤드리슨은 "진정한 기업가치는 단순한 재무적 수치를 넘어, 기업이 세상에 가져올 수 있는 변화의 크기에 있다"고 말했다. 이는 스타트업이 단순한 현재 수익이 아니라 미래의 잠재력을 기반으로 가치를 인정받을 수 있음을 의미한다.

2.3 투자 필요 금액 산정

엑싯 플랜을 수립하기 전, 스타트업은 먼저 필요한 투자 금액을 정확히 산정해야 한다. 단순히 숫자를 나열하는 것이 아니라, 회사의 비전과 성장 전략을 반영한 구체적인 계획이어야 한다.

필요 자금 사용 계획 예시

"우리 AI 기반 헬스케어 스타트업은 향후 3년간 총 80억 원의 투자가 필요합니다. 이 중 20억 원은 AI 알고리즘 고도화와 임상 데이터 확보에, 15억 원은 글로벌 캠페인과 브랜드 인지도 강화에, 15억 원은 인재 채용 및 데이터 인프라 구축에, 나머지 30억 원은 글로벌 진출 및 신제품 개발 자금으로 사용될 예정입니다. 이를 통해 3년 내 연간 매출 300억 원 달성을 목표로 하고 있습니다."

| 항목 | 세부 내역 | 금액 |
|---|---|---|
| 제품 개발 | AI 고도화, UX/UI 개선, 임상데이터 확보 | 20억 원 |
| 마케팅 | 글로벌 캠페인, 브랜드 인지도 강화 | 15억 원 |
| 운영 자금 | 인재 채용, 데이터 인프라 구축 | 15억 원 |
| 추가 자금 | 글로벌 진출, 신제품 개발 | 30억 원 |

추가 자금 필요 시기

- 2년 후 사업 확장을 위해 30억 원 추가 자금 유치 예정.
- 글로벌 IT 기업과 협업하는 전략적 파트너십으로 자금을 조달하고, 신뢰를 기반으로 기존 투자자로부터 추가 투자 유치 예정.

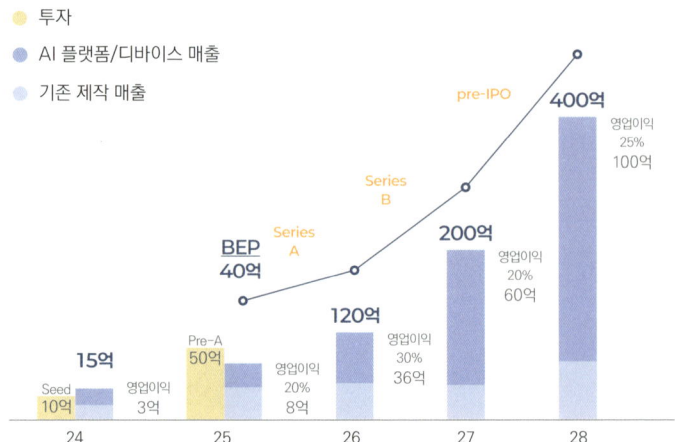

## 3. 엑싯 전략의 구체적 실행 방안

성공적인 엑싯을 위해서는 다양한 전략을 고려해야 한다. 주요 Exit 전략으로는 IPO(기업공개), M&A(인수합병), 그리고 최근 주목받고 있는 SPAC(기업인수목적회사)을 통한 상장 등이 있다.

### 3.1 IPO(Initial Public Offering) 전략

IPO는 많은 스타트업들이 꿈꾸는 궁극적인 목표이다. 이는 회사의 주식을 대중에게 공개하여 자금을 조달하는 방법이다.

- 목표: 코스닥 상장을 통해 500억 원 이상의 기업가치 달성.
- IPO 전략 수립 시 고려사항
    - 상장 시장 선택(예: KOSDAQ, NASDAQ)
    - 재무적 요건 충족 (매출, 이익, 자본금 등)
    - 기업 지배구조 개선
    - 회계 투명성 확보
- 필수 요건:
    - 3년 연속 흑자 유지.
    - 회계 투명성 강화.
    - PR 전략 실행.
- 사례 연구: 쿠팡의 성공적인 IPO

쿠팡의 뉴욕증권거래소 상장은 높은 평가를 받았지만, 초기 수익성 부족이 문제점으로 지적되었다. 2021년 3월, 한국의 이커머스 기업 쿠팡은 뉴욕증권거래소에 성공적으로 상장했다. 쿠팡은 IPO를 통해 45억 달러를 조달했으며, 기업가치는 약 600억 달러에 달했다. 쿠팡의 성공 요인은 다음과 같다.
- 지속적인 성장: 2020년 매출 118억 달러로 전년 대비 91% 성장
- 혁신적인 비즈니스 모델: '로켓배송'으로 대표되는 차별화된 서비스
- 글로벌 투자자들의 관심: 소프트뱅크 등 유명 투자자들의 지원
- 쿠팡의 사례는 명확한 성장 전략과 혁신적인 비즈니스 모델이 성공적인 IPO의 핵심 요소임을 보여준다.

3.2 M&A (Mergers and Acquisitions) 전략

M&A는 다른 기업에 의해 인수되거나 합병되는 전략이다. 이는 종종 IPO보다 빠른 Exit 경로를 제공할 수 있다. 앞으로 더욱 활발한 거래가 발생할 것으로 기대된다.
- M&A 전략 수립 시 고려사항:
  - 잠재적 인수자 파악
  - 기업 가치 극대화 전략
  - 시너지 효과 분석
  - 법률 및 규제 검토
- 대상 기업 선정 기준:
  - 글로벌 IT 기업: AI 기술과 시너지가 예상되는 기업.
  - 데이터 플랫폼 기업: 음성 인식 기술 활용 가능성.

- 사례 연구: 왓츠앱의 페이스북 인수

  2014년, 페이스북은 메시징 앱 왓츠앱을 190억 달러에 인수했다. 이는 당시 기술 업계에서 가장 큰 규모의 인수 중 하나였다. 왓츠앱의 성공적인 M&A 요인은 다음과 같다.
  - 급속한 사용자 증가: 인수 당시 4억 5천만 명의 월간 활성 사용자 보유
  - 독보적인 기술력: 간단하고 효율적인 메시징 플랫폼
  - 전략적 시너지: 페이스북의 소셜 네트워크와 왓츠앱의 메시징 서비스 간 시너지

  왓츠앱의 사례는 독보적인 기술력과 사용자 기반이 높은 기업 가치로 이어질 수 있음을 보여주고 있다.

3.3 SPAC(Special Purpose Acquisition Company) 상장

SPAC은 최근 주목받고 있는 엑싯 전략 중 하나이다. 이는 기업인수만을 목적으로 하는 페이퍼컴퍼니를 통해 우회 상장하는 방식이다.

- 목표: SPAC과 합병하여 2년 내 상장
- SPAC 전략 수립 시 고려사항:
  - 적합한 SPAC 파트너 선정
  - 기업 가치 평가 및 협상
  - 규제 및 공시 요건 충족
  - 투자자 커뮤니케이션 전략

- 사례연구: 그랩(Grab)의 SPAC

  2021년, 동남아시아의 차량 공유 및 배달 서비스 기업 그랩은 SPAC을 통해 나스닥에 상장했다. 이는 약 400억 달러 규모의 거래로, SPAC 역사상 최대 규모였다. 그랩의 성공 요인은 다음과 같다.

  - 다각화된 비즈니스 모델: 차량 공유, 음식 배달, 금융 서비스 등
  - 강력한 지역 입지: 동남아시아 8개국에서 서비스 제공
  - 높은 성장 잠재력: 코로나19 이후 디지털 서비스 수요 증가

  그랩의 사례는 SPAC은 빠르게 성장하는 기업들에게 매력적인 Exit 옵션이 될 수 있음을 보여준다.

## 4. 리스크 관리와 대응

성공적인 엑싯을 위해서는 잠재적 리스크를 식별하고 관리하는 것이 중요하다.

### IPO 리스크

- 시장 변동성: 다양한 Exit 옵션 유지, 헤징 전략으로 대응
- 규제 변화: 외부 자문 및 규제 동향 모니터링
- 기술 리스크: 지속적인 R&D투자, 기술 로드맵 수립
- 경쟁 리스크: 차별화 전략 수립, 시장 동향 분석

### M&A 리스크

- 인수 실패: 사전 협의를 통해 성공 가능성 극대화
- 기업 문화 통합 실패: 전문가 협업으로 리스크 관리

### SPAC 리스크

- 목표 불일치: 협상 과정에서 비전 조율
- 재무 실사 실패: 철저한 내부 검토로 문제 방지

## 5. 투자자 커뮤니케이션의 중요성

엑싯 플랜은 투자자들과의 신뢰 관계를 구축하는 중요한 도구이다. 투명하고 정기적인 커뮤니케이션이 핵심이다.

효과적인 투자자 커뮤니케이션 전략
- 정기적인 업데이트 제공(월간 또는 분기별 보고서)
- 주요 마일스톤 달성 시 즉각적인 공유
- 투자자 질문에 대한 명확하고 신속한 답변
- 엑싯 전략의 진행 상황 공유

정기적인 정보 공유
- 분기 보고서: 매출 성장률, 기술 개발 상황 등 주요 성과 보고.
- 투명성 확보: 투자자 피드백을 적극 반영

예상 질문 대비
- "기업의 이상적인 엑싯 시나리오는 무엇인가?"
- "미래 시장 점유율 목표와 근거는?"

## 6. 사례 연구: 성공과 실패의 교훈

엑싯 플랜을 효과적으로 구현한 몇 가지 주목할 만한 사례를 모았다.

### 6.1 인스타그램의 페이스북 인수

2012년 페이스북이 인스타그램을 10억 달러에 인수한 것은 성공적인 엑싯 전략의 대표적인 사례이다. 인스타그램은 빠르게 성장하는 사용자 기반과 차별화된 소셜 미디어 플랫폼을 바탕으로 높은 가치를 인정받았다. 이 인수를 통해 인스타그램의 창업자와 초기 투자자들은 막대한 수익을 실현했다.

### 6.2 힐튼 호텔의 블랙스톤 그룹 투자

블랙스톤 그룹은 2007년 힐튼 호텔을 260억 달러에 인수한 후, 글로벌 금융 위기 속에서도 전략적인 투자와 운영 개선을 통해 기업 가치를 크게 높였다. 2013년 IPO를 통해 23.5억 달러를 조달했고, 이후 단계적으로 지분을 매각하여 2018년까지 완전히 투자를 회수했다. 이는 장기적인 가치 창출과 단계적 엑싯 전략의 성공 사례로 평가된다.

### 6.3 스카이프의 실버레이크 파트너스 투자

2009년 실버레이크 파트너스를 포함한 투자자 컨소시엄이 스카이프의 지분 65%를 19억 달러에 인수했다. 투자자들은 스카이프의 기술력과 브랜드 가치를 인정하고, 수익화 전략을 개선했다. 2011년 마이크로소프트가 스카이프를 85억 달러에 인수하면서 투자자들은 18개월 만에 3배 이상의 수익을 실현했다.

6.4 알리바바 그룹의 IPO

2014년 알리바바 그룹은 뉴욕 증권거래소에 상장하며 250억 달러를 조달했다. 이는 당시 역사상 가장 큰 규모의 IPO였다. 알리바바는 중국 전자상거래 시장에서의 지배적 위치와 높은 성장 잠재력을 바탕으로 글로벌 투자자들의 관심을 끌었다. 이 IPO를 통해 알리바바의 창업자와 초기 투자자들은 막대한 수익을 실현했고, 회사는 글로벌 확장을 위한 자금을 확보했다.

6.5 카카오의 IPO

카카오는 자회사들의 성공적인 IPO를 통해 효과적인 Exit 전략을 입증했다.

카카오페이

카카오페이는 2021년 11월 3일 코스피에 상장했다. 상장 첫날 공모가 대비 114.44% 상승한 19만3000원으로 마감하며 성공적인 데뷔를 했다. 카카오페이는 간편결제 서비스로 시작해 3700만 명 이상의 가입자와 연간 100조원에 가까운 거래액을 기록하며 성장했다.

카카오뱅크

카카오뱅크는 2021년 8월 6일 코스피에 상장했다. 상장 첫날 공모가 대비 78.97% 상승했고, 이틀 만에 101.28%의 수익률을 기록했다. 카카오뱅크는 1740만 명의 누적 가입자를 바탕으로 안정적인 수익을 창출하고 있다.

성공요인

- 단계적 접근: 카카오는 자회사들을 순차적으로 상장시키며 시장의 반응을 살폈다.
- 강력한 사용자 기반: 카카오의 메신저 서비스를 기반으로 한 대규모 사용자층이 핵심 경쟁력이 되었다.
- 수익성 입증: 카카오뱅크와 카카오페이 모두 상장 전 안정적인 수익 모델을 구축했다.
- 시장 선점: 카카오는 핀테크 시장에 빠르게 진입하여 선도적 위치를 확보했다.

6.6 위워크의 IPO 실패

반면 위워크의 IPO 실패는 부실한 엑싯 플랜의 결과로 평가된다.

실패 과정

- 과대평가된 기업가치: 2019년 초 위워크의 기업가치는 470억 달러로 평가되었으나, IPO 추진 과정에서 급격히 하락했다.
- 수익성 문제: 2018년 위워크는 18억 달러의 매출에 19억 달러의 손실을 기록했다.
- 지배구조 문제: CEO 아담 노이만의 독단적 경영과 이해상충 문제가 지적되었다.
- IPO 철회: 결국 2019년 9월 위워크는 IPO를 철회하고, 노이만은 CEO 자리에서 물러났다.

실패 요인

- 불투명한 재무구조: 위워크의 "장기 부채, 단기 임차인" 모델은 투자자들의 우려를 샀다.
- 과도한 확장: 수익성 확보 없이 공격적인 외형 확장에 집중했다.
- 기업지배구조 문제: CEO의 사익추구 행위와 이사회의 견제 실패가 있었다.
- 시장 상황 오판: 테크 기업에 대한 투자자들의 신중해진 태도를 고려하지 못했다.

이러한 사례들은 각 기업의 특성과 시장 상황에 맞는 맞춤형 Exit 전략의 중요성을 보여준다. 성공적인 엑싯을 위해서는 철저한 준비, 시장 기회의 포착, 그리고 기업 가치 극대화를 위한 지속적인 노력이 필요하다.

※ 스타트업이 투자 후 망하는 이유 10가지

스타트업이 초기 투자 유치에 성공한다고 해서 반드시 지속적인 성장을 보장받는 것은 아니다. 오히려 많은 스타트업이 투자 이후에도 실패하는 경우가 많다. CB Insights의 연구에 따르면 스타트업의 약 90%가 실패하며, 그중 상당수가 투자 유치 후에도 지속 가능하지 못한 운영 방식을 선택했기 때문이다. 스타트업이 투자 후 망하는 10가지 주요 이유와, 그에 맞는 사례를 다음과 같이 소개한다.

투자만 받으면 무조건 성공하는 줄 착각한다

투자는 사업을 성장시키는 수단일 뿐, 성공을 보장하는 것이 아니다. 자금 조달 후 적절한 활용 계획이 없거나, 자금을 효과적으로 배분하지 못하면 오히려 부담이 될 수 있다.

- 사례 연구: 위워크는 2019년 소프트뱅크로부터 대규모 투자를 받았지만, 사업의 본질적인 수익 구조를 개선하지 못해 IPO 실패 후 기업 가치가 급락했다.
- 해결책: 투자 후에도 지속적인 시장 검증 및 실행 가능한 사업 전략을 유지해야 한다.

너무 서둘러 채용한다

많은 스타트업이 투자 유치 후 성장을 가속화하려는 욕심에 빠르게 인력을 확장하지만, 이 과정에서 적절한 인재 검증 없이 인력을 늘리면 조직 비효율성이 발생한다.

- 사례 연구: 팹닷컴(Fab.com)은 투자 후 급격한 채용을 진행했지만, 불필요한 직군이 많아지면서 2년 만에 거의 모든 직원을 해고해야 했다.
- 해결책: 핵심 인재를 중심으로 점진적으로 조직을 확장하고, 명확한 채용 기준을 세워야 한다.

자신의 비즈니스 모델과 본질을 이해하지 못한다

많은 스타트업이 본질적인 가치를 제공하는 것보다 투자자들에게 어필하기 위해 무리한 확장을 시도한다. 하지만 확실한 비즈니스 모델 없이 성장은 지속될 수 없다.

- 사례 연구: 조본(Jawbone)은 웨어러블 기기 시장에서 초기 성공을 거뒀지만, 지속적인 수익 창출 모델을 확립하지 못해 결국 파산했다.
- 해결책: 핵심 고객과 비즈니스 모델을 명확히 정의하고, 장기적인 지속 가능성을 확보해야 한다.

스타트업 네트워크를 잘 활용하지 못한다

성공적인 스타트업은 강력한 네트워크를 통해 시장 정보, 인재, 투자 기회를 확보한다. 그러나 네트워크 활용을 소홀히 하면 성장 기회를 놓치게 된다.

- 사례 연구: 퀴비(Quibi)는 헐리우드 중심의 폐쇄적인 네트워크에 의존한 반면, 실리콘밸리의 기술 및 스타트업 생태계를 충분히 활

용하지 못해 실패했다.
- 해결책: 멘토, 투자자, 스타트업 커뮤니티와의 긴밀한 협력을 통해 지속적인 지원을 받아야 한다.

투자자에게 큰 기대를 하지 마라

투자자는 스타트업이 성장할 수 있도록 자금을 제공하지만, 운영까지 책임져주지는 않는다. 단순히 투자자가 해결책을 제시해 줄 것이라 믿고 의존하는 것은 위험하다.
- 사례 연구: 테라노스(Theranos)는 유명 투자자들의 신뢰를 바탕으로 대규모 투자를 받았지만, 실질적인 기술적 검증이 부족해 결국 사기로 밝혀졌다.
- 해결책: 투자자를 조언자로 활용하되, 사업의 핵심 전략은 창업자가 직접 주도해야 한다.

사람에 대한 기준을 만들지 않는다

스타트업이 성장하는 과정에서 인재 선별 기준이 모호하면 조직의 균형이 무너진다.
- 사례 연구: 제네피츠(Zenefits)는 빠른 성장 과정에서 내부 규율을 제대로 설정하지 않아 법적 문제를 초래했다.
- 해결책: 채용 및 내부 문화에 대한 명확한 기준과 가치를 설정해야 한다.

**직원들과 회사를 제대로 관리하지 못한다**

스타트업이 빠르게 성장하면서도 조직 관리를 소홀히 하면 내부 혼란이 가중된다.

- 사례 연구: 우버는 초창기 강압적인 기업 문화를 방치하면서 내부 갈등이 커졌고, 창업자가 결국 CEO에서 물러났다.
- 해결책: 조직 문화와 리더십을 강화하고, 투명한 의사결정 체계를 마련해야 한다.

**창업자 간 역할 분담이 소홀하다**

공동창업자 간의 역할이 명확하지 않으면 책임 회피가 발생하고, 비효율적인 운영이 이어질 수 있다.

- 사례 연구: 스퀘어의 공동창업자들은 명확한 역할 분담을 통해 성장에 성공했지만, 같은 시기에 창업된 주서로(Juicero)는 역할 분담의 혼란으로 인해 빠르게 실패했다.
- 해결책: 창업자 간 역할을 명확히 정의하고, 정기적인 협업 회의를 통해 책임을 분명히 해야 한다.

**창업자 간 소통 부족 및 갈등 회피**

창업자 간의 의견 충돌은 필연적이지만, 이를 해결하지 않으면 기업의 방향성이 흔들린다.

- 사례 연구: 인스타그램 공동 창업자는 페이스북 인수 후 경영 철학 차이로 인해 내부 갈등이 커졌고, 결국 창업자가 회사를 떠나

게 되었다.
- 해결책: 창업자 간 신뢰를 구축하고, 주기적인 논의를 통해 문제를 해결하는 구조를 마련해야 한다.

다음 투자를 쉽게 받을 거라 착각한다

첫 투자를 받았다고 해서 후속 투자가 보장되는 것은 아니다. 기업의 성장성과 지속 가능성이 명확하지 않으면 추가 투자를 유치하기 어렵다.
- 사례 연구: 파이어 페스티벌(Fyre Festival)은 초기 투자 유치에 성공했지만, 실질적인 사업 성과 없이 무리한 확장을 시도하다가 대형 사기로 밝혀졌다.
- 해결책: 지속적인 성과 데이터와 명확한 시장 검증을 통해 후속 투자 유치 가능성을 높여야 한다.

스타트업이 투자 후에도 지속 가능한 성장을 하기 위해서는 단순한 자금 확보가 아니라 전략적 실행이 필수적이다. 기업 내부 운영, 창업자 간 협업, 시장 적응력 등을 고려하여 장기적인 성공을 위한 체계를 구축해야 한다. 이 10가지 주요 실패 원인을 명확히 인식하고 대응 전략을 마련한다면, 스타트업이 투자 후에도 성공적인 성장을 지속할 수 있을 것이다.

## 결론

### 엑싯 플랜의 핵심

성공적인 엑싯 플랜은 단순히 회사를 '팔아치우는' 계획이 아니다. 이는 스타트업의 비전을 실현하고, 모든 이해관계자들에게 가치를 제공하는 전략적 로드맵이다. 철저한 준비, 유연한 전략, 그리고 끊임없는 가치 창출 노력이 성공적인 엑싯의 열쇠이다. 스타트업 창업자 여러분의 엑싯 플랜은 단순한 계획이 아닌 여러분의 꿈과 비전을 실현하는 구체적인 청사진이다. 이를 통해 여러분의 혁신이 세상을 변화시키고, 그 가치가 정당하게 평가받을 수 있기를 바란다.

"위대한 회사는 팔리는 것이 아니라, 만들어지는 것이다." 스티브 잡스의 이 말처럼, 여러분의 엑싯 플랜이 단순한 '출구 전략'이 아닌, 더 큰 가치를 창출하는 성장의 이정표가 되기를 희망한다.

## Q. 엑싯을 위한 회사 가치 올리는 방법은?

　필자는 이 글을 설 연휴에 쓰고 있다. 새해 첫날부터 끝을 이야기한다는 게 조금 이상하지만, 사실 끝은 또 다른 시작이기도 하다. 끝(엑싯)을 경험한 창업자가 결코 많지 않기에 그 중요성도 알기 어렵다. 엑싯을 알아야 하는 이유를 정리했다.
　끝을 알면 경영을 더 잘할 수 있다. 엑싯 성공 체크리스트가 있다고 가정하고, 그에 따라 회사를 경영한다면 회사는 더욱더 견고하게 성장할 수 있는 것이다. 그런데, 잘 팔리는 회사를 만들기 위해 노력하면 할수록 회사를 팔 이유가 없어지는 역설적인 상황이 오기도 한다. 행복한 고민이다.
　엑싯이 언제, 어떻게, 왜 가능한지를 이해해야 성공적인 엑싯을 이룰 수 있다. 특히 타이밍과 '왜(Why)'에 대한 이해가 중요하다. '어떻게(How)'는 상황이 닥치면 적절히 해결할 수 있지만, 타이밍과 '왜(Why)'는 사전에 숙지하는 것이 훨씬 유리하다. 언제 좋은 타이밍으로 딜을 진행할 수 있을지, 상대방은 왜 우리를 인수하려고 하는 것인지에 대한 이해가 딜의 성패를 좌우한다.
　통상 준비되지 않은 딜에서는 협상 우위를 가져가기 어렵다. M&A 시장의 잠재인수자들은 각 분야의 최고 전문가다. 끝에 대해 아무것도 모른 채 그들을 상대하다 보면 불리한 조건으로 딜을 진행하게 될 가능성이 높아진다.

따라서 성공적인 엑싯과 높은 기업 가치를 달성하기 위해서 다음과 같은 전략이 필요하다.

## 1. 회사의 가치를 올리는 핵심 전략

### 1.1 안정적이고 반복적인 매출 구조 구축

주기적으로 발생하는 매출은 기업 가치를 크게 높이는 요소이다. 구독 비즈니스 모델을 성공적으로 운영하는 유튜브나 넷플릭스와 같은 기업들의 높은 기업가치는 이러한 안정적인 매출 구조에서 비롯된다. 이는 기업에게 더 큰 도전과 신사업 추진의 여력을 제공하며, 장기적인 성장의 밑거름이 된다.

### 1.2 다양한 거래처 확보

다양한 매출, 매입 거래처의 확보가 곧 기업 가치 상승으로 이어진다. 소수의 대형 고객에 의존하기보다는 다수의 소규모 고객(Long tail)을 확보하는 것이 기업의 의사결정 권한과 안정성을 높이는 데 도움이 된다. 이는 위기 상황에서도 기업의 리스크를 효과적으로 분산시킨다.

### 1.3 건전한 재무구조 유지

유동자산이 유동부채의 2배 이상을 유지하는 재무구조는 기업의 재무 건전성을 나타내는 중요한 지표가 된다. 이는 기업이 단기적인 재무 위기를 피하고 성장에 집중할 수 있게 해준다. 특히 스타트업의 경우, 이러한 유동성 관리는 적절한 투자 유치 시기를 결정하는 데 핵심적인 역할을 한다.

1.4 수익성 지표의 지속적 관리

원가율, 영업이익률, 공헌이익률 등의 수익성 지표를 주기적으로 관리하고 개선해야 기업 가치가 향상될 수 있다. 비록 초기 단계에서는 성장에 더 집중할 수 있지만, 장기적으로 이러한 지표들의 개선 추세를 보여주는 것이 중요하다.

1.5 과거 성공의 정량화

기업의 과거 성공 사례는 구체적인 수치로 제시하는 것이 중요하다. 그래야 투자자들에게 앞으로의 성장 가능성을 더 설득력 있게 전달할 수 있다. 추상적인 설명보다는, 데이터 기반의 명확한 근거로 기업의 성공 전략을 보여주는 것이 더욱 효과적이다.

1.6 미래 비즈니스 플랜의 구체화

미래 비즈니스 플랜을 구체적인 숫자로 모델링하는 능력은 기업 가치 평가에 큰 영향을 미친다. 시장 규모, 산업 성장성, 회사의 성장 전망, 그리고 이에 따른 미래 현금흐름 추정 등을 논리적으로 제시할 수 있어야 한다.

1.7 신뢰성 있는 재무정보 제공

투명하고 신뢰할 수 있는 재무정보는 기업 가치 평가의 핵심이다. 회계 시스템의 안정성과 재무제표의 정확성, 그리고 체계적인 재고 관리는 기업의 신뢰도를 높이는 중요한 요소로 작용한다.

## 2. M&A가 잘 되는 기업의 특징

벤처기업협회에서 벤처기업 M&A 현황과 특성을 분석한 자료에 따르면 인수합병이 잘 되는 기업들은 공통점이 있다고 한다. 주요 특징으로는 지적재산권 보유, 지속적인 연구개발비 투자, 높은 성장성 등이 눈에 띄었다. 벤처 기업에 한정된 분석이긴 하지만 다음 요소들은 중소기업이 인수합병될 때에도 매우 중요한 요소가 될 수 있다.

2.1 강력한 지적재산권 포트폴리오

인수합병이 성공적으로 이루어지는 벤처기업들의 70.5%가 지적재산권을 보유하고 있으며, 평균 4.4건의 특허권을 가지고 있다. 이는 기업의 기술력과 시장에서의 경쟁우위를 나타내는 중요한 지표이다. 지적재산권은 시장 진입장벽을 형성하고, 기업의 독점적 지위를 강화하는 데 핵심적인 역할을 한다.

2.2 지속적인 연구개발 투자

연구개발비의 지속적인 증가는 기업의 혁신 역량과 미래 성장 가능성을 보여주는 핵심 지표다. 이는 시장 변화에 능동적으로 대응하고,

새로운 기회를 창출할 수 있는 기업의 역량을 의미한다. 특히 벤처기업이나 중소기업의 경우, 독자적인 핵심 기술을 개발함으로써 대기업과 경쟁할 수 있는 기반을 마련할 수 있다.

2.3 높은 성장성

인수합병 대상이 되는 벤처기업들은 일반적으로 성장률이 높다. 매출증감률(벤처기업 40.2% vs 중견기업 15.8%)과 자기자본증감률(벤처기업 30.1% vs 중견기업 13.1%)에서 벤처기업이 중견기업을 크게 앞서고 있다. 이는 인수자들이 안정성보다는 성장 잠재력에 더 큰 가치를 두고 있음을 보여준다.

## 3. 성공적인 엑싯을 위한 종합 전략

결국 성공적인 엑싯과 높은 기업 가치 달성을 위해서는 다음과 같은 종합적인 접근이 필요하다.

1. 안정적이고 다각화된 매출 구조 구축
2. 건전한 재무구조와 투명한 재무정보 관리
3. 지속적인 연구개발 투자를 통한 기술 경쟁력 확보
4. 강력한 지적재산권 포트폴리오 구축
5. 높은 성장률 유지와 이를 뒷받침할 수 있는 구체적인 미래 전략 수립
6. 과거 성공 사례의 정량화와 이를 바탕으로 한 미래 성장 모델 제시

이러한 요소들을 균형 있게 발전시키고 관리함으로써, 기업은 투자자들과 잠재적 인수자들에게 매력적인 대상으로 자리매김할 수 있다. 특히 벤처기업과 중소기업의 경우, 이러한 전략적 접근을 통해 대기업과의 격차를 줄이고 시장에서 독특한 가치를 창출할 수 있다.

# PART 2

# 투자 프로세스의 이해

# 개요

우리는 매일 설립되는 수많은 스타트업 중에서도 투자 유치에 성공하는 기업은 10% 남짓임을 알고 있지만, 때로는 이러한 사실을 간과하고 너무 쉽게 생각한다. 액셀러레이터, 벤처캐피털 등 투자 업계도 장기적인 경기 위축과 투자에 대한 불확실성이 확대되며 어느 때보다도 신중을 기하고 있다.

성공적인 투자 유치를 위해서는 스타트업도 투자사에 대해 많이 알고 있어야 한다. 오늘 요청한다고 투자가 바로 진행되는 것이 아니다. 각 투자사의 고유한 특성, 의사 결정 과정, 내부 절차에 따라 한 달에서 반년까지도 시간이 걸릴 수 있다. 그렇기에 스타트업도 투자사들이 어떤 과정을 거쳐서 투자 의사를 결정하는지, 그 심사 기준은 무엇이며 단계별로 필요한 협상의 정도는 어떻게 되는지, 대체로 어느 정도의 소요 기간이 걸리는지를 파악한다면 성공적인 투자 유치에 한 발짝 더 가까워질 수 있을 것이다.

본 문서는 ㈜페이스메이커스의 투자프로세스를 사례로 기술한 문서로, 투명하고 체계적인 투자 활동을 위해 작성되었다. 임직원 모두는 본 프로세스를 준수하고 있으며, 개정이 필요한 사항이 발생하면 상시 논의하여 절차를 개선해 나가고 있다.

㈜페이스메이커스는 창업이라는 레이스의 주인공인 스타트업이 완주를 넘어 더 좋은 성과를 낼 수 있도록 공간, 기술, 네트워크 지원을 제공하여 글로벌 기술 기반 창업 생태계를 구축한다. 또한 선한 가치와 열정을 바탕으로 사회에 기여하고 나눔을 실천하는 기업이 되고자 하며, 해외 네트워크와 협력, 스타트업의 성장과 교류를 촉진하고자 한다. 이를 위해서는 '투자'가 함께 진행되어야 한다는 것에 공감하는 기업이다.

또한, ㈜페이스메이커스는 투자사이자 액셀러레이터로서 전 임직원이 투자 절차에 대해 공통된 사고를 가지고 임할 것을 당부하고 있다. 특히, 스타트업 생태계에서의 투자는 단순히 자금을 조달하는 것을 넘어 지속 가능한 성장과 성공을 위한 전략적 협력 관계를 형성하는 과정이기에 투자 이후에는 해당 기업에 관심을 가지고 성장을 위해 노력하며, 투자 수익의 극대화를 추구하고 있다.

이 글에서는 투자 유치를 희망하는 스타트업이라면 반드시 이해하고 준비해야 하는 투자 프로세스의 핵심 단계와 이에 따른 세부 사항들을 단계별로 체계적으로 설명한다.

| 구분 | 업무절차 | 참석자 | 비고 |
|---|---|---|---|
| 예비 검토 | **투자발굴**<br>• 투자대상 발굴<br>• 투자대상 자체 검토 및 내부보고 | 운용사,<br>투자심사역 전원 | • 경영환경 / 시장조사<br>• 제품 및 기술동향<br>• 자체 대상 발굴<br>• 외부기관 및 해외기관 활용 |
| | **예비 투자심의위원회**<br>• 예비 IR<br>• 투자 타당성 예비 검토 | 운용사,<br>투자심의위원회,<br>운영위원 | • 사업계획서<br>• 투자검토 요청서 |
| 투자 심사 | **투자검토보고서 작성**<br>• 사업타당성, 밸류에이션, 투자회수 계획 등 | 담당 투자심사역 | • 투자검토보고서 |
| | **본 투자심의위원회**<br>• 투자심의위원회 심의 | 운용사,<br>투자심의위원회,<br>운영위원 | • 투자심의위원회 의사록<br>• 투자심의위원회 검토의견서 |
| 투자 집행 | **실사**<br>• 듀 딜리전스 실시<br>• 회계/법무 법인 실사<br>• 컴플라이언스 체크 | 경영지원본부<br>또는<br>조합운용인력 | • 실사 체크리스트 및 보고서<br>• 회계/법무 실사보고서<br>• 컴플라이언스 체크리스트 |
| | **투자계약**<br>• 투자계약서 조건 확정<br>• 투자계약 체결 | 조합운용인력,<br>운용사 준법감시인,<br>자문변호사 | • 투자계약서 |
| | **자금집행**<br>• 자금집행<br>• 권리서류 입수 및 보관 | 운용사 준법감시인,<br>관리부서(담당자) | • 투자계약서 및 권리서류 |
| 회수 심의 위원회 | **회수심의위원회**<br>• 회수시기 결정<br>• 투자대상 기업의 회수 여부 결정<br>• 회수 관련 중요 사항 논의 | 준법감시인, 투자 담당심사역,<br>관리 인력 | • 회수심의위원회 의사록 |

# 투자대상 검토 및 선정 기준

## 딜 소싱(Deal Sourcing)

투자대상을 발굴하는 것. 스타트업이 투자자를 만나는 첫 단계로, 다음과 같은 채널을 통해 이루어진다.

- 내부 추천 및 네트워크 활용
- 액셀러레이터 프로그램(EDGE 등)
- 정부 기관 및 대학과의 협력
- IR 행사 및 데모데이 참여

투자자는 스타트업이 직접 보내는 콜드 메일이나 무작정 접촉하는 것보다는 신뢰할 수 있는 네트워크를 통해 소개받는 것을 더욱 선호한다. 그렇기에, 스타트업은 자신만의 명확한 가치를 효과적으로 전달할 수 있도록 피칭 역량을 준비해야 한다. 한국에서는 대부분 여러 정부기관, 대학 등이 운영하는 지원사업 IR행사, 데모데이 혹은 투자사끼리 추천 및 클럽 딜을 통해 딜 소싱을 많이 진행하고 있다.

사실, 매일 스타트업이 보내는 3~5건 정도의 콜드 메일이 투자사 홈페이지나 대표 개인 메일 계정으로 들어온다. 하지만 그런 메일의 대부분이 제목만으로, 혹은 첫 페이지만으로도 휴지통으로 직행한다. 투자사에 대해 알아보지 않고 보내는 콜드 메일은 성공률이 극히 낮을 수밖에 없다.

우리의 경우 모든 임직원은 기업이나 분야 등 투자 대상을 자유롭게 검토하고 서로 의견을 나눈다. 다만, 본 장의 내용을 토대로 주요 투자 대상에 대해 공감대를 가지고자 한다.

- 주요 투자대상 :

    1) AI융합 딥 테크 분야

    2) 문화(융합) 콘텐츠 분야

- 투자 단계 및 금액

    - 시드 단계 ~ 시리즈 A(val. band 5~50억) / 0.5~3억원

- 딜 소싱 채널

    - 인바운드(마스터 계정)

    - 심사역 개별 발굴

    - 협력기관(창업지원, 투자, 지자체 등) 추천

    - 액셀러레이팅 프로그램(EDGE, 기타 등)

---

본 장에서 정의하지 않았거나, 범위를 벗어나는 부분에 대해서는 상호 협의하에 진행한다. 액셀러레이팅 프로그램의 경우, 별도의 선발과정이 있어 예비 투자심의위원회는 '통과'한 것으로 간주하고 본투자심의위원회를 진행한다.

> 페이스메이커스는 설립자, 시장, 미래 가치를 중심으로
> 딥테크 메인스트림 기술과 대한민국 강점분야인
> 문화콘텐츠에 집중투자합니다.

01  글로벌 진출을 준비하는 딥테크기업에 투자합니다.
02  트렌드에 맞게 보유하며 논리적인 투자를 지향합니다.
03  투자와 함께 강력한 네트워크로 스케일업을 추구합니다.
04  리스크가 높은 시장에서 합리적으로 행동합니다.
05  금융 윤리와 자본시장법을 준수합니다.

**주요 투자 분야**

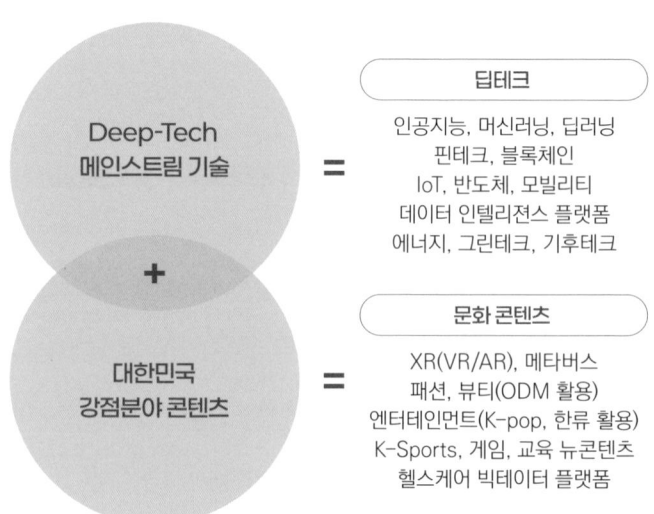

## 투자대상 검토

심사역을 포함한 모든 임직원은 딜 소싱 채널로부터 유입된 기업을 아래와 같은 기준으로 검토하여 적합하다고 판단되는 경우 투자대상으로 선정하고, 다음 단계로 투자심의 프로세스를 진행한다.

예비 검토(Preliminary Review)

투자자가 스타트업의 간략한 정보를 바탕으로 투자 가능성을 평가하는 단계이다. 투자자는 다음과 같은 사항을 점검한다.

- 사업 모델의 적합성
- 팀의 역량과 열정
- 시장 가능성과 경쟁력
- 초기 마일스톤의 달성 가능성

창업자 및 기업 검토

| 구분 | 내용 | 확인방안 및 주체 |
|---|---|---|
| 창업자 | • 가치관 및 문제 해결 능력<br>• 비즈니스 핵심 간파력 + 시장 이해도<br>• 투자자와의 파트너십<br>• 사업 마일스톤 정의 및 실행력 | • 진단 툴킷<br>• 네트워크 레퍼런스 체크<br>• 미디어<br>• 심사역(운용인력) |
| 팀 | • 팀워크 및 열정<br>• 팀 구성의 적절성 및 공통된 문제인식 | • 현장 실사<br>• 심사역(운용인력) |
| 주주 | • 적정 지분 비율<br>• 주주구성의 적정성 | • 관련서류 검토<br>• 심사역(운용인력) |
| 재무제표 | • 자본금 규모의 적정성<br>• 현금흐름 및 재무제표 기재 충실성 | • 관련서류 검토<br>• 심사역(운용인력) |

사업성 검토

| 구분 | 내용 | 확인방안 및 주체 |
|---|---|---|
| 사업성 | 시장성 | • 타겟 시장 확대 가능성 및 예상 점유율<br>• 타겟 시장 주요 플레이어 대비 경쟁력<br>• 새로운 시장 개척 가능성 |
| | 기술성 | • 기술 로드맵 및 진입장벽 구축 가능성<br>• 기술사업화를 이루어낼 수 있는 인사이트<br>• 기존의 제품/서비스와의 차별성 |
| | 해외진출 가능성 | • 글로벌 스탠다드에 맞는 세계관<br>• 국가별 맞춤형 비즈니스 제공 가능성<br>• 다양한 파트너와 소통하려는 마인드 |
| | 엑싯 가능성 | • 다음 라운드 투자매력도 제고 가능성<br>• BEP를 조기에 달성할 수 있는 BM<br>• 투자를 통해 달성 가능한 마일스톤 |

## 투자대상 선정 단계

- 1차 : 심사역 1인
- 2차 : 심사역 1인 + 1인(최소 임직원 중 1명과 논의 필수)
- 3차 : 담당 심사역은 아래 〈투자대상 검토 확인표〉를 작성 한 뒤 예비_투자심의위원회의 개최를 요청한다. 이때, 확인표의 13개 항목 중 반드시 7개 이상이 '중' 이상이어야 한다.

투자대상 검토 확인표

기업명 : ㈜OOO

작성자 : OOO
논의자 : OOO
작성일 : 2025.00.00

| 항목 | 세부항목 | 배점 |
| --- | --- | --- |
| 1. 사업성 | 비즈니스 모델의 타당성 | 상 / 중 / 하 |
| | 마케팅 전략 및 향우 수익 전망<br>시장 규모 및 전망 | 상 / 중 / 하 |
| 2. 기술성 | 보유 역량 수준 및 역량 확보 전략 | 상 / 중 / 하 |
| | 기술 수준 및 기술 개발 계획 | 상 / 중 / 하 |
| 3. 사업 준비도 | 사업계획의 구체성 | 상 / 중 / 하 |
| | 사업계획 실현 가능성 | 상 / 중 / 하 |
| 4. 팀구성 | 대표자/직원의 보유 역량 | 상 / 중 / 하 |
| | 핵심 인력 확보 계획 및 가능성 | 상 / 중 / 하 |
| 5. 투자포인트 | 후속투자 가능성 | 상 / 중 / 하 |
| | 투자 이후 목표 달성 가능성 | 상 / 중 / 하 |
| 6. 리스크 | 시장 리스크 극복 가능성 | 상 / 중 / 하 |
| | 기업 리스크 극복 가능성 | 상 / 중 / 하 |
| 7. 엑싯 가능성 | 엑싯 가능성 | 상 / 중 / 하 |

'투자대상 검토 확인표'를 작성하고 캡쳐 또는 pdf 형태로, 텔레그램 '페이스메이커스 스타트업IR'에 최소 7일전 공유하고 투자심의위원장에게 보고한다.

# 투자심의

투자심의(Investment Evaluation)는 본격적으로 투자를 검토하는 과정으로 다음의 사항들을 상세히 평가한다.

- 비즈니스 모델의 타당성 및 마케팅 전략
- 시장 규모 및 성장 가능성
- 기술 역량 및 차별성
- 팀 구성 및 핵심 인력의 전문성
- 후속 투자 가능성 및 엑싯 전략
- 리스크 관리 역량

투자자는 이러한 평가를 문서화하여 투자심의위원회(Investment Committee, IC)에 보고하게 된다. 이것이 다음 장에서 논의할 투자심사 보고서이다. 투자심의 프로세스는 1) 예비_투자심의위원회, 2) 본_투자심의위원회로 나누어지며, 세부사항은 아래와 같다.

투자심의위원회 구성(위원장 포함 홀수 구성/대체로 5인)

| 투자심의위원장 | 김OO 대표 |
|---|---|
| 투자심의위원 | 조OO 부대표<br>김OO 이사<br>외부위원 2인 |
| 총무 | 박OO 선임 |

### 예비_투자심의위원회

- 시기: 매주 월요일 오전 10시(협의하에 변경 가능)
- 방법: 최소 7일 전 투자심의위원장에게 보고 후 개최(온/오프라인), 담당심사역은 〈투자검토 요청서〉를 작성하여 투자심의위원회 전일 오전 중으로 공유해야 한다.
- 발표: 심사역이 직접 기업의 BM과 각 항목에 따른 투자포인트를 설명한다.
- 서류: 기업IR자료, 투자검토 요청서_예비
- 평가: 아래 평가표에 따라 채점한 뒤, 평가위원 평균이 80점 이상이라면 '통과', 70~79점이라면 '보류', 70점 이하라면 '탈락'으로 판정한다(단, 기업의 특정 조건을 확인해야 하는 경우 판정을 '보류'할 수 있으며, 기업의 상황이나 사업 내용이 바뀌는 경우, '재심'을 진행함. 기타 상황에 대해서는 투자심의위원장의 판단에 따른다).

| 항목 | 세부항목 | 배점 | 점수 |
|---|---|---|---|
| 1. 사업성 | 비즈니스 모델의 타당성 | 5 | |
| | 마케팅 전략 및 향후 수익 전망<br>시장 규모 및 전망 | 5 | |
| 2. 기술성 | 보유 역량 수준 및 역량 확보 전략 | 10 | |
| | 기술 수준 및 기술 개발 계획 | 10 | |
| 3. 사업 준비도 | 사업계획의 구체성 | 5 | |
| | 사업계획 실현 가능성 | 5 | |
| 4. 팀구성 | 대표자/직원의 보유 역량 | 10 | |
| | 핵심 인력 확보 계획 및 가능성 | 5 | |
| 5. 투자포인트 | 후속투자 가능성 | 10 | |
| | 투자 이후 목표 달성 가능성 | 5 | |
| 6. 리스크 | 시장 리스크 극복 가능성 | 10 | |
| | 기업 리스크 극복 가능성 | 5 | |
| 7. 엑싯 가능성 | 엑싯 가능성 | 10 | |
| 합계 (100점) | | | |
| 총평 및<br>추가 확인 요청 | | | |

**본_투자심의위원회**
- 시기 : 매주 금요일 오전 10시 (협의하에 변경 가능)
- 방법 : 최소 7일 전 투자심의위원장에게 보고 후 개최(온/오프라인), 담당심사역은 〈투자검토 보고서〉를 작성하여 투자심의위원회 전일 오전 중으로 공유해야 한다.
- 발표 : 해당 기업의 대표가 직접 IR을 진행한다.
- 서류 : 투자검토 보고서_본
- 평가 : 위 평가표에 따라 채점한 뒤, 평가위원 평균이 80점 이상이라면 '통과', 70~79점이라면 '보류', 70점 이하라면 '탈락'으로 판정한다(단, 기업의 특정 조건을 확인해야 하는 경우 판정을 '보류'할 수 있으며, 기업의 상황이나 사업 내용이 바뀌는 경우, '재심'을 진행한다. 기타 상황에 대해서는 투자심의위원장의 판단에 따른다).
- 외부 연계 프로그램의 경우, 공정성을 위해 최고점과 최하점을 제외한 평균점으로 판정하기도 한다.

**기타**

투자심의위원회 결과에 따라, 피투자기업이 요청하는 경우에는 '투자의향서' 또는 '투자확약서'를 발행할 수 있으며, 사전에 투자총괄이사 및 대표이사의 승인을 득해야 한다.

# 실사(Due Diligence)

듀 딜리전스, 즉 실사는 투자 결정을 내리기 전에 리스크와 기회를 평가하는 핵심 단계이다. 액셀러레이터는 대체로 투자 규모가 작고 빠르게 실행되는 특성이 있기 때문에 실사의 폭과 깊이는 제한적이지만, 핵심 체크포인트는 빠짐없이 확인한다.

실사는 결국 투자의 리스크를 최소화하기 위해 상세히 조사하는 과정이다. 특히, 실사 과정에서의 투명성 부족이나 정보 오류는 투자를 중단시키는 결정적 이유가 될 수 있다.

## 실사의 주요 영역과 체크리스트

| 항목 | 주요 포인트 |
|---|---|
| 1. 팀 | • 창업자의 배경, 역량, 헌신도<br>• 팀 구성의 다양성 및 역할 분담<br>• 이전 창업 경험이나 실적 |
| 2. 시장 | • 문제 정의의 명확성<br>• 시장 규모(TAM/SAM/SOM 분석)<br>• 경쟁사 및 대체재 분석 |
| 3. 제품 | • 제품 완성도(MVP 여부)<br>• 고객 반응(사용자 피드백, 초기 지표)<br>• 기술 차별성 및 모방 가능성 |
| 4. 비즈니스 모델 | • 수익 모델의 명확성<br>• 고객 확보 전략<br>• 핵심 KPI 추이 |
| 5. 재무/법률 | • 주주 구성 및 캡테이블<br>• 주요 계약서, IP 등록 여부<br>• 부채 여부, 세금 리스크 등 |
| 6. 성장 가능성 | • 향후 확장 계획<br>• 후속 투자 유치 가능성<br>• 엑싯 전략의 실현성 |

**실사의 방식 및 프로세스**

1. 데이터룸 구성 요청 → 스타트업 측에 법률/재무/비즈니스 자료 요청
2. 서면 검토 및 인터뷰 진행 → 핵심 문서 확인 + 창업팀 인터뷰
3. 외부 전문가 자문(필요 시) → 기술 또는 특허, 회계 분야
4. 내부 평가 회의 → 전체 실사 내용을 종합해 투자 여부 결정

**액셀러레이터 특유의 실사 특징**

- 시간이 짧다: 보통 2~4주 내 마무리된다.
- 정성적 요소 비중이 높다: 시장에서의 수치보다 창업팀의 실행력과 태도가 더 중요할 수 있다.
- 후속투자 가능성을 고려한다: 다음 단계 VC와의 연결성을 염두에 두고 실사를 진행한다.

# 투자절차

## 투자 집행(Investment Execution)

투자심의위원회를 통과하면 투자 계약이 체결되고 자금 집행이 이루어진다. 주요 문서는 다음과 같다.

- Term Sheet
- 투자 계약서(SSA, SHA)
- 법적 등기 서류 및 자금 집행 증빙 서류

이 단계에서는 투자조건 및 지분 희석화 등의 이슈가 최종 조정된다. 또한 투자심의위원회를 통과한 기업에 대하여는 투자 재원 확보 여부 및 예상 시기를 고려하여 투자계약을 진행한다.

**피투자기업 요청 서류**

투자계약 진행을 위해 피투자기업에게 아래의 서류들을 요청한다.

- 최종 회사소개서 및 IR Material
- 법인등기부등본(1개월 이내, 말소사항 포함)
- 사업자등록증명(1개월 이내)
- 주주명부(원본, 현재 유효사항)
- 최근 3개년 재무제표(현재 현금흐름상황표 포함)
- 통장사본(주금납입통장)
- 정관(사본, 원본대조필)
- 벤처기업확인서
- 대표이사 범죄경력증명서(계약 진행시)

## Term Sheet Summary 작성

Term Sheet Summary는 기업의 Cap-table로 기발행주식수와 액면가, 자본금 등을 토대로 유상증자 조건을 계산하기 위한 양식이다.

㈜OOOO term sheet summary(안)

작성자: OOO
작성일: 2022.00.00

| 기발행주식수 | 228,573 주 |
| 액면가 | 500 원 |
| 자본금 | 114,286,500 원 |
| 유상증자 | |
| 본 건의 발행주식 총수 | 9,829 주 |
| 본 건의 주당주식발행가 | 20,350 원 |
| 본 건의 유상증자총액 | 200,020,150 원 |
| 본 건의 기업가치(Pre) | 4,651,460,550 원 |
| 본 건의 기업가치(Post) | 4,851,480,700 원 |

(유상증자)

| 참여자 | 금액(원) | 주식수 |
|---|---|---|
| 페이스메이커스(투자조합) | 20,350 | 9,829 |
| 계 | 20,350 | 9,829 |

| 주주 | 주식형태 | 유상증자 전 | | 유상증자 후 | | 금번 증자 참여금액 |
|---|---|---|---|---|---|---|
| | | 주식수 | 지분율 | 주식수 | 지분율 | |
| OOO | 보통주 | 145,000 | 63.44% | 145,000 | 60.82% | |
| OOO | 우선주 | 14,285 | 6.25% | 14,285 | 5.99% | |
| 기타 | 보통주 | 69,288 | 30.31% | 69,288 | 29.06% | |
| | | | 0.00% | | 0.00% | |
| 페이스메이커스(투자조합) | 보통주 | 0 | 0.00% | 9,829 | 4.12% | 200,020,150 |
| 총계 | | 228,573 | 100.0% | 238,402 | 100.00% | |
| (자본금; 원) | | | 114,286,500 | | 119,201,000 | |

### Term Sheet 작성

Term Sheet은 Term Sheet Summary의 내용을 기초로 하여 작성한다. 피투자기업의 이해관계자, 즉 대표이사의 정보와 투자금 납입을 위한 금융기관을 기입하여 피투자기업에 전달하고 내용상의 이상유무를 반드시 확인한다.

## TERM SHEET
- 주요 투자조건요약표 -

| 주주 | ㈜페이스메이커스 | | |
|---|---|---|---|
| | 110111-6526268 | | |
| | 광주광역시 동구 금남로 193-22, 광주 AI 창업캠프 309 호 | | |
| | 대표이사 김경락 | | |
| 회사 | ㈜OOO | | |
| | 법인등록번호 : 180111-1216612 | | |
| | 본점소재지 : | | |
| | 대표이사 OO | | |
| 이해관계자 | OO | | |
| | 생년월일: 1900 년 00 월 00 일 | | |
| | 주민등록상 주소 : | | |
| 계약체결일(투자협약일) | 20XX 년 00 월 00 일 | | |
| 회사의 기발행주식총수 | 기명식 보통주 | | 우선주 |
| 발행할 신주식의 종류와 발행주식수 | 기명식 보통주 | | 우선주 |
| 본건 주식의 종류와 수 | 기명식 보통주 | | 우선주 |
| 1 주의 금액(액면가) | 500 원 | | |
| 1 주당 발행가액(인수가액) | 20,350 원 | | |
| 주식의 총 인수대금 | 200,020,150 원 | | |
| 주식의 지분율 | 4.00% | | |
| Post-valuation | 4,851,480,700 원 | | |
| 본건 주식의 납입기한 | 20XX 년 00 월 00 일 | | |
| 대주주 주식 보유 | ㈜OOO | | |
| 금융기관 | | | |
| 계좌번호 | | | |

**투자계약**

투자계약서는 투자총괄이사가 투자심의위원회 및 Term sheet을 확인하여 작성하고, 담당심사역 확인 및 대표이사 최종 승인을 받아 투자계약을 진행한다. 투자계약은 ㈜페이스메이커스 본사 또는 서울 지사에서 진행하되, 경우에 따라 외부에서 진행할 수 있으며 피투자기업과 협의하여 피투자기업이 PR을 진행하도록 한다.

**투자 법인등기 이후 요청서류**

투자금 납입 이후, 피투자기업에게 즉시 법인등기 진행 및 아래의 서류들을 요청한다.

- 주권미발행확인서(법인인감 날인)
- 신주청약서/신주인수증(법인인감 날인)
- 주금납입영수증(투자금액 및 일자 명기, 법인인감 날일)
- 유상증자 이사회 의사록(원본대조필, 공증인증서 포함, 주총의결시 주총의사록으로 갈음)
- 주주명부(투자 반영 원본)
- 법인등기부등본(유상증자 등기 후 기준, 말소사항 포함)
- 법인인감증명서(원본)
- 이해관계인의 인감증명서(원본)
- 회사 CI 사진 파일

**사후 관리**

투자 후 스타트업의 성장을 적극적으로 지원하고 관리하는 단계이다. 임직원은 포트폴리오 기업 및 관련 산업 분야에 항시 관심을 가지고, 성장을 돕는 한편 적극적인 엑싯 기회를 창출하여 투자수익 극대화를 추구한다. 이를 위해 아래와 같이 투자기업을 모니터링하고, 보고 체계를 수립한다.

- 정기적 방문 및 미팅을 통한 모니터링
- 분기별 재무, 경영 성과 평가
- 전략적 지원 및 추가 자금 조달 지원

| 구분 | 주요내용 |
|---|---|
| 투자업체 방문 | • 담당심사역 분기 1회 이상 업체 직접 방문 원칙<br>• 사업 및 자금 현황 모니터링, 지원 방안 협의<br>• 시장, 기술 동향 정보 교류 및 투자업체 발굴<br>• 현안 발생 시 수시 접촉, 지속적 관리<br>• 방문 결과 회의 시 보고, 관리 방안 수립 및 수정 |
| 수시 보고 | • 월요회의 : 전 임직원 회의, 사후관리 담당자별 매주 관리 현황보고, 관리상 문제 발생업체에 대해서는 보고서 작성, 신속한 대책 수립<br>• 수요회의 : 투자팀, 투자관리팀 회의, 투자관련 정보 교환 및 IT업계 시장 동향 파악, 관련업체 정보 제공<br>• 월간 회의 : 매주 회의 결과에 따른 대처 사항 월별 체크 |
| 분기 보고 | • 매 분기별로 투자업체 투자기업의 재무사항, 경영성과, 주주현황을 파악, 내부 양식에 따라 보고서 작성<br>• 전 임직원 참여 회의에서 사후관리 담당자별 보고.<br>• 업체별로 차분기 실적 예상, 재무, 경영 및 마케팅 지원 방안 수립<br>• 경영성과 변동 상황에 따라 회수 시기 및 회수 방법 등 회수 관련 전략 수립 |
| 결산 보고 | • 결산 후 투자기업의 실적 연초 사업계획과 비교 분석<br>• IPO 가능성, 일정 예상 지원 방안 및 회수 대책 수립<br>• 차기연도의 경영계획 바탕 전략 추가 지원사항 종합 검토 |

# 회수 절차(Exit)

투자회수 기회 또는 미연의 투자사고를 방지하기 위해 회수가 필요하다면, 즉시 대표이사에게 보고한 뒤 기업 심층 면담을 통해 회수조건을 확인하여, 투자회수위원회를 개최 한다.

성공적인 투자는 명확한 엑싯 전략을 요구한다. 회수 방법으로는 IPO, M&A, 세컨더리 마켓 매각 등이 있으며, 투자자는 지속적으로 회수 가능성을 평가하고 적정한 회수 시기를 결정한다.

회수심의위원회 의사록은 위원회 개최 시, 기업과 협의된 내용을 토대로 작성한다.

# PART 3

# 투자심사 보고서의 이해

# 투자심사보고서란 무엇인가?

스타트업이 투자를 받기 위해 반드시 거쳐야 하는 문서 중 가장 결정적인 문서는 투자심사보고서(이하 투심보고서)이다. 이 문서는 액셀러레이터(AC), 벤처캐피털(VC) 내부에서 투자 여부를 최종적으로 판단하기 위해 참고하는 핵심 자료로, 투자심사역의 분석과 판단이 종합적으로 녹아 있다. 투심보고서에는 정형화된 양식은 없다. 벤처캐피털이나 심사역마다 선호하는 형식과 기준이 있고, 업종이나 기술에 따라 내용을 조금씩 다르게 작성하기도 한다. 심사역이 가장 신경 써서 작성하는 문서라고 볼 수 있다.

많은 창업자가 '투심보고서는 심사역이 알아서 작성하겠지' 하고 생각하지만, 투심보고서는 사실 사업계획서보다도 더 중요한 문서다. 그렇기에 창업자나 주요 임직원의 적극적인 협조 없이는 제대로 작성할 수 없다. 어느 심사역이든 간에 투심보고서를 작성하면서 회사 담당자나 대표에게 지속적으로 자료를 요구하고 질문을 던지게 된다. 그렇기에 보고서가 잘 작성될 수 있도록 최대한으로 지원해 줄 수 있어야 한다. 그렇게 작성된 투심보고서가 심의를 거쳐 최종 투자 여부가 결정되기 때문이다. 투심보고서의 구성, 작성 방식, 사업계획서와의 연결, 그리고 성공적인 투심보고서 작성을 위한 실무 가이드를 다음과 같이 소개한다.

**투심보고서의 목적과 활용**

투심보고서는 액셀러레이터와 벤처캐피털 내부의 투자심의위원회에서 사용되며, 다음과 같은 목적을 가진다.

- 투자대상 기업에 대해 객관적이고 정량적인 분석을 제공한다.
- 주요 투자조건 및 리스크를 정리한다.
- 투자 회수 전략 및 기대수익을 예측한다.
- 투자 실행 여부에 대한 판단 근거를 제공한다.

결론적으로 이 보고서를 통해 IC 위원들은 '투자할지 말지'를 결정한다.

## 투심보고서의 전반적인 구조

Executive Summary

- 투자금, 조건, 발행 증권 유형(RCPS 등)
- Re-fixing 조건, 상환 조건, 투자금 사용 용도
- 투자포인트, 엑싯 전략, 주요 리스크 및 대응 전략
- 심사역의 투자의지 및 종합의견

Company Overview

- 회사 연혁, 조직 구조, 경영진
- 주주 구성 및 지분율
- 주요 재무 현황
- 지식재산권 및 각종 계약 내역

사업성 검토

- 사업 모델의 구조적 이해
- 시장 규모, 성장성, 경쟁사 분석
- 기술력 및 제품 우위성
- 경영진의 역량 및 Execution 능력

재무제표 검토

- 실사보고서 기반 재무 데이터 검토
- 3~5년 추정 손익 및 재무제표
- PER, EV/EBITDA 등으로 추정 밸류에이션 산정

투자수익성 분석
- IRR(내부수익률, Internal Rate of Return) MOIC(투자자본배수, Multiple on Invested Capital), 엑싯 시나리오별 기대수익
- 벤처캐피탈 내부 기준으로 할인된 추정 실적 분석

투자 개요 및 계약사항 요약
- 투자 조건 요약 및 계약서상 핵심 조항
- 신주 발행 조건, 이해관계인의 연대 보증 여부 등

IRR

투자에서 발생하는 현금흐름의 순현재가치(NPV, Net Present Value)를 0으로 만드는 할인율을 의미한다. 즉, 연평균 수익률을 계산하는 지표로, 투자금이 매년 얼마만큼의 수익률로 성장하는지를 나타낸 것이다.
- 시간 가치를 고려함(연 단위로 수익률을 계산함)
- 투자 기간이 길어질수록 IRR이 감소할 가능성 있음

서로 다른 투자 기회를 비교할 때 유용하나 불규칙한 현금흐름에서는 IRR이 왜곡될 수 있다는 한계가 있다.

MOIC

투자자가 투자한 금액 대비 최종적으로 회수한 금액을 나타내는 배수로 투자 기간과 관계없이 투자 수익성을 평가하는 단순한 지표다.

- 계산이 간단함(단순 배수로 투자 성과 측정)
- 절대적인 수익률 판단 가능(투자 기간 무관)

일반적으로 MOIC가 높을수록 좋은 투자 성과를 의미하나, 투자 기간을 고려하지 않기 때문에 투자 효율성 평가에는 한계가 있다.

IRR과 MOIC를 어떻게 활용해야 할까?

- IRR은 투자 기간을 고려한 연평균 수익률로, 서로 다른 투자 기회를 비교할 때 유용.
- MOIC는 절대적인 투자 수익성을 판단할 때 직관적인 기준을 제공.

두 지표를 함께 활용하면 투자 성과를 더욱 정확하게 분석할 수 있으며, 투자 의사를 결정할 때 IRR과 MOIC를 함께 고려하는 것이 가장 현명한 접근 방식이다. IRR이 높은 투자 기회를 선호하는 경우라면 빠른 수익 회수가 중요하며, MOIC가 높은 투자라면 장기적인 가치 창출이 강점일 것이다.

# 창업자가 꼭 알아야 할 항목별 주요 포인트

실무자가 반드시 짚고 넘어가야 할 핵심 체크리스트

투심보고서는 투자사 내부의 공식 문서지만, 그 바탕에는 창업자와 팀이 제공한 데이터와 전략이 깔려 있다. 다시 말해, 투심보고서를 작성하는 사람은 심사역이지만, 그 내용을 만드는 사람은 창업자라는 말이다. 그렇다면 창업자는 투심보고서에 작성되는 내용 중 특별히 어떤 부분에 신경을 써야 할까?

## 1. Executive Summary

### 왜 중요한가?

이 부분은 말 그대로 '요약본'이지만, IC 위원들이 가장 먼저, 그리고 가장 많이 보는 파트다. 투자금이 얼마인지, 어떤 조건인지, 어떤 방식으로 회수가 가능한지를 한눈에 보여주는 회사 소개서의 클라이맥스라고 할 수 있다.

### 창업자가 준비해야 할 핵심 자료

- 투자 조건 요약서: 투자금 규모, 증권 형태(RCPS, CB 등), 리픽싱 조건 등
- 투자금 사용계획서(Use of Proceeds): "어디에 얼마를 쓸 것인가" 명확히
- 엑싯 전략 요약: IPO, M&A 중 어떤 방향인지, 예상 시점은 언제인지

### 실무 팁

- 투자자에게 첫인상을 심어주는 영역이므로, 숫자는 확실하게, 논리는 간결하게
- 예: "2025년 말 IPO 추진, 투자금은 AI R&D 40%, 글로벌 진출 30%, 인재 확보 30%"

### 자주 하는 실수

- "시장 성장률이 높으니 투자해 주세요" → 추상적이고 근거 부족
- 사용처가 너무 포괄적임: "운영비, 인건비, 마케팅" → 구체적인 예산 배분 필요

| 구분 | 내용 | |
|---|---|---|
| 투자 업체명 | 주식회사 OOO | |
| 총 투자금액 | 499,800,000 원 | |
| 투자 재원 | 코리아펀드 1 호 | |
| 동반 투자 | 인베스트먼트 | |
| 투자 방식(형태) | 상환전환우선주 신주발행 (총 투자금액 전액 일시 투자) | |
| 주목적/특수목적 부합여부 | 1. 주목적 투자 분야 : 비상장 중소기업 및 벤처기업 문화산업에 대한 신주투자방식으로 부합(조합 규약 제 31 조 제 1 항)<br>2. 특수목적 투자 분야 : 게임개발 중소기업 및 국내 중소기업이 제작하는 게임 프로젝트에 대한 신주투자방식으로 부합(조합 규약 제 54 조 제 1 항) | |
| 투자 단가 | 액면가 : 500 원<br>투자단가 : 24,500 원 (49 배수) | |
| 투자 MC | PRE | 약 60 억원 (5,955,950,000 원) |
| | POST* | 약 65 억원 (6,455,750,000 원) |
| 특약사항 | [Drag-Along]<br>-. 기업가치 2 백억원(20,000,000,000 원) 이상의 인수합병의 제의가 있는 경우<br>-. 전략적 이유로 회사와 투자자가 협의한 경우<br>[Tag-Along]<br>-. 동일한 가격과 조건으로 제 3 자에게 동일 매각 조건<br>[기타-우선손실충당]<br>-. 투자단가 이하로 M&A 사유발생 -> 이해관계인 지분 처분가액에서 우선적으로 손실 충당 조건 | |
| Re-fixing (Anti-Dilution) | 1. 공모가 및 합병가의 70%가 전환가격 이하일 경우 공모가 및 합병가의 70%로 전환가격 조정<br>2. 영업실적 기준 실적 미달 시 전환가 조정<br>-. 2017년 온기 결산 기준 총매출 60 억 미달 시 1.175 배로 전환 조건 또는 2018 년 온기 결산 기준 총매출 100 억 미달 시 1.325 배로 전환 조건<br>(단, 2017 년 영업이익이 12 억원 이상일 경우 매출액이 60 억 이하인 경우라도 전환기준에 해당하지 아니하며, 또한 2018 년 영업이익이 20 억원 이상일 경우 매출액이 100 억원 이하인 경우라도 전환기준에 해당하지 아니함) | |
| 이사회 | 이사회 중 1 인 사외이사 임명 | |
| 기타 | 핵심인력에 대한 Stock grant 또는 Stock option 제공 등 핵심인력 유지방안 제시 | |
| 인수 주식수 | 20,400 주 (지분율: 7.74%) | |
| 존속기한/상환이율 | 8 년/8% | |
| 우선 배당률 | 1% | |
| 상환 기간 | 신주 발행 후 2 년(24 개월) 이후부터 만료일 전일까지 | |
| 전환 기간 | 신주 발행 후 익일부터 | |
| 전환 조건 | 우선주 1 주당 보통주 1 주 | |
| 투자금 사용용도 | 회사 운영자금 (프로젝트 개발 인건비, 운영/마케팅 등)<br>-. 기존 은행권 차입금 상환 용도로 사용 불가 단, 주임종 단기채무 상환, 실사를 통해 확인된 미지급금 변제 용도로 사용 가능함. 이때 집행 가능한 금액은 총 투자금의 30% 이내에서 가능하며, 사전 투자자의 승인 후 집행 조건임 | |

## 2. Company Overview

투자 대상 회사의 전반에 대한 내용을 보여준다. 회사개요, 연혁, 경영진 및 주주현황, 자본금 증감 내역, 주요 재무현황, 각 종 계약 내용 및 지적 재산권 현황 등을 회사에서 제시한 일반적인 내용을 기준으로 작성한다. 사업계획서를 작성할 때도 이러한 내용을 모두 포함해서 작성하면 편리하다.

## 3. 사업성 검토

왜 중요한가?

사업성이란 결국, 이 회사가 얼마나 '기회가 큰 시장'에서 '실행 가능한 전략'으로 움직이고 있는가를 말한다. 심사역 입장에서는 시장의 크기, 성장 가능성, 경쟁 구조, 제품 차별성, 그리고 팀의 실행력을 본다.

창업자가 준비해야 할 핵심 자료
- TAM/SAM/SOM 도식화: 전체 시장(TAM), 현실적 진입 시장(SAM), 초기 타겟 시장(SOM)
- 경쟁사 비교 분석표: 기능, 가격, 고객, 채널 등 기준별로 비교
- 고객 인터뷰/사용 후기 등 증거 자료: 시장에서 통하는 제품인지 증명

실무 팁
- PowerPoint 2~3장 분량의 '시장 점유 전략 로드맵'을 준비해 놓

으면 유용

- 예: "우리는 경쟁사가 하지 않는 OO을 하고 있습니다" → 차별성은 구체적으로 보여줘야 함

자주 하는 실수

- 시장 크기를 너무 낙관적으로 제시 ("AI 시장은 100조, 우리는 1%만 먹어도 1조")
- 경쟁사 분석이 나와 있지 않거나 "경쟁사가 없다"는 표현 → 투자자는 경쟁 없는 시장을 더 불신함

## 4. 재무제표 검토

왜 중요한가?

투자는 결국 돈 이야기이다. 결국 벤처캐피탈은 당신의 꿈에 투자하는 것이 아니라, 수익성과 회수 가능성에 투자한다. 실사를 통해 기존 재무가 신뢰할 만한지 검토하고, 향후 3~5년간 예상되는 매출과 비용을 통해 기업가치와 투자수익률을 산정한다.

창업자가 준비해야 할 핵심 자료

- 3개년 이상 추정 손익계산서(P&L), 대차대조표(BS)
- 회사의 밸류에이션 근거자료: 유사 상장사 PER, EV/EBITDA, 최근 M&A 사례 등
- 현금흐름 관리표: Burn rate, Runway, Cash-in/Out 계획

실무 팁

- 추정 매출은 '비즈니스 모델 → 고객 확보 전략 → 매출화 로직'으로 설명해야 설득력 있음
- 보수적 추정 vs 낙관적 추정 → 둘 다 준비해서 시나리오별 분석 구조화

자주 하는 실수

- 매출은 급성장, 비용은 정체된 비현실적 예측
- 회계 정리가 안 되어 있음: 가수금, 가지급금, 대표자 대여금 등은 실사 시 큰 감점 요소

## 5. 투자수익성 분석

왜 중요한가?

액셀러레이터와 벤처캐피털의 목표는 '좋은 회사에 투자하는 것'이 아니라 '좋은 수익을 내는 회사에 투자하는 것'이다. 따라서 따라서 예상 수익률(IRR), 엑싯 방식, 밸류에이션이 중요한 평가 기준이 된다. 벤처캐피털은 재무제표를 보고 향후 3년 내지 5년간의 예상 매출과 수익을 가지고 수익성을 검토 및 분석한다. 그들의 투자 목적은 성공적인 엑싯에 있다. 따라서 펀드 존속 기간 내에 수익성을 극대화하는 것이 목표다. 특히 심사역은 회사에서 제시한 자료를 면밀히 검토한다. 향후 실적의 실현 가능성을 보수적인 입장에서 추정해 보는 것이다. 이 경우 회사가 제시한 추정 매출과 수익을 20%~30% 할인하여 투자 회사에 대한 기대수익률을 산정하기도 한다.

창업자가 준비해야 할 핵심 자료

- IRR/MOIC 계산 시트 (기대수익률, 투자금 회수 가능 시점 등)
- 엑싯 이벤트 시나리오별 분석표 (IPO vs M&A, 시점별 회수 예상)
- 유사 기업의 투자 사례 및 회수 사례 요약

실무 팁

- 자료에 "2027년 IPO 예정, MOIC 3배 예상" 식으로 요약표 제시하면 투자자 신뢰도 상승
- 회수 가능성은 구체적인 근거(협력사, 파트너십, 업계 M&A 동향

등)로 뒷받침할 것

자주 하는 실수

- 엑싯 전략이 없다면 투자자가 가장 불안해한다.
- M&A를 엑싯으로 언급하면서도 "누가 인수할 수 있는지" 근거가 없다.

### 창업자의 '설명 책임'이 투자의 열쇠다

많은 창업자가 "심사역이 분석해 줄 거야"라고 생각하지만, 심사역은 무조건 당신보다 회사를 잘 알 수 없다. 결국, 창업자의 역할은 '알기 쉽게', '논리적으로', '수치 중심으로' 설명하는 데 있다. 투심보고서는 창업자의 준비 상태를 그대로 반영한다. 앞서 언급한 네 가지 항목을 미리 정리하고 준비한다면, 단순히 투자 확률이 높아질 뿐 아니라 투자자의 신뢰도와 협상력에서도 큰 차이를 만들 수 있다.

## 투자대상 검토 및 선정 기준

투자자의 마음을 움직이는 보고서란 무엇인가?

투심보고서란 단순히 '기업 개요를 정리한 문서'가 아니다. 이는 심사역이 내부 심의 과정에서 동료들과 싸우기 위한 무기이며, 동시에 투자 결정권자를 설득하기 위한 전략 보고서이다. 다시 말해, '논리적인 설득의 완성본'이어야 한다. 그렇다면 심사역은 어떤 기준으로 좋은 투심보고서를 판단할까?

## 문제 → 해법 → 수익화로 이어지는 스토리텔링

좋은 투심보고서는 일관된 스토리를 갖는다. 그 스토리에는 다음의 세 가지 요소가 뚜렷하게 있어야 한다.

### 문제 정의(Problem)

- 고객 혹은 시장이 겪고 있는 명확한 Pain Point가 있어야 한다.
- 이 문제는 왜 지금 중요해졌는가?"라는 시대적·산업적 배경까지 고려하면 설득력이 높아진다.

### 솔루션 구조(Solution)

- 문제를 해결하는 제품/서비스가 기술적, 구조적 차별성이 있는가?
- 기존의 접근과 무엇이 다른지, 이 솔루션이 실현 가능한지를 보여줘야 한다.

### 수익화 전략(Monetization)

- 이 솔루션은 어떻게 돈을 벌 것인가? 반복 가능하고 확장 가능한 구조인가?
- 예: 구독모델, 트랜잭션 수수료, SaaS 기반 등 명확한 매출 발생 구조 제시
- 심사역 관점에서 이를 요약하면 다음과 같이 표현할 수 있다. "문제가 실존하는가? 이 팀이 해법을 갖고 있는가? 그 해법이 돈이 되는가?"

## 데이터 중심의 논리 구성

많은 창업자가 감성적으로 회사를 설명하지만, 심사역은 숫자와 데이터 중심의 논리를 원한다. 단순히 "우리는 빠르게 성장 중입니다"가 아니라, "지난 6개월 동안 MAU 20% 증가, CAC는 3개월 연속 하락" 같은 구체적 수치를 제시해야 한다. 좋은 투심보고서는 다음과 같은 특성을 가진다.

정성 + 정량이 균형을 이루는 구조
- CEO의 비전은 정성적으로 제시하되, 시장 가능성과 성과는 수치화

보여주는 슬라이드마다 핵심 지표를 동반
- "이번 사업이 왜 기회인가?" → 시장규모 그래프, 경쟁사 매출 대비 수치

추정이 아니라 실제 데이터를 활용
- MVP 유저 피드백, 파일럿 고객 사용률, 재구매율 등 실측 데이터

결국 심사역의 마음을 여는 열쇠는 '데이터 기반의 자신감'이다.

**회수 가능성과 엑싯 전략의 명확성**

심사역은 늘 이 질문을 떠올린다. "이 회사는 성공적으로 엑싯할 수 있을까?" 좋은 투심보고서는 이에 대해 답을 준다. 특히 다음과 같은 내용을 포함하면 심사역에게 신뢰를 줄 수 있다.

- 엑싯 포인트 예상 시기: IPO 목표 연도, 인수 가능한 업계 플레이어 예시
- M&A 가능 기업 리스트: 유사한 기업을 인수한 사례 제시 (누가? 얼마에?)
- IRR 시뮬레이션: 시나리오별 수익률 예측 (보수적, 중립적, 낙관적)

이러한 정보는 단순히 보고서 말미에 첨부하는 것이 아니라, 보고서 전체에 자연스럽게 녹아 있어야 한다.

- 예시: "현재 동남아 유통 SaaS 스타트업 중 5곳이 3년 내 M&A 됐고, 평균 EV/Revenue는 4.5배입니다."

**리스크 인식과 대응 전략**

투심보고서에서 모든 게 좋아 보이면 오히려 의심을 받는다. 액셀러레이터와 벤처캐피털은 '문제 없는 회사'를 찾는 것이 아니라, 문제를 알고 있고 해결하려는 팀을 찾는다. 좋은 투심보고서에는 다음이 포함되어야 한다.

- 주요 리스크 명시: 기술 의존도, 시장 진입장벽, 인력 확보, 고객 유지 등
- 리스크 대응 전략 제시: 내부 시나리오별 대응안, 조기 경고 지표 등
- 운영지표 기반 모니터링 체계: KPI 리스트, 리스크 발생 시 Action Plan

단순히 "문제 없습니다"는 표현은 심사역에게 발생할 수 있는 문제를 아직 파악하지 못했다는 인식을 심어줄 수 있다.

### 심사역에게 '싸울 무기'를 주는 보고서

마지막으로 가장 중요하게 알아둘 것은, 결국 좋은 투심보고서란 회사를 위해 심사역이 내부에서 싸울 수 있게 만들어주는 보고서라는 것이다. 좋은 보고서는 단지 정보를 나열하는 게 아니라, 심사역이 의사결정권자를 설득할 수 있는 논리와 증거를 제공한다. 다음과 같은 예시를 살펴보자.

- "이 회사는 1년 내 Break-even이 가능하고, 업계 평균 대비 CAC/LTV 비율이 30% 높습니다."
- "팀은 업계에서 10년 이상 함께 일한 전문가로 구성되어 있고, 주요 핵심 인재는 이미 스톡옵션을 받았습니다."

이런 팩트와 논리, 그리고 "왜 지금 투자해야 하는가"에 대한 시기성까지 담긴 보고서가 좋은 투심보고서라 할 수 있다.

**창업자의 '전달력'이
곧 심사역의 '무기력'을 해결한다**

심사역은 당신의 사업을 100% 이해할 수 없다. 그러나 당신이 만든 '좋은 투심보고서'는 그가 전사처럼 싸울 수 있도록 도와준다. '좋은 보고서'를 만들기 위해 필요한 것은 화려한 표현이 아니라, 논리적 스토리 + 수치 근거 + 회수 전략 + 리스크 인식이다. 이 네 가지를 담아낸다면, 보고서는 심사역의 무기가 되고, 그 무기는 투자로 이어진다.

# 투자계약서와 투심보고서의 연결

보고서가 계약으로, 계약이 의무로 바뀌는 순간

투심보고서가 투자심의위원회를 통과하면, 그다음은 투자계약서를 체결하는 단계가 기다리고 있다. 창업자 입장에서는 투자가 확정되는 기쁜 순간이지만, 동시에 매우 신중하게 접근해야 하는 법적 구속력 있는 계약의 시작점이기도 하다. 이때 주의할 점은, 투자계약서에 들어가는 대부분의 조항이 이미 투심보고서 단계에서 결정된다는 사실이다. 즉, 투심보고서의 문장 하나, 수치 하나가 실제 계약 조항으로 전환되어 대표자의 법적 의무가 된다.

**투심보고서의 '투자개요'가 계약의 뼈대가 된다**

투심보고서의 Executive Summary에는 다음과 같은 항목이 포함된다.

- 투자금 규모 및 자금 출자 방식
- 투자 방식 (RCPS, CB, BW 등)
- 리픽싱 조건 및 상환 조건
- 주요 특약 (우선매수권, 공동매도참여권, 경영간섭 제한 등)

이 내용은 그대로 계약서의 주요 조항으로 반영되며, 특히 특약사항은 이해관계자(대표자, 공동창업자, 대주주 등)의 책임과 직결된다. 투심보고서를 리뷰할 때 '이 문구가 계약서에 들어간다고 가정하고 검토하는 습관이 필요하다.

## '계약서 초안'은 대부분 VC가 주도하여 작성한다

현실적으로 대부분의 투자계약서는 VC의 표준 양식에 따라 초안이 작성된다. 창업자에게 전달된 계약서는 이미 내부 법무팀 또는 외부 로펌의 검토를 거쳤기 때문에, 표현은 포멀하지만, 내용은 VC에 유리한 구조가 많다. 투심보고서에서 '리스크'로 언급되었던 사항은 계약서에서 의무 조항으로 변환된다. 보고서상의 우려 사항이 계약서에 어떤 식으로 '제약 조건'으로 연결되는지 확인하자.

예시

- "기술 개발 일정이 지연될 수 있음" → 마일스톤 달성 실패 시 투자 철회 가능 조항
- "주요 인력 이탈 우려" → 경영진 퇴사 시 콜옵션/상환권 조항 삽입

## 투자계약서에 반영되는 주요 조항

리픽싱 조건

- 시리즈 A 이후 낮은 가격으로 후속 투자 유치 시, 기존 투자자 주식의 전환가액을 자동 조정 (Down-round 보호)
- 투심보고서에 "리픽싱 조건 존재"라고만 써 있어도, 계약서에는 복잡한 수식과 조건이 기입됨
- 전략: 리픽싱 기준 시점, 하한선(floor) 유무, 제외 사유 등을 명확히 협상.

상환조건 및 우선상환

- 상환전환우선주(RCPS)의 경우 일정 기간 경과 후 투자자 요청에 따라 원금과 이자 또는 일정 배수 회수 가능
- 투심보고서에는 "5년 후 상환 가능"이라고 간단히 적히지만, 계약서에는 이자율, 조기상환 조건, 불이행 시 Penalty까지 포함됨
- 전략: 상환 기간 연장 옵션이나, 특정 성과 달성 시 상환 면제 등 유연성 확보 방안 고려

경영 간섭 조항(Protective Provisions)

- 대표이사 변경, 자회사 설립, 주요 계약 체결, 예산 변경 등 시 사전 동의 필수
- 창업자 입장에서는 경영 자율성이 제한될 수 있음
- 전략: 연간 계획 범위 내에서는 자율성을 확보할 수 있도록 사전 동의 범위 협의 필요

우선매수권 / 공동매도참여권 (ROFR, Tag-Along)
- 이해관계인의 지분을 매각할 경우, VC에게 먼저 제안하거나, VC도 동일 조건으로 지분 매각 참여 가능
- 전략: 창업자 지분에 대한 양도 제한이므로 장기적인 지분 유동성 전략을 고려해야 함

이해관계인 관련 조항
- 주요 주주 또는 대표이사의 지분 담보 제공, 퇴사 금지 조항 등 포함 가능
- 전략: "창업자 = 계약 당사자"임을 명확히 인식하고, 무리한 의무나 위약 별 조건은 협상 대상임

## 계약 체결 전 체크리스트 – 창업자가 반드시 점검할 6가지

| 항목 | 설명 | 점검 여부 |
|---|---|---|
| 리픽싱 조항 | 기준 시점, 하한선 여부 | ☐ |
| 상환 조건 | 만기일, 조기상환 조건 | ☐ |
| 투자금 사용 제한 | 특정 항목 제한 여부 | ☐ |
| 경영 간섭 항목 | 사전 동의 필요 범위 | ☐ |
| 엑싯 조건 | IPO 의무, Put Option 조항 등 | ☐ |
| 특약 사항 | 불공정 조항 또는 비대칭 책임 여부 | ☐ |

### 계약 체결 이후: "계약은 살아있는 문서다"

투자계약서에 서명했다고 끝난 것이 아니다. 실제 투자금이 입금된 이후부터는 계약서가 운영 리스크 관리 기준으로 작동한다.

- IR 보고, 분기별 실적 제출, 리스크 발생 보고 등 정기적 의무가 존재할 수 있다.
- 계약 이행 미비 시, 추후 법적 분쟁 혹은 추가 투자 유치 시 걸림돌로 작용할 수 있다.
- 전략: 계약 이행 여부를 체크하는 사내 Investor Relations 리더 지정 또는 외부 자문 확보

### 보고서와 계약 사이에서
### 창업자의 '인식'이 투자 성공의 분기점이다

투심보고서는 벤처캐피털의 '의사결정 문서'이고, 투자계약서는 창업자의 '책임 문서'이다. 이 둘은 연결되어 있으며, 하나의 문장이 수억 원의 책임으로 변할 수 있다. 따라서 창업자는 보고서를 만드는 단계부터, "이게 계약서에 들어갈 수 있겠다"는 감각을 가져야 하며, 계약서 단계에서는 "이게 실제 경영에 어떤 영향을 줄 것인가"까지 고민해야 한다. 당신의 투자유치가 단지 '돈을 받는 일'이 아니라, '책임 있는 관계를 맺는 일'이 되기를 바란다.

# 창업자를 위한 실전 가이드

### 투자유치의 전 과정을 창업자 관점에서 전략적으로 준비하기

투자유치는 '단순히 돈을 받는 일'이 아니다. 이는 회사를 외부 자본과 파트너십 관계로 연결하고, 경영권의 일부를 공유하며, 책임을 동반한 성장의 다음 단계로 진입하는 일이다. 이 과정에서 가장 중심에 서 있는 사람은 창업자이다. 아무리 심사역이 뛰어나고 회사가 훌륭해도, 창업자가 준비되지 않았다면 투자 프로세스는 무너지기 쉽다. 창업자가 투자심사보고서 준비 및 투자 계약까지 실전에서 반드시 숙지해야 할 전략과 태도, 커뮤니케이션 방법을 구체적으로 정리했다.

## 1. 자료 준비: '자료 부족 = 신뢰 부족' → 핵심 자료 6종 완비는 기본

투자유치 필수 서류 6종 세트

사업계획서(Pitch Deck)

- 투자자용 요약 슬라이드(15~20p)
- "벤처캐피탈 공유용", "발표용" 등으로 버전을 다르게 별도 제작 추천

IR 피칭 자료(라이브 발표용)

- 스토리텔링 중심 + 핵심 지표 강조 (문장보다 그래프/차트)

3~5개년 재무추정 모델 (Excel)

- 손익계산서, 대차대조표, 현금흐름표 모두 포함
- 전제 가정 명확히 기재 (전환율, ARPU, CAC 등)

지분 및 주주 구성표 (Cap Table)

- 창업자 지분, 기존 투자자 지분, 스톡옵션 풀까지 명시
- 투자 전후 시뮬레이션 포함 필수

계약서 사전 초안 및 법률 검토 내역

- SHA, RCPS 계약 예시, 특약 조항 관련 입장 정리

검증 가능 참고자료 (증빙)

- 고객사 계약서, LOI, 특허 등록증, MVP 트래픽 리포트 등

자료를 제출할 때는 PDF, 발표용은 PPT, 분석은 Excel 등 용도별로 포맷을 구분하라. 또한 투자자마다 요청 자료 수준이 다르므로 비공개 항목은 워터마크 처리를 권장한다.

## 2. 커뮤니케이션: '심사역은 모른다, 알려줘야 한다' → 미리 설명하고, 먼저 답하라

창업자가 가장 오해하는 3가지 커뮤니케이션 포인트

| 오해 | 현실 |
| --- | --- |
| "심사역이 내 비즈니스를 잘 이해할 것이다" | "아니요. 자료만으로는 절대 충분하지 않습니다." |
| "리스크를 말하면 감점될 것 같다" | "아닙니다. 리스크를 모르면 감정입니다." |
| "데이터는 많을수록 좋다" | "오히려 핵심만 명확히 정리한 자료가 신뢰를 줍니다." |

창업자의 커뮤니케이션 전략 3단계

1. "핵심 키 메시지 3가지"를 먼저 구조화
   - 예: "우리는 ① 빠르게 확장 가능한 SaaS, ② 수익화가 검증된 모델, ③ 리스크 대응 전략이 있는 팀입니다."

2. 투자자 질문 예상 리스트 사전 작성
   - 제품 로드맵, 조직 확장 계획, 향후 자금 계획 등
   - 내부 시뮬레이션 형태로 FAQ 문서화

3. 심사역 미팅 직후 요약 메일로 정리
   - "오늘 논의된 사항 요약드립니다. 추가 자료는 첨부해드리며, 리픽싱 조건 관련해서는 XX로 협의 여지 있습니다." → 심사역 내부 보고용 자료로 바로 쓰일 수 있도록 제공

좋은 IR은 설득이 아니라, 이해를 돕는 과정이다. 심사역을 투자사 내부에서 가장 강력한 우군으로 만들어야 한다.

## 3. 실사 대응 전략: '모든 것을 드러내는 시간'

재무 실사(Financial Due Diligence)
- 부채, 가수금, 미수금, 매출 인식, 법인카드 사용 등 확인
- 대표 대여금, 가족 인건비 지급 등이 문제가 되기 쉬움

법률 실사(Legal Due Diligence)
- 정관, 주주간 계약서, 인사 계약서, 특허/상표 등록 여부
- 주의: 과거 공동창업자, 퇴사자의 지분 또는 저작권 관련 리스크

비즈니스 실사(Commercial Due Diligence)
- 고객 계약서, 서비스 이용률, 재구매율, 유지율 등
- 3개월간 로그인률, 고객 문의 수, 클레임 건수 등도 포함

실사 요청이 오기 전에 자체 사전 실사를 수행하여, 내부 감사보고서와 세무조정 계수를 정리하라. 또한, 외부 회계법인, 로펌 컨설팅 통해 사전 스크리닝으로 실사 대응력을 강화하는 것도 좋다.

## 4. 투자자 관리 및 사후 커뮤니케이션

투자는 계약으로 끝나는 것이 아니다. 그 이후 2~3년간의 관계를 고려해야 한다.

투자 이후 창업자의 IR 역할

| 시기 | 커뮤니케이션 내용 |
| --- | --- |
| 투자 직후 (1개월 이내) | 조직 변화, 자금 운용 계획, 첫 월 실적 공유 |
| 분기별 | 매출, KPI, 주요 이슈 및 리스크 요약 |
| 신규 투자 라운드 전 | Pre-valuation 공유, 투자자 확장 전략 협의 |

분기 IR 보고서를 제작해 주요 투자자에게 사전에 공유하라. 여기서 포인트는 투자자는 회사의 고객이자 동반자라는 것이다. '관리' 대상이 아니라, '협업'의 대상이다.

### 투자유치 성공의 진짜 비결은 '준비된 창업자'

회사가 훌륭해도, 자료가 부실하면 투자유치는 실패한다. 데이터가 많아도, 커뮤니케이션이 불분명하면 투자자는 불안해한다. 계약이 유리해도, 실사를 통과 못 하면 투자는 철회된다. 결국 모든 중심에는 창업자의 준비 상태와 태도가 있다. 준비된 창업자는 심사역을 설득하지 않고도 설득할 수 있다. 그렇게 만들어진 관계는 투자 이상의 신뢰로 이어진다.

"투자유치는 자금을 받는 일이 아니라, 회사를 검증받고 성장의 동반자를 맞이하는 일이다."

이 철학으로 IR을 준비한다면, 당신은 이미 반은 성공한 것이다.

## 투심보고서를 이해하는 것이 투자의 절반이다

투심보고서는 단지 심사역의 문서가 아니다. 창업자에게는 자신의 비즈니스가 외부 전문가의 시각에서 어떻게 평가되는지를 알려주는 거울과도 같다. 스타트업의 투자는 돈을 받는 행위를 넘어서 사업의 구조와 전략에 대해 외부로부터 검증받는 과정이다. 따라서 사업계획서와 IR자료를 준비할 때 투심보고서를 염두에 두고 준비하는 것은, 실질적인 투자 유치 가능성을 극대화하는 전략이 될 수 있다.

---

*미소는 마음의 문을 여는 열쇠이며,
자신감은 신뢰의 시작이다.*

---

## 에필로그

스타트업 생태계는 때로 너무 빠르고, 너무 복잡하며, 때로는 너무 정이 많다. 투자자는 숫자를 보지만, 창업자는 꿈을 말한다. 피치 덱에는 예측이 가득해도 현실은 늘 예외로 가득 차 있다. 그래서 우리는 또 오늘도 IR을 한다. 미리 그려보는 미래의 가능성, 아직 오지 않은 세상의 논리를 숫자로 설명하려고…….

이 워크북을 쓰며 내내 머릿속에 맴돌았던 질문이 있다. "스타트업 IR에서 진짜 중요한 건 뭘까?" 기획력? 스토리텔링? 투자자의 눈높이? 하지만 결국 돌아오는 답은 단 하나였다. 바로 진심이었다. 문제의식을 얼마나 날카롭게 정의하고, 그 문제를 어떤 방식으로 풀어갈 것인지 얼마나 치열하게 고민했는가. 그게 결국 슬라이드 한 장 한 장을 밀고 나가는 힘이라는 걸, 이 책을 통해 함께 확인했기를 바란다.

스타트업은 기획서로 시작해 피치 덱으로 확장되고, 결국 '사람'으로 귀결된다. 투자자는 문서에 투자하는 것이 아니라, 그 문서 뒤에 있는 사람과 팀의 태도, 방향성, 그리고 생존력에 투자하는 법이기에.

이 책은 단지 투자 유치를 더 잘 받기 위한 기술서가 아니다. IR이라는 지극히 현실적인 과정을 통해, 자신의 비즈니스를 더 깊이 이해하고, 세상을 설득하는 힘을 기르는 여정을 돕는 책이다. 어떤 창업자에게는 이 책이 1장을 덮는 순간 새로운 0.1을 시작하는 출발점이 되기를, 어떤 액셀러레이터에겐 창업가와 함께 더 좋은 질문을 던질 수 있는 실전의 무기가 되기를 바란다.

수많은 데모데이와 심사 현장에서 마주쳤던 창업자들에게 다시 한번 경의를 표한다. 그 어떤 컨설턴트도, 투자자도 할 수 없는 일을 해내고 있는 이 시대의 진짜 용기 있는 사람들이기에…….

시인 서효인이 야구에 대해서 쓴 책 『이게 다 야구 때문이다』를 읽은 적이 있다. 필자는 책에서 '벤치클리어링'에 대해 쓰인 부분이 가장 마음에 들었다. 벤치클리어링이란 암묵적인 매너를 깼을 때, 빈볼 시비가 일어나면 양 팀의 모든 선수들이 나와서 대치하는 것을 이야기한다.

*당신이 세상에 둘러싸여 대거리를 주고받을 때, 내가 자리를 박차고 달려나갈게. 어깨를 걸칠게. 당신은 나와 마찬가지로 정직하게 살아왔고, 우리 모두는 그걸 잘 안다. 나는 당신의 편이다. 당신은 어떤가. 어디든 마음으로 혹은 정신으로, 끝내는 몸으로, 우리는 같은 편. 광포한 무리들에 맞선 지금, 우리는 벤치클리어링 하러 간다. 당신과 나의 동해*

바다 같은 오지랖으로 펼쳐진 위아래 없는 연대의식. 이를 줄여 '벤치클리어링'이라고 부른다.

항상 내 편 들어줄 사람이 있다는 마음만으로 든든하다. 우리 스타트업 신의 종사자들은 이제 서로 편들어주는 사이가 됐으면 한다.

마지막으로 스타트업 신의 길은 창업자에게도, 투자자에게도 쉽지 않다. 하지만 글로벌 창업생태계 활성화를 위해 오늘도 쉽지 않은 길로 기꺼이 도전하고 있지 않은가. 높은 사명감을 가진 여러분이 곧 대한민국의 영웅이다. 이 책을 마지막까지 읽은 영웅에게, 언젠가 작가를 꿈꾸는 필자가 쓴 시 중에 가장 좋아하는 시를 헌정하며 책을 마치고자 한다.

그대가 진정한 대한민국의 영웅이다.
 - 김경락


세상이 그대를 흔들어도

흔들리지 마라

그대의 어깨를 잡아줄 우리들이 있을 테니


세상이 그대를 질타해도

지나온 길을 지우지 마라

그대가 걸어온 길이 다른 이의 시작이 될 테니


세상이 아직 황량하다고

실망하지 마라

그대가 심어놓은 향기가 우리 마음속에 자라고 있을 테니


세상이 현란한 수사로 현혹하여도

돌아보지 마라

그대의 한마디가 우리를 움직일 테니


모진 세풍에도 흔들리지 말고 그대의 길을 가라

가야 할 길을 가는 그대가 진정한 대한민국의 영웅이다

우리 다시, 다음 IR에서 만날 수 있기를. 투자자를 감동시키는 피치 덱을 넘어, 시장을 움직이는 이야기를 함께 만들어갈 수 있기를.

2025년 여름,
For your better tomorrow
서울창업허브에서 김경락 Dream

# 참고

## 참고문헌 목록

### 기본 이론 및 스타트업 전략

- Blank, S. (2012). The Startup Owner's Manual: The Step-by-Step Guide for Building a Great Company. Wiley.
- Osterwalder, A., & Pigneur, Y. (2010). Business Model Generation. Wiley.
- Ries, E. (2011). The Lean Startup. Crown Business.
- Christensen, C. M. (1997). The Innovator's Dilemma. Harvard Business School Press.
- Thiel, P. (2014). Zero to One. Crown Business.
- Wasserman, N. (2012). The Founder's Dilemmas. Princeton University Press.
- Kawasaki, G. (2015). The Art of the Start 2.0. Portfolio.

### IR 피치덱 및 투자유치 전략

- Feld, B., & Mendelson, J. (2016). Venture Deals. Wiley.
- CB Insights. (2020). Top Reasons Startups Fail.
- Sequoia Capital. (n.d.). Writing a Business Plan. Retrieved from https://www.sequoiacap.com/article/writing-a-business-plan/
- Y Combinator. (n.d.). Startup Library. https://www.ycombinator.com/library
- Graham, P. (n.d.). How to Raise Money. http://paulgraham.com
- First Round Capital. (2023). The 30 Best Pieces of

- Advice for Entrepreneurs. https://firstround.com
- Hoffman, R. (n.d.). Mastering the Pitch. Masters of Scale. https://mastersofscale.com/
- CB Insights. (2021). The Anatomy of a Great Startup Pitch Deck. https://www.cbinsights.com/research/report/startup-pitch-deck/

## 시장분석, 경쟁 및 전략자료

- Statista. (n.d.). Market Size & Forecast Reports. https://www.statista.com
- Harvard Business Review. (2015). A Better Way to Map Brand Strategy.
- McKinsey & Company. (n.d.). The State of AI, GTM & Digital Sales. https://www.mckinsey.com
- Tunguz, T. (n.d.). Revenue and Burn Benchmarks. Redpoint Ventures Blog.
- Kauffman Foundation. (n.d.). Startup Financials and Cap Tables Guide.
- Crunchbase. (2023). Startup Funding Trends 2023. https://www.crunchbase.com

## 국내 창업 및 정부지원 정책

- 중소벤처기업부. (2024). 창업지원사업 통합 공고.
- 창업진흥원. (2024). 예비창업패키지/초기창업패키지 가이드북.
- 한국벤처투자. (2024). 모태펀드 운용현황 및 출자사업 안내자료.
- TIPS 운영사. (2024). 민간투자주도형 기술창업지원사업(TIPS) 가이드라인.
- 한국무역협회. (2023). 글로벌 진출 스타트업 사례 보고서.
- 한국과학기술정보연구원(KISTI). (2023). 기술사업화 동향분석 리포트.

기타 실전 참고자료

- Osterwalder, A., et al. (2014). Value Proposition Design. Wiley.
- Strategyzer. (n.d.). Business Tools & Templates. https://www.strategyzer.com
- Korea Venture Investment Corp. (KVIC). (2024). 벤처투자시장 통계자료집.
- 팁스타운. (2024). 팁스 스타트업 투자 사례집.
- 한겨레경제사회연구원. (2023). 창업생태계 리포트: 스타트업의 성장과 과제.

Start-up Pacemakers2
The IR Master Workbook

스타트업 페이스메이커스2
IR 마스터 워크북

**발행일**   2025년 9월 22일
**지은이**   김경락
**발행인**   전혜진
**기 획**   김경민
**교 정**   채윤지
**디자인**   심은우

**발행처**   (주)이지태스크
**출판등록**  제 2024-281호
**주 소**   서울시 마포구 백범로31길 21, 서울창업허브 본관 216호
**전 화**   010-8243-3457
**이메일**   easytask@easytask.co.kr

ⓒ 김경락, 2025

ISBN   979-11-989830-3-9 (13320)

값 25,000원

이 책의 판권은 지은이와 이지태스크에 있습니다.